U0595899

Bayesian framework

贝叶斯框架下
门限模型的扩展研究

朱艳丽　黄德春　张长征◎著

九州出版社
JIUZHOUPRESS

图书在版编目（CIP）数据

贝叶斯框架下门限模型的扩展研究／朱艳丽，黄德春，张长征著. --北京：九州出版社，2020.9

ISBN 978-7-5108-9548-7

Ⅰ.①贝… Ⅱ.①朱… ②黄… ③张… Ⅲ.①贝叶斯方法—应用—经济学—研究 Ⅳ.①F0

中国版本图书馆 CIP 数据核字（2020）第 176068 号

贝叶斯框架下门限模型的扩展研究

作　　者	朱艳丽　黄德春　张长征　著	
出版发行	九州出版社	
地　　址	北京市西城区阜外大街甲 35 号（100037）	
发行电话	（010）68992190/3/5/6	
网　　址	www. jiuzhoupress. com	
电子信箱	jiuzhou@ jiuzhoupress. com	
印　　刷	三河市华东印刷有限公司	
开　　本	710 毫米×1000 毫米　16 开	
印　　张	15	
字　　数	181 千字	
版　　次	2020 年 10 月第 1 版	
印　　次	2020 年 10 月第 1 次印刷	
书　　号	ISBN 978-7-5108-9548-7	
定　　价	85.00 元	

★版权所有　侵权必究★

前　言

本书研究内容是国家自然科学基金项目"贝叶斯框架下半参数门限模型的估计、检验及其应用"（71703030）的重要成果之一。

门限模型通过假设模型在不同区制下服从不同的线性关系来描述复杂的非线性现象，被广泛地应用于非线性时间序列建模。门限模型的区制转换机制描述了模型在不同时期所处的区制，其设计的合理性和正确性会直接影响门限模型估计和推断的结果。为此，本书针对门限模型中区制转换机制的设定、模型选择、估计和检验等问题展开研究。

在传统门限模型中，模型所在区制由门限变量和常数阈值的相对大小所决定。给定阈值，传统门限模型可以确切地知道所研究的时间序列在每个时期所处的具体区制。然而，传统门限模型的这种特殊区制转换机制导致其无法刻画很多诸如阈值具有时变性或者门限变量存在测量误差等经济系统中广泛存在的问题。因此，本书在传统门限模型的研究基础上，构建了具有时变阈值的门限模型、具有时变阈值的门限泰勒规则模型和具有非参数区制概率函数的门限模型，并运用这些模型对经济系统中经济金融变量的区制转换行为进行了重新探讨和评估。具体而言，本书的研究内容可以概括为如下几点。

第一，考虑到在市场营销学、行为金融学以及货币经济学的研究问题中，门限模型的阈值会随时间发生变化，本书假定阈值服从自回归（Autoregressive, AR）过程，提出了具有时变阈值的门限模型。通过将阈值设定为不可观测的状态变量，具有时变阈值的门限模型可以被转化为状态空间模型，进而可以采用马尔科夫链蒙特卡洛（Markov Chain Monte Carlo, MCMC）方法对其进行贝叶斯估计。此外，本书还讨论了如何利用贝叶斯模型选择准则在线性模型、具有常数阈值的门限模型和具有时变阈值的门限模型中选择出最合适的模型。通过蒙特卡洛模拟，本书验证了所提出的贝叶斯估计方法和模型选择准则的有效性。本书将具有时变阈值的门限模型应用于美国月度工业生产指数的实证研究，考察了其在样本外预测、区制转换机制的刻画等方面的表现。结果显示，相比线性模型和具有常数阈值的门限模型，具有时变阈值的门限模型在样本外预测方面表现最优，并且能够准确地反映美国月度工业生产指数的动态区制变化过程。

第二，在不同经济状态下，货币当局往往会制定不同的货币政策，并且政策调整的参考阈值会随时间发生变化。基于此点考虑，本书提出了具有时变阈值的门限泰勒规则模型。由于泰勒规则模型中的解释变量存在内生性，本书讨论了如何利用工具变量对具有内生性问题的时变阈值门限模型进行贝叶斯估计和模型选择，并对美国1955—2014年间的货币政策规则进行了实证研究，结果表明，美国货币当局的货币政策规则对通胀缺口（实际通胀率和目标通胀率之间的偏离程度）和产出缺口（实际产出和潜在产出之间的偏离程度）具有非对称的政策反应机制；相比具有常数阈值的门限泰勒规则模型，本书所提出模型的估计结果与美国国民经济调查局（National Bureau of Economic Research, NBER）发布的经济周期吻合度更高，能够更好地识别出美国历史上重要的经济紧缩时期。

第三，在传统门限模型中，模型区制确定性地依赖于门限变量的取值。然而，在某些情形下，比如阈值具有时变性或者门限变量存在测量误差，模型区制则随机性地依赖于门限变量的取值，即模型处于特定区制的概率是关于门限变量的函数。在不同的模型假定下，区制概率函数具有不同的参数形式。为了避免模型误设，本书提出了具有非参数区制概率函数的门限模型，并限定区制概率函数为门限变量的单调函数，以解决区制识别的问题。本书采用 MCMC 方法对模型进行估计，并提出使用 MCMC 方法产生的样本对门限效应的存在性进行贝叶斯检验。通过蒙特卡洛模拟，本书验证了所提出的贝叶斯估计方法和门限效应检验的有效性。最后，本书还运用具有非参数区制概率函数的门限模型对基于股息率的美国股票收益率的预测问题进行了重新探讨和评估，揭示了美国股票收益率预测具有反经济周期的特征，并且相比历史平均预测模型、线性预测回归模型、具有常数阈值的门限模型、具有 Logistic 区制概率函数的门限模型和具有正态区制概率函数的门限模型，具有非参数区制概率函数的门限模型在样本外预测方面表现最优。

由于时间、精力和研究内容的局限性，本书存在诸多不足之处，需要在今后的研究工作中进一步完善，敬请读者批评指正。

目　录
CONTENTS

第一章

导 论

第一节 研究背景

大量经济学理论和实证研究表明，经济序列本身的内在规律大多是非线性的，主要表现为非对称性、波动性集聚、尖峰厚尾等多种形式。在众多非线性表现形式中，非对称性由于其在微观经济学、宏观经济学以及金融学等领域中的广泛存在性而备受学者关注。例如，在微观经济学中，调整成本的存在会阻碍商品价格、存货、耐用消费品、工资等经济变量的连续性调整，只有当调整收益足以弥补调整成本时，经济代理人才会采取措施使经济系统回复到均衡状态（Balke and Fomby，1997）。在宏观经济学中，当经济增长发生波动而偏离长期增长路径时，中央银行可以通过控制货币供给以及调控利率等多种措施使经济回复到长期增长路径，但中央银行的货币政策反应函数，即对通胀缺口和产出缺口的反应，在经济扩张和经济紧缩时期存在显著差异（Surico，2007；Gredig，2007；Kazanas and Tzavalis，2009）。此外，经济复苏的速度低于经济衰退的速度、产出增长的速度低于其减少的速度、通胀率上升的速度高于其下降的速度、失业率上升的速度也高于其下降的速度等诸多经济现象也往往呈现出非对称性。在金融学中，Engle and Ng（1993）研究发现，资本市场中的信息冲击常常表现出一种非对称效应，即资产波动率对正向信息冲击和负向信息冲击的反应存在显著差别。特别地，对于股票价格行为，负向信息冲击比正向信息冲击更容易增加股票价格波动，因此被称为"杠杆效应"。

显然，简单的线性模型无法刻画经济系统中普遍存在的非线性特征，因而使用线性模型分析具有非线性特征的时间序列数据所得出的结论很可能是错误的。考虑到线性模型本身的局限性，大量学者通过扩展和改进现有线性模型，提出了不同形式的非线性模型。相对于简单的线性模型，非线性模型能够准确地把握某一类时间序列的动态行为特征，因而逐渐得到研究学者的青睐并被广泛地应用于经济计量、风险管理、财务分析等前沿经济学领域。

在众多非线性模型中，区制转换模型由于其自身的简易性以及对非对称性、周期性和跳跃性等特殊经济现象较强的解释力而逐渐成为非线性时间序列建模分析中一类举足轻重的非线性模型。根据对区制转换行为所做的假设不同，区制转换模型一般可以被划分为三类：门限模型（Tong，1978；Tong and Lim，1980；Tong，1983；Tsay，1989）、马尔科夫区制转换模型（Hamilton，1989）和平滑转换模型（Chan and Tong，1986；Teräsvirta and Anderson，1992；Granger and Teräsvirta，1993；Teräsvirta，1994）。这三类模型的主要区别在于：传统门限模型的区制转换机制由门限变量和常数阈值的相对大小所决定；马尔科夫区制转换模型的区制转换机制由外生给定且不可观测的服从马尔科夫链的区制指示变量所决定；平滑转换模型的区制转换机制是一种依赖于逻辑型（Logistic）和指数型（Exponential）转换函数的在两个极端区制之间连续、渐进的平滑变化过程。

在区制转换模型中，所研究的时间序列在不同时期处于特定区制的概率决定着时间序列的区制转换行为，在区制转换方面扮演着重要角色。为了表示的方便，本书将模型处于特定区制的概率记为区制概率函数。在已有文献中，传统门限模型的区制概率函数是关于门限变量和常数阈值的示性函数；马尔科夫区制转换模型的区制概率函数是关于外生给定且不可观测的服从马尔科夫链的区制指示变量的函数。而不同于前两类模型的是，平滑转换模型为了实现区制之间连续、渐进的平滑变化过程，将平滑转换函数，即关于门限变量的 Logistic 函数或者 Exponential 函数，作为不同区制的权重，因而严格来讲，平滑转换模型的转换函数并非区制概率函数。这三种模型设定在非线性时间序列建模分析过程中均存在一定的局限性。具体而言，传统门限模型由于区制概率函数的取值为 0 或者 1，因而可以确切地知道所研究的时间序列在每个时期所处的具体区制，并得到具有单一峰值的因变量的预测分布。然而，传统门限模型的这一特点会导致其在不同区制的分界点处区制变换的跳跃性太强，与现实经济不符。马尔科夫区制转换模型不需要设定门限变量，其区制转换行为仅由外生给定且不可观测的服从马尔科夫链的区制指示变量所决定，没有包含门限变量的信息。在实际分析中，马尔科夫区制转换模型无法捕获到经济系统中非对称行为背后的经济动机，并且在模型预测方面的表现往往不尽如人意。平滑转换模型虽然在一定程度上解决了传统门限模型的区制突变问题，但是它只是将平滑转换函数作为区制的权重，得到具有单一峰值的因变量的预测分布。当所研究的时间序列所处的区制不确定时，平滑转换模型并不能给出简单明了的解释。

相比其他两类区制转换模型，门限模型由于其自身的模型设定、估计方法以及经济解释都最为简单直接，且门限变量的引入还可以在一定程度上反映出所研究的时间序列和经济系统中其他时间序列之间的内在关系，从而有助于理解时间序列的动态区制变化机制，因而在非线性时间序列建模分析中的应用最为广泛，并对非线性时间序列研究的发展起到了极大的推动作用。在现实经济中，所研究的时间序列不可避免地会与经济系统中的其他时间序列存在内在的联系，因而有必要在模型中引入门限变量。此外，从直观上来讲，为不同区制设定不同概率，相比为不同区制设定不同权重，更有利于研究人员对时间序列的区制转换行为进行解释。考虑到这两点，本书选择门限模型作为研究的出发点。

第二节　研究问题、意义和创新

一、研究问题

在传统门限模型中，模型所在区制由门限变量和常数阈值的相对大小所决定。给定阈值，传统门限模型可以确切地知道所研究的时间序列在每个时期所处的具体区制。然而，传统门限模型的这种特殊区制转换机制导致其无法刻画很多诸如阈值具有时变性或者门限变量存在测量误差等经济系统中广泛存在的问题。如果在实际经济问题的分析过程中，研究人员仍然简单地选择传统门限模型来刻画时间序列中可能存在的非线性特征，则极易出现模型误设问题，进而导致有偏误的参数估计结果、误导性的分析结论和政策建议。因此，本书在传统门限模型的研究基础上，构建了具有时变阈值的门限模型、具有时变阈值的门限泰勒规则模型和具有非参数区制概率函数的门限模型，并运用这些模型对经济系统中经济金融变量的区制转换行为进行了重新探讨和评估。具体而言，本书的研究内容可以概括为如下几点。

（一）具有时变阈值的门限模型

阈值的时变性是现实经济中普遍存在的现象。例如，在市场营销学中，消费者会根据预先设立的意愿支付价格，对商品的价格作出不同反应。具体而言，当商品的价格高于消费者的意愿支付价格时，消费者会拒绝购买；反之，则会决定购买。门限模型可以很好地刻画消费者在从价格到需求的传导机制中所体现的非对称效应，但是消费者的意愿支付价格作为阈值，往往并不是固定不变的，而是会因为受到消费者自身经济条件的影响随时间而变（Kalyanaram and Winer，1995）。在行为金融学中，预期理论认为投资者具有风险厌恶的特征，即相比资产价格高于其参考价格的情形（收益），当资产价格低于其参考价格时（损失），投资者更倾向于持有资产。类似的，投资者的参考价格往往并不是固定不变的，因为投资者的风险厌恶程度会因为受到宏观经济形势的影响而随时间而变。此外，在货币经济学中，根据目标通货膨胀理论，一旦通胀率超过了当前的通胀目标，货币当局将更加积极地对通胀率作出回应。然而，这种预设的通胀目标可能会随着货币当局对高通胀的容忍程度的变化而变化。在上述所列的三种情形中，门限模型由于假定阈值是固定常数而无法捕获阈值序列本身可能存在的时变性。当真实阈值具有时变性时，具有常数阈值的门限模型所刻画和反映的时间序列的区制转换行为将不再准确和可靠。为此，本书假定阈值服从 AR 过程，首次构建了具有时变阈值的门限模型。通过在门限模型中纳入阈值的时变性，一方面可以避免模型设定偏误，另一方面可以拓宽门限模型的应用范围，有助于研究者构建恰当的经济计量模型以及得出合理可信的研究结论。

（二）具有时变阈值的门限泰勒规则模型

利率、通胀率和实际产出历来都是一国货币当局在制定货币政策时所考察的重要经济指标,而货币当局在制定货币政策时是否遵循某一特定的规则一直受到经济学家们的普遍关注。早期泰勒规则(Taylor, 1993; Clarida et al., 1998, 2000)假定利率与通胀缺口和产出缺口之间的关系是线性的。近年来,越来越多的学者对利率与通胀缺口和产出缺口之间的线性关系提出了质疑,认为货币当局在不同经济状态下对通胀缺口和产出缺口的反应可能存在非线性特征(Kim et al., 2005; Kim and Nelson, 2006; Boivin, 2006; Boivin and Giannoni, 2006; Benati and Surico, 2009)。在非线性泰勒规则的研究方面,货币当局对通胀缺口和产出缺口的非对称政策反应机制备受学者关注。为了考察货币当局的非对称行为,必须考虑非线性时间序列模型。文献中所采用的非线性时间序列模型主要包括马尔科夫区制转换模型、平滑转换模型和门限模型(Kesriyeli et al., 2004; Rabanal, 2004; Gredig, 2007; Kazanas and Tzavalis, 2009)。尽管以上研究在很大程度上丰富并推动了对非线性泰勒规则的认识和思考,但是这些研究中所采用的马尔科夫区制转换模型、平滑转换模型和门限模型均存在很大的局限性:第一,马尔科夫区制转换模型假定模型中区制转换机制是由外生给定且不可观测的服从马尔科夫链的区制指示变量决定的,没有包含门限变量的信息。在实际分析中,马尔科夫区制转换模型无法捕获到经济系统中通胀率、失业率、货币增长率等宏观经济变量对货币当局制定货币政策偏好的影响,因而无法提供货币当局非对称行为背后的经济动机。第二,已有文献中的平滑转换模型和门限模型虽然通过门限变量的引入在一定程度上反映出了货币政策规则和其他时间序列之间的内在关系,为解释货币当局的非对称行为提供了更好的结构框架,但其均假定阈值是固定常数,忽略了阈值的时变性。事实上,在经济发展的不同阶段,货币当局在制定货币政策时所参考的阈值并不是固定常数,而应该是一种缓慢演变的时变序列(Dueker et al.,

2010）。例如，同一失业率数值在经济高速增长时期被认为偏高，但是在经济低速增长时期则可能被认为偏低。可见，如何同时考虑泰勒规则中可能存在的结构性变化（或者非线性特征）、其他宏观经济变量对货币当局政策偏好的影响以及阈值的时变性，是当前以及未来货币政策研究中亟待解决的问题。基于此点考虑，本书提出了具有时变阈值的门限泰勒规则模型。由于泰勒规则模型中的解释变量存在内生性，本书讨论了如何利用工具变量对具有内生性问题的时变阈值门限模型进行贝叶斯估计和模型选择，并对美国 1955—2014 年间的货币政策规则进行了实证研究。

（三）具有非参数区制概率函数的门限模型

在传统门限模型中，模型区制确定性地依赖于门限变量的取值。然而，在某些情形下，比如阈值具有时变性或者门限变量存在测量误差，模型区制则随机性地依赖于门限变量的取值，即模型处于特定区制的概率是关于门限变量的函数。在不同的模型假定下，区制概率函数具有不同的参数形式。特别地，在非线性时间序列分析中，学者一般选取失业率、通胀率、工业生产指数、GDP 增长率等经济指标作为衡量宏观经济形势的门限变量。显然，只有获取了准确性好、可靠性高的经济指标数据后，学者才能做出严密科学的判断与决策。在现实经济中，这些经济指标数据基本都是由基层个体单元的统计调查数据经由（加权）汇总得到的，其准确性和可靠性在很大程度上取决于国家统计局合理的基础数据采集和严谨的数据分析处理等工作。然而，通过烦琐复杂的数据采集和处理工作后所得到的经济指标数据往往会存在或多或少的测量误差。当门限变量的统计数据和真实数据之间存在大幅度的偏离时，测量误差的影响将不可忽略。在现实经济中，真实门限变量和测量误差的分布通常都是未知的。在这种情形下，门限模型的区制概率函数并没有一个显性的函数表达形式。事实上，在很多实证应用中，时间序列的真实区制转换行为往往都是未知的和复杂的。如果简单使用参数形式的区制概率函数去拟合真实的区制转换机制将有可能因为模型中参数过多或者过少而出现拟合过度或者拟合不足的现象。为了避免模型误设，本书提出了具有非参数区制概率函数的门限模型，并限定区制概率函数为门限变量的单调函数，以解决区制识别的问题。

二、研究意义

门限模型的区制转换机制描述了模型在不同时期所处的区制，其设计的合理性和正确性会直接影响门限模型估计和推断的结果。为此，本书针对门限模型中区制转换机制的设定、模型选择、估计和检验等问题展开研究。本书的研究不仅丰富了现有的理论研究成果，而且为实证分析人员提供了更加可靠和有效的分析工具。具体而言，本书的研究意义可以概括为如下几点。

第一，丰富和完善了门限模型的现有建模方法，有助于研究者构建恰当的经济计量模型以及得出合理可信的研究结论。

在传统门限模型中，模型所在区制由门限变量和常数阈值的相对大小所决定。给定阈值，传统门限模型可以确切地知道所研究的时间序列在每个时期所处的具体区制。相比传统门限模型，本书构建的具有时变阈值的门限模型和具有非参数区制概率函数的门限模型均放宽了对区制概率函数的形式约束，在更宽松的研究框架下刻画和反映了时间序列的真实区制转换行为，从而可以有效地避免模型误设问题的出现。此外，从具有时变阈值的门限模型到具有非参数区制概率函数的门限模型的研究顺序，具有由简单、特殊到复杂、一般的特点，本质上体现了从参数到非参数的发展趋势。此外，具有时变阈值的门限泰勒规则模型以前瞻性泰勒规则为基准，在具有时变阈值的门限模型范畴下进一步考虑了解释变量的内生性问题,对门限模型做了进一步的拓展研究。可见,本书所提出的三类模型都在一定程度上丰富和完善了门限模型的现有建模方法,有助于研究者构建恰当的经济计量模型以及得出合理可信的研究结论。

第二,拓宽了门限模型的应用范围,为实证分析人员提供了更加可靠和有效的分析工具。

在经济计量分析中,正确的模型设定形式对于实际问题的分析尤其重要。在现实经济中,传统门限模型在区制转换机制方面的局限性导致其无法刻画很多诸如阈值具有时变性或者门限变量存在测量误差等经济系统中广泛存在的问题。这无疑阻碍了门限模型在实证分析中的应用。本书构建的具有时变阈值的门限模型可以有效地捕获阈值在市场营销学、行为金融学以及货币经济学的研究问题中所存在的时变性。此外,在不同经济状态下,货币当局往往会制定不同的货币政策,并且政策调整的参考阈值会随时间发生变化。本书构建的具有时变阈值的门限泰勒规则模型允许时变阈值门限模型中的解释变量存在内生性,可以准确地捕获到货币当局的货币政策规则对通胀缺口和产出缺口的非对称政策反应机制。除此之外,在某些情形下,比如阈值具有时变性或者门限变量存在测量误差,模型区制随机性地依赖于门限变量的取值,即模型处于特定区制的概率是关于门限变量的函数。在不同的模型假定下,区制概率函数具有不同的参数形式。本书构建的具有非参数区制概率函数的门限模型可以有效地避免参数模型由于参数过多或者过少而出现拟合过度或者拟合不足的现象,从而可以准确地刻画和反映时间序列的真实区制转换行为。可见,本书的研究极大地拓宽了门限模型的应用范围,为实证分析人员提供了更加可靠和有效的分析工具。

第三,深入分析了经济系统中经济金融变量的区制转换行为,为相关机构制定和评价国家政策提供了新的经验证据。

本书在传统门限模型的基础上所构建的三类扩展模型能够准确地刻画和反映经济系统中经济金融变量的真实区制转换行为。例如，本书将具有时变阈值的门限模型应用于美国月度工业生产指数的实证研究，考察了其在样本外预测、区制转换机制的刻画等方面的表现。结果显示，相比线性模型和具有常数阈值的门限模型，具有时变阈值的门限模型在样本外预测方面表现最优，并且能够准确地反映美国月度工业生产指数的动态区制变化过程。此外，本书运用具有时变阈值的门限泰勒规则模型对美国 1955—2014 年间的货币政策规则进行了实证研究，结果表明，美国货币当局的货币政策规则对通胀缺口和产出缺口具有非对称的政策反应机制；相比具有常数阈值的门限泰勒规则模型，本书所提出模型的估计结果与美国 NBER 发布的经济周期吻合度更高，能够更好地识别出美国历史上重要的经济紧缩时期。最后，本书还运用具有非参数区制概率函数的门限模型对基于股息率的美国股票收益率的预测问题进行了重新探讨和评估，揭示了美国股票收益率预测具有反经济周期的特征，并且相比历史平均预测模型、线性预测回归模型、具有常数阈值的门限模型、具有 Logistic 区制概率函数的门限模型和具有正态区制概率函数的门限模型，具有非参数区制概率函数的门限模型在样本外预测方面表现最优。可见，本书的研究深入分析了经济系统中经济金融变量的区制转换行为，为相关机构制定和评价国家政策提供了新的经验证据。

三、创新之处

本书以理论研究为主，实证研究为辅。在理论研究方面，本书在传统门限模型的基础上，通过放松模型假定条件和改进模型设定，构建了具有时变阈值的门限模型、具有时变阈值的门限泰勒规则模型和具有非参数区制概率函数的门限模型，并借助贝叶斯计量经济学方法对新提出的模型进行了估计和推断；在实证研究方面，本书运用这三类扩展模型分别对工业生产指数、货币政策规则以及股票收益率等问题进行了重新探讨和评估，刻画了经济系统中经济金融变量的真实区制转换行为。与现有文献相比，本书的创新点主要体现在以下几个方面。

第一，考虑到在市场营销学、行为金融学以及货币经济学的研究问题中，门限模型的阈值会随时间发生变化，本书假定阈值服从自回归（Autoregressive，AR）过程，首次提出了具有时变阈值的门限模型。该模型可以有效地捕获阈值序列本身可能存在的时变性，如消费者意愿支付价格、投资者参考价格以及通胀目标等变量的时变性。对于具有时变阈值的门限模型，回归系数的剖面最小二乘（Profile Least Square，PLS）估计量不再具有一致性。因此，本书主要采用贝叶斯计量经济学方法来对其进行深入分析。相比传统计量经济学方法，贝叶斯计量经济学方法在处理复杂模型上具有相对优势。它可以通过在模型中纳入未知参数的先验分布，实现对参数的估计、检验以及模型选择（Koop and Potter，1999）等一系列贝叶斯推断。在现有研究中，已有部分学者使用贝叶斯方法，对门限模型进行了开拓性的研究，例如，Geweke and Terui（1993）、Chen and Lee（1995）、Safadi and Morettin（2000）、Smadi and Alodat（2011）、Huber and Zörner（2019）等。然而，据笔者所知，考虑阈值的时变性在关于门限模型的研究中尚属首次。

第二，在不同经济状态下，货币当局往往会制定不同的货币政策，并且政策调整的参考阈值会随时间发生变化。基于此点考虑，本书首次提出了具有时变阈值的门限泰勒规则模型，并运用该模型对美国1955—2014年间的货币政策规则进行了实证研究。具有时变阈值的门限泰勒规则模型不仅能够测度短期名义利率对通胀缺口和产出缺口反应的结构性变化和非线性特征，而且还能反映货币政策规则中阈值的时变性。特别地，具有时变阈值的门限泰勒规则模型以前瞻性泰勒规则为基准，解释变量是通胀缺口和产出缺口的预期值，存在内生性问题。本书讨论了如何利用工具变量对具有内生性问题的时变阈值门限模型进行贝叶斯估计和模型选择。相比具有时变阈值的门限模型，本书在模型中考虑了解释变量的内生性问题，进一步拓宽了门限模型的应用范围，为实证分析人员提供了更加可靠和有效的分析工具。

第三，在传统门限模型中，模型区制确定性地依赖于门限变量的取值。然而，在某些情形下，比如阈值具有时变性或者门限变量存在测量误差，模型区制则随机性地依赖于门限变量的取值，即模型处于特定区制的概率是关于门限变量的函数。在不同的模型假定下，区制概率函数具有不同的参数形式。为了避免模型误设，本书放宽了对区制概率函数的形式约束，首次构建了具有非参数区制概率函数的门限模型，在更宽松的研究框架下来刻画和反映时间序列的真实区制转换行为。相比已有研究，本书所提出的具有非参数区制概率函数的门限模型的创新之处在于将区制概率函数设定为关于门限变量的非参数函数。区制概率函数的非参数设定放宽了对区制概率函数的形式约束，具有随机性和一般性。此外，为了解决不同区制出现混淆的问题，本书还假定区制概率函数是关于门限变量的单调函数。相比已有文献中通过对门限模型的回归系数或者扰动项标准差施加约束来避免区制混淆的处理方法（Wu and Chen, 2007；Henkel et al., 2011），区制概率函数的单调性设定具有简单易操作的优势。非参数性和单调性的结合使得本书提出的具有非参数区制概率函数的门限模型能够在保证不同区制不会出现混淆的前提下，准确地刻画和反映时间序列的真实区制转换行为。基于模型本身的特点，本书主要采用贝叶斯计量经济学方法来对其进行估计。此外，在门限模型的研究中，门限效应的检验问题备受学者关注。考虑到门限效应检验的重要性，本书在贝叶斯估计结果的基础上，首次提出了门限效应的贝叶斯检验方法，为研究人员是否应该使用门限模型提供了严格的理论证据。

第三节 本书结构安排

本书以门限模型为研究出发点，主要研究了门限模型中区制转换机制的设定、模型选择、估计和检验等问题。全书共分为六章，图1.1介绍了本书的主要研究内容和大致结构安排。

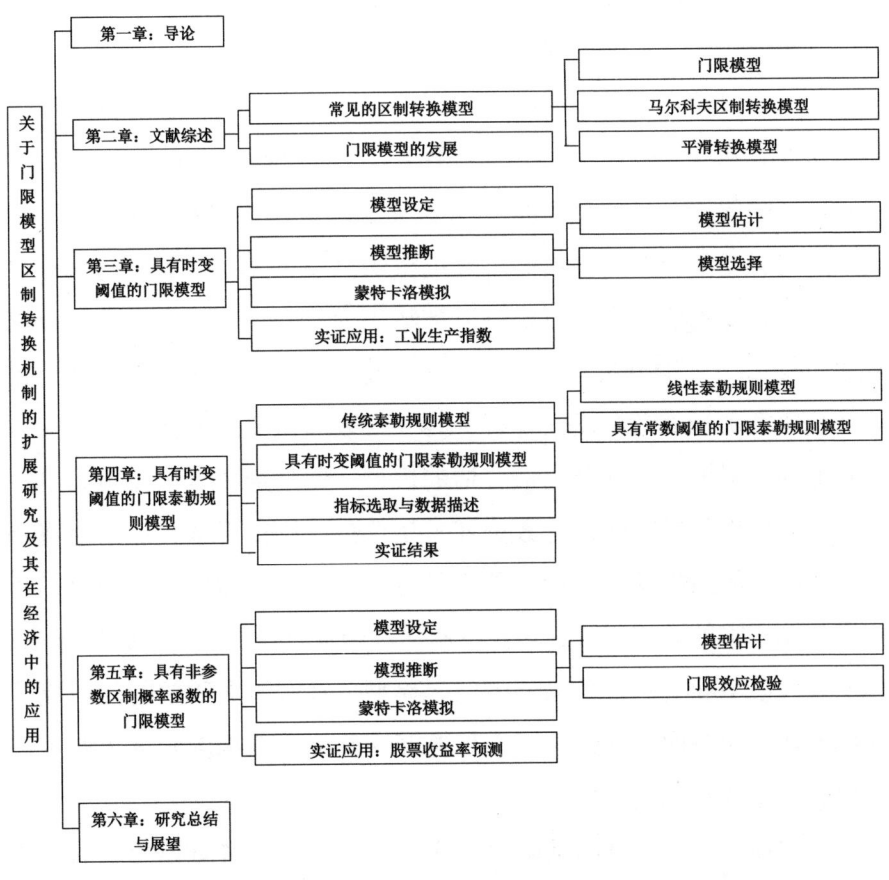

图 1.1 本书章节结构安排

第一章是导论部分。本章主要阐述了本书的研究背景，提出了具体的研究问题，指明了本书的研究意义，归纳了本书的研究创新之处，并对本书结构安排进行了说明。

第二章是文献综述部分，梳理了与门限模型相关的已有文献，介绍了门限模型的最新研究进展，突出了研究的前沿问题。首先，本章系统介绍和梳理了几种常见的区制转换模型，着重区分了门限模型、马尔科夫区制转换模型和平滑转换模型三类既存在紧密联系，又具有显著区别的非线性时间序列模型。随后，本章重点回顾了现有文献中有关门限模型的研究发展过程，其中包括基础门限模型的表述、估计方法、假设检验、扩展模型等方面。

第三章讨论了具有时变阈值的门限模型，是本书的核心章节之一。考虑到在市场营销学、行为金融学以及货币经济学的研究问题中，门限模型的阈值会随时间发生变化，本章假定阈值服从 AR 过程，提出了具有时变阈值的门限模型。通过将阈值设定为不可观测的状态变量，具有时变阈值的门限模型可以被转化为状态空间模型，进而可以采用 MCMC 方法对其进行贝叶斯估计。此外，本章还讨论了如何利用贝叶斯模型选择准则在线性模型、具有常数阈值的门限模型和具有时变阈值的门限模型中选择出最合适的模型。通过蒙特卡洛模拟，本章验证了所提出的贝叶斯估计方法和模型选择准则的有效性。本章将具有时变阈值的门限模型应用于美国月度工业生产指数的实证研究，考察了其在样本外预测、区制转换机制的刻画等方面的表现。结果显示，相比线性模型和具有常数阈值的门限模型，具有时变阈值的门限模型在样本外预测方面表现最优，并且能够准确地反映美国月度工业生产指数的动态区制变化过程。

第四章是在第三章的基础上，通过在模型中考虑解释变量的内生性问题，进一步拓宽了门限模型的应用范围，为实证分析人员提供了更加可靠和有效的分析工具。本章也是本书的核心章节之一。在不同经济状态下，货币当局往往会制定不同的货币政策，并且政策调整的参考阈值会随时间发生变化。基于此点考虑，本章提出了具有时变阈值的门限泰勒规则模型。由于泰勒规则模型中的解释变量存在内生性，本章讨论了如何利用工具变量对具有内生性问题的时变阈值门限模型进行贝叶斯估计和模型选择，并对美国 1955—2014 年间的货币政策规则进行了实证研究，结果表明，美国货币当局的货币政策规则对通胀缺口和产出缺口具有非对称的政策反应机制；相比具有常数阈值的门限泰勒规则模型，本章所提出模型的估计结果与美国 NBER 发布的经济周期吻合度更高，能够更好地识别出美国历史上重要的经济紧缩时期。

第五章在第三章和第四章的基础上，进一步放宽了区制概率函数的设定形式，深入讨论了具有非参数区制概率函数的门限模型。本章也是本书的核心章节之一。在传统门限模型中，模型区制确定性地依赖于门限变量的取值。然而，在某些情形下，比如阈值具有时变性或者门限变量存在测量误差，模型区制则随机性地依赖于门限变量的取值，即模型处于特定区制的概率是关于门限变量的函数。在不同的模型假定下，区制概率函数具有不同的参数形式。为了避免模型误设，本章提出了具有非参数区制概率函数的门限模型，并限定区制概率函数为门限变量的单调函数，以解决区制识别的问题。本章采用 MCMC 方法对模型进行估计，并提出使用 MCMC 方法产生的样本对门限效应的存在性进行贝叶斯检验。通过蒙特卡洛模拟，本章验证了所提出的贝叶斯估计方法和门限效应检验的有效性。最后，本章还运用具有非参数区制概率函数的门限模型对基于股息率的美国股票收益率的预测问题进行了重新探讨和评估，揭示了美国股票收益率预测具有反经济周期的特征，并且相比历史平均预测模型、线性预测回归模型、具有常数阈值的门限模型、具有 Logistic 区制概率函数的门限模型和具有正态区制概率函数的门限模型，具有非参数区制概率函数的门限模型在样本外预测方面表现最优。

第六章是研究总结与展望部分，在前面章节分析的基础上，总结了本书的主要研究工作，并指出本书研究尚存的局限性及后续研究方向。

第二章

文献综述

线性模型由于其形式简单，且其理论与方法的研究已经相当成熟，因而在计量经济学中一直占据主流地位。然而，自 20 世纪 70 年代以来，大量经济学理论和实证研究表明，现实经济变量本身的内在规律并不都能抽象为线性模型，主要表现为非对称性、周期性以及跳跃性等多种非线性形式。简单的线性模型无法刻画经济系统中普遍存在的非线性特征，因而使用线性模型分析具有非线性特征的经济金融数据所得出的结论很可能是错误的。考虑到线性模型本身的局限性，研究人员通过扩展和改进现有线性模型，提出了形式多样的非线性模型。相对于简单的线性模型，非线性模型能够准确地把握经济金融数据的动态行为特征，因而逐渐得到研究人员的青睐并被广泛应用于经济计量、风险管理、财务分析等前沿经济学领域。

在众多非线性模型中，区制转换模型由于其自身的简易性以及对非对称性、周期性、跳跃性等特殊经济现象较强的解释力而逐渐成为非线性时间序列建模分析中一类举足轻重的非线性模型。为此，总结回顾有关区制转换模型的研究成果，有助于将非线性建模思想更好地应用于时间序列的研究，进而为真实的时间序列数据设定出更加合理和准确的拟合模型。本章梳理回顾了现有文献中关于区制转换模型的典型建模方法，并以门限模型为重点，围绕 Tong（1978）提出的门限模型的设定、估计、检验等方面进行介绍。

　　本章内容安排如下：第一节系统介绍和梳理了几种常见的区制转换模型，着重区分了门限模型、马尔科夫区制转换模型和平滑转换模型三类既存在紧密联系，又具有显著区别的非线性时间序列模型；第二节重点回顾了门限模型的研究发展过程，其中包括基础门限模型的表述、估计方法、假设检验、扩展模型等方面；第三节是本章结语。

第一节　常见的区制转换模型

　　大量经济学理论和实证研究表明，经济序列本身的内在规律大多是非线性的，需要使用非线性模型来刻画。区制转换模型恰恰提供了一类解决非线性问题的有效手段。区制转换模型的典型特征是在特定区制下，数据生成过程不随时间而变化，而在不同区制下却具有不同的行为特征。相比其他非线性时间序列模型，区制转换模型目前已经形成了一套比较完善的估计和诊断技术，能够很好地刻画经济金融变量之间的非线性关系，是非线性时间序列建模分析的重要分支，现已被广泛应用于对经济系统中经济金融变量区制转换行为的研究。

　　在区制转换模型中，区制概率函数决定着时间序列的区制转换行为，在区制转换方面扮演着重要角色。根据对区制转换行为所做的假设不同，区制转换模型一般可以被划分为三类：门限模型（Tong，1978；Tong and Lim，1980；Tong，1983；Tsay，1989）、马尔科夫区制转换模型（Hamilton，1989）和平滑转换模型（Chan and Tong，1986；Teräsvirta and Anderson，1992；Granger and Teräsvirta，1993；Teräsvirta，1994）。严格来讲，平滑转换模型实质上是在门限模型基础上的一类扩展模型。鉴于平滑转换模型在理论和实证研究中的重要性，本书将其作为一类新的模型单独列出。为了更好地对这三类模型的区别进行说明，下文将以 AR 模型为基础，分别对这三类模型的具体形式和特征做出详细介绍和对比。

（一）门限模型

门限模型最早由 Tong（1978）提出，并由 Tong and Lim（1980）以及 Tong（1983）进一步发展。尽管门限模型在拟合经济或者金融方面的实际数据时具有很好的性质，但是由于在实际分析中，门限变量的识别以及相应阈值的估计比较困难，直到 Tsay（1989）提出了相对来说比较系统和简易的建模和检验方法后，这类模型才被人们广泛地应用于实际问题的分析中。门限模型可以被看作是一种具有分段线性特征的非线性模型，其基本思想是对非线性模型进行分段线性化，直观上可类比于用折线去逐段逼近非线性曲线。传统门限模型的区制转换机制由门限变量和常数阈值的相对大小所决定，其区制概率函数是关于门限变量和常数阈值的示性函数。在这种特殊区制概率函数的设定下，时间序列从一种区制到另一种区制的转换是突变的、跳跃的。

一般地，对于时间序列 $\{y_t, t = 1, 2, \cdots, T\}$，$J$ 区制的门限自回归（Threshold Autoregressive，TAR）模型可以表示为如下形式：

$$y_t = \begin{cases} \beta_{1,0} + \beta_{1,1}y_{t-1} + \cdots + \beta_{1,p_1}y_{t-p_1} + \varepsilon_{1t} & -\infty = \gamma_0 < z_t \leqslant \gamma_1 \\ \beta_{2,0} + \beta_{2,1}y_{t-1} + \cdots + \beta_{2,p_2}y_{t-p_2} + \varepsilon_{2t} & \gamma_1 < z_t \leqslant \gamma_2 \\ \quad\vdots & \quad\vdots \\ \beta_{J,0} + \beta_{J,1}y_{t-1} + \cdots + \beta_{j,p_j}y_{t-p_J} + \varepsilon_{Jt} & \gamma_{J-1} < z_t \leqslant \gamma_J = \infty \end{cases}$$

$$(2.1)$$

其中，J 表示区制个数；z_t 表示门限变量；$-\infty = \gamma_0 < \gamma_1 < \cdots < \gamma_{J-1} < \gamma_J = \infty$ 表示实数轴上的一组划分；$\{\gamma_j, j = 0, 1, \cdots, J\}$ 表示阈值；$\varepsilon_{jt}(j = 1, 2, \cdots, J)$ 服从 $N(0, \sigma_j^2)$；$p_1, p_2, \cdots, p_J$ 表示 TAR 模型在不同区

制下的最大滞后阶数。满足上述条件的模型通常被记 TAR $(J; p_1, p_2, \cdots, p_J)$。若令 $p = \max\{p_1, p_2, \cdots, p_J\}$，上述模型则可以被简记为 TAR $(J; p)$。为了方便起见，下文假定所有区制的最大滞后阶数均为 p。特别地，如果门限变量 z_t 由时间序列 $\{y_t, t = 1, 2, \cdots, T\}$ 的滞后值来代替，即 $z_t = y_{t-d}$（其中 $d > 0$，表示延迟参数），上述模型表示 TAR 模型中的一类特殊模型，即自激励门限自回归（Self – exciting Threshold Autoregressive，SETAR）模型。

在实际应用中，最常用的 TAR 模型为两区制的 TAR 模型，其表达形式为：

$$y_t = \begin{cases} \beta_{1,0} + \beta_{1,1} y_{t-1} + \cdots + \beta_{1,p} y_{t-p} + \varepsilon_{1t} & z_t \leqslant \gamma \\ \beta_{2,0} + \beta_{2,1} y_{t-1} + \cdots + \beta_{2,p} y_{t-p} + \varepsilon_{2t} & z_t > \gamma \end{cases}$$

其中，γ 为阈值。如果 $z_t \leqslant \gamma$，系统位于区制 1；反之，系统位于区制 2。

（二）马尔科夫区制转换模型

Hamilton（1989）提出的马尔科夫区制转换模型，假定模型中区制转换机制是由外生给定且不可观测的服从马尔科夫链的区制指示变量决定的。在实际分析中，马尔科夫区制转换模型适合于描述在不同时期具有不同动态行为的相关数据，能够很好地捕获经济或者金融时间序列的时变状态（刘金全和刘志刚，2006；Castelnuovo et al.，2008）。

一般地，对于时间序列 $\{y_t, t = 1, 2, \cdots, T\}$，$J$ 区制一阶马尔科夫区制转换模型可以表示为如下形式：

$$y_t = \begin{cases} \beta_{1,0} + \beta_{1,1} y_{t-1} + \cdots + \beta_{1,p} y_{t-p} + \varepsilon_{1t} & I_t = 1 \\ \beta_{2,0} + \beta_{2,1} y_{t-1} + \cdots + \beta_{2,p} y_{t-p} + \varepsilon_{2t} & I_t = 2 \\ \vdots \\ \beta_{J,0} + \beta_{J,1} y_{t-1} + \cdots + \beta_{J,p} y_{t-p} + \varepsilon_{Jt} & I_t = J \end{cases} \quad (2.2)$$

其中，J 表示区制个数；$\varepsilon_{jt}(j = 1,2,\cdots,J)$ 服从 $N(0,\sigma_j^2)$；$I_t \in \{1,2,\cdots,J\}$ 表示不可观测的区制指示变量，并且服从具有如下转移矩阵的一阶马尔科夫过程：

$$
P = \begin{bmatrix} P(I_t = 1 \mid I_{t-1} = 1) & \cdots & P(I_t = J \mid I_{t-1} = 1) \\ P(I_t = 1 \mid I_{t-1} = 2) & \cdots & P(I_t = J \mid I_{t-1} = 2) \\ \vdots & \vdots & \vdots \\ P(I_t = 1 \mid I_{t-1} = J) & \cdots & P(I_t = J \mid I_{t-1} = J) \end{bmatrix} = \begin{bmatrix} p_{11} & \cdots & p_{1J} \\ p_{21} & \cdots & p_{2J} \\ \vdots & \vdots & \vdots \\ p_{J1} & \cdots & p_{JJ} \end{bmatrix}
$$

(2.3)

其中，$p_{ij} = P(I_t = j \mid I_{t-1} = i)$，$i,j \in \{1,2,\cdots,J\}$，表示给定 $t-1$ 时期的区制指示变量 $I_{t-1} = i$，t 时期的区制指示变量 $I_t = j$ 的转移概率，并且满足 $p_{ij} \geqslant 0$ 和 $\sum_{j=1}^{J} p_{ij} = 1$。

特别地，一个典型的两区制一阶马尔科夫区制转换模型可以表示为如下形式：

$$
y_t = \begin{cases} \beta_{1,0} + \beta_{1,1} y_{t-1} + \cdots + \beta_{1,p} y_{t-p} + \varepsilon_{1t} & I_t = 1 \\ \beta_{2,0} + \beta_{2,1} y_{t-1} + \cdots + \beta_{2,p} y_{t-p} + \varepsilon_{2t} & I_t = 2 \end{cases}
$$

其中，I_t 表示取值为 1 或者 2 的不可观测的区制指示变量，并且服从具有如下转移矩阵的一阶马尔科夫过程：

$$
P = \begin{bmatrix} P(I_t = 1 \mid I_{t-1} = 1) & P(I_t = 2 \mid I_{t-1} = 1) \\ P(I_t = 1 \mid I_{t-1} = 2) & P(I_t = 2 \mid I_{t-1} = 2) \end{bmatrix} = \begin{bmatrix} p_{11} & p_{12} \\ p_{21} & p_{22} \end{bmatrix}
$$

其中，$p_{i1} + p_{i2} = 1$，$i = 1,2$。转移矩阵 P 包含两个未知参数 p_{11} 和 p_{22}，刻画了区制指示变量 I_t 所遵循的动态过程。如果 p_{11} 表示系统处于区制 1 的概率，那么 $1 - p_{11}$ 表示系统从区制 1 转移到区制 2 的概率。类似地，如果 p_{22} 表示系统处于区制 2 的概率，那么 $1 - p_{22}$ 表示系统从区制 2 转移到区制 1 的概率。转移概率 p_{11} 和 p_{22} 通常是未知的，需要在估计上述两个回归方程的同时进行估计。系统整体的持续性取决于模型中自回归系数和转移概率的大小。此外，需要注意的是，转移概率 p_{11}、p_{12}、p_{21} 和 p_{22} 均为条件概率。系统处于区制 1 和区制 2 的非条件概率分别为 $p_1 = \dfrac{1 - p_{22}}{2 - p_{11} - p_{22}}$ 和 $p_2 = \dfrac{1 - p_{11}}{2 - p_{11} - p_{22}}$。

（三）平滑转换模型

平滑转换模型最初由 Chan and Tong（1986）提出，在其研究中，区制之间的转换是连续的，转换函数为标准正态分布的累积概率分布函数。在 Chan and Tong（1986）的研究基础上，Teräsvirta and Anderson（1992）将平滑转换模型中的转换函数设定为关于门限变量的 Logistic 函数或者 Exponential 函数，并将其应用于经济周期中非线性特征的研究。Granger and Teräsvirta（1993）以及 Teräsvirta（1994）对平滑转换模型的统计特征和估计方法做了进一步深入分析和探讨。在现实经济中，平滑转换模型已经被广泛地应用于很多宏观经济、金融时间序列的非线性特征分析中（Sarantis，1999；谢赤等，2005；王俊和孔令夷，2006；Deschamps，2008）。

对于时间序列 $\{y_t, t = 1, 2, \cdots, T\}$，一个二区制的单方程平滑转换自回归（Smooth Transition Autoregressive，STAR）模型的一般表达式为：

$$y_t = \left(\beta_{1,0} + \sum_{k=1}^{p} \beta_{1,k} y_{t-k}\right)\left(1 - G(z_t; \kappa, \gamma)\right) + \left(\beta_{2,0} + \sum_{k=1}^{p} \beta_{2,k} y_{t-k}\right) G(z_t; \kappa, \gamma) + \varepsilon_t \tag{2.4}$$

其中，ε_t 服从 $N(0, \sigma^2)$；z_t 表示门限变量；$G(z_t; \kappa, \gamma)$ 表示取值范围介于 0 和 1 之间的连续转换函数；κ 表示平滑系数，决定了系统从一个区制到另一个区制的转换速度和平滑度；γ 表示阈值。STAR 模型可

以看作两个 p 阶线性自回归模型（AR（p））的组合。当 $G(z_t;\kappa,\gamma)=0$ 时，y_t 退化为第一个 AR（p）过程；当 $G(z_t;\kappa,\gamma)=1$ 时，y_t 退化为第二个 AR（p）过程；当 $0<G(z_t;\kappa,\gamma)<1$ 时，y_t 在两种区制之间平滑的转换。y_t 在 t 时期所处的状态取决于门限变量 z_t 和阈值 γ 的取值以及转换函数 $G(z_t;\kappa,\gamma)$ 的具体形式。不同形式的转换函 $G(z_t;\kappa,\gamma)$ 对应不同的区制转换行为，例如，Chan and Tong（1986）中转换函数 $G(z_t;\kappa,\gamma)=\Phi((z_t-\gamma)/\kappa)$，其中 $\Phi(\cdot)$ 表示标准正态分布的累积概率分布函数，κ 的大小决定了区制的平滑程度。文献中通常使用 Logistic 函数和 Exponential 函数来表示 $G(z_t;\kappa,\gamma)$，其对应的模型分别称之为 LSTAR 模型和 ESTAR 模型。

在 LSTAR 模型中，$G(z_t;\kappa,\gamma)$ 是 Logistic 函数，具体表达形式为：

$$G(z_t;\kappa,\gamma)=\frac{1}{1+\exp\{-\kappa(z_t-\gamma)\}}, \quad \kappa>0 \tag{2.5}$$

式中，随着门限变量 z_t 的取值逐渐增大，转换函数 $G(z_t;\kappa,\gamma)$ 在 $[0,1]$ 之间单调增加。具体而言，如果 $z_t\to-\infty$，转换函数 $G(z_t;\kappa,\gamma)\to 0$；如果 $z_t\to+\infty$，转换函数 $G(z_t;\kappa,\gamma)\to 1$。当 $\kappa\to+\infty$ 时，转换函数 $G(z_t;\kappa,\gamma)$ 退化成为指示函数，定义为 $I(z_t\leqslant\gamma)=0$，$I(z_t>\gamma)=1$，此时的 LSTAR 模型退化为 TAR 模型；当 $\kappa=0$ 时，转换函数 $G(z_t;\kappa,\gamma)$ 等于 0.5，此时的 LSTAR 模型退化为 AR 模型，对应回归系数 $\beta_k=(\beta_{1,k}+\beta_{2,k})/2$，$k=0,1,\cdots,p$。转换函数为式（2.5）的 STAR 模型也称为一阶 LSTAR 模型。如果两个区制之间存在多个转换，则可以定义如下的 n 阶 LSTAR 模型：

$$G(z_t;\kappa,\gamma)=\frac{1}{1+\exp\{-\kappa\prod_{i=1}^{n}(z_t-\gamma_i)\}}, \quad \gamma_1\leqslant\gamma_2\leqslant\cdots\leqslant\gamma_n,\kappa>$$

$$0 \tag{2.6}$$

在 ESTAR 模型中，$G(z_t; \kappa, \gamma)$ 是 Exponential 函数，具体表达形式为：

$$G(z_t; \kappa, \gamma) = 1 - \exp\{-\kappa(z_t - \gamma)^2\}, \quad \kappa > 0 \tag{2.7}$$

式中，当门限变量 $z_t \to -\infty$ 或者 $z_t \to +\infty$ 时，转换函数 $G(z_t; \kappa, \gamma)$ $\to 1$；当门限变量 $z_t = \gamma$ 时，转换函数 $G(z_t; \kappa, \gamma) = 0$。不论 $\kappa \to +\infty$ 或者 $\kappa \to 0$，转换函数 $G(z_t; \kappa, \gamma)$ 的取值均为常数，此时的 ESTAR 模型退化为 AR 模型。

为了更清楚地阐明 LSTAR 模型和 ESTAR 模型与 TAR 模型和 AR 模型的条件关系，笔者将其概括如下：

$$\text{LSTAR 模型：} \begin{cases} z_t \to -\infty, & G(z_t; \kappa, \gamma) = 0 \to \text{AR 模型} \\ z_t \to +\infty, & G(z_t; \kappa, \gamma) = 1 \to \text{AR 模型} \\ \kappa \to +\infty, & G(z_t; \kappa, \gamma) = I(z_t, \gamma) \to \text{TAR 模型} \\ \kappa \to 0, & G(z_t; \kappa, \gamma) = 0.5 \to \text{AR 模型} \end{cases}$$

$$\text{ESTAR 模型：} \begin{cases} z_t \to -\infty, & G(z_t; \kappa, \gamma) = 1 \to \text{AR 模型} \\ z_t \to +\infty, & G(z_t; \kappa, \gamma) = 1 \to \text{AR 模型} \\ \kappa \to +\infty, & G(z_t; \kappa, \gamma) = 1 \to \text{TAR 模型} \\ \kappa \to 0, & G(z_t; \kappa, \gamma) = 0 \to \text{AR 模型} \end{cases}$$

（四）门限模型、马尔科夫区制转换模型和平滑转换模型的区别和局限性

门限模型、马尔科夫区制转换模型和平滑转换模型分别刻画了三种不同形式的区制转换行为。概言之，这三类模型的主要区别在于：传统门限模型的区制转换机制由门限变量和常数阈值的相对大小所决定；马尔科夫区制转换模型的区制转换机制由外生给定且不可观测的服从马尔科夫链的区制指示变量所决定；平滑转换模型的区制转换机

制是一种依赖 Logistic 和 Exponential 转换函数的在两个极端区制之间连续、渐进的平滑变化过程。

在区制转换模型中，区制概率函数决定着时间序列的区制转换行为，在区制转换方面扮演着重要角色。在已有文献中，传统门限模型的区制概率函数是关于门限变量和常数阈值的示性函数；马尔科夫区制转换模型的区制概率函数是关于外生给定且不可观测的服从马尔科夫链的区制指示变量的函数。而不同于前两类模型的是，平滑转换模型为了实现区制之间连续、渐进的平滑变化过程，将平滑转换函数，即关于门限变量的 Logistic 函数或者 Exponential 函数，作为不同区制的权重，因而严格来讲，平滑转换模型的转换函数并非区制概率函数。这三种模型设定在非线性时间序列建模分析过程中均存在一定的局限性。具体而言，传统门限模型由于区制概率函数的取值为 0 或者 1，因而可以确切地知道所研究的时间序列在每个时期所处的具体区制，并得到具有单一峰值的因变量的预测分布。然而，传统门限模型的这一特点会导致其在不同区制的分界点处区制变换的跳跃性太强，与现实经济不符。马尔科夫区制转换模型不需要设定门限变量，其区制转换行为仅由外生给定且不可观测的服从马尔科夫链的区制指示变量所决定，没有包含门限变量的信息。在实际分析中，马尔科夫区制转换模型无法捕获到经济系统中非对称行为背后的经济动机，并且在模型预测方面的表现往往不尽如人意。平滑转换模型虽然在一定程度上解决了传统门限模型的区制突变问题，但是它只是将平滑转换函数作为区制的权重，得到具有单一峰值的因变量的预测分布。当所研究的时间序列所处的区制具有不确定时，平滑转换模型并不能给出简单明了的解释。

相比其他两类区制转换模型，门限模型由于其自身的模型设定、估计方法以及经济解释都最为简单直接，且门限变量的引入还可以在一定程度上反映出所研究的时间序列和经济系统中其他时间序列之间的内在关系，从而有助于理解时间序列的动态区制变化机制，因而在非线性时间序列建模分析中的应用最为广泛，并对非线性时间序列研究的发展起到了极大的推动作用。在现实经济中，所研究的时间序列不可避免地会与经济系统中的其他时间序列存在内在的联系，因而有必要在模型中引入门限变量。此外，从直观上来讲，为不同区制设定不同概率，相比为不同区制设定不同权重，更有利于研究人员对时间序列的区制转换行为进行解释。考虑到这两点，下文将以门限模型为重点，围绕 Tong（1978）提出的门限模型的设定、估计、检验等方面进行介绍。

第二节　门限模型的发展

目前，大量学者将门限模型应用于经济、金融、生物统计等不同领域的时间序列非线性行为特征的研究中，并证明了其能准确地描述这些时间序列的动态行为特征。例如，Krager and Kugler（1993）针对五种货币的汇率数据，基于 SETAR 模型对其进行建模，发现五种货币的汇率数据均存在显著的门限效应；Rothman（1991）和 Koop and Potter（1999）分别在传统计量经济学和贝叶斯计量经济学分析框架下，采用 TAR 模型对美国失业率时间序列的动态行为特征进行刻画，研究发现，美国失业率可以分为高失业率状态和低失业率状态，并存在显著的非对称性，即降低失业率的冲击要显著弱于抬高失业率的冲击；Potter（1995）以及 Hansen（1996）采用 SETAR 模型对美国 GNP 增长率序列进行建模分析，发现其存在显著的非线性特征；Durlauf and

Johnson（1995）以及 Hansen（2000）利用门限模型研究分析了增长模型的分阶段特征；Enders and Hurn（2002）利用 TAR 模型对通胀率进行研究，发现通胀率存在明显的非对称性调整，可以分为高通胀状态和低通胀状态，且在高增长阶段具有更高的持久性，意味着价格向下调整存在刚性；Gredig（2007），Kazanas and Tzavalis（2009），Hansen and Kapinos（2007）等学者采用门限模型刻画货币当局的货币政策规则及其对通胀缺口和产出缺口的调整机制，研究发现货币当局的货币政策规则对通胀缺口和产出缺口具有非对称的政策反应机制；Gonzalo and Pitarakis（2012）采用门限模型对纽约证券交易所（New York Stock Exchange，NYSE）、美国证券交易所（American Stock Exchange，AMEX）和纳斯达克股票市场（National Association of Securities Dealers Automated Quotation，NASDAQ）的加权收益率预测问题进行研究，发现美国股票收益率预测具有反经济周期的特征，即在经济紧缩时期股息率对股票收益率才具有预测作用。除此之外，经济系统中其他经济变量的周期性、跳跃性和非对称性等非线性特征也可以通过门限模型进行刻画（Tsay，1998；Chen et al.，2012）。

考虑到门限模型的重要性，本节将详细回顾门限模型的研究发展过程，其中包括基础门限模型的表述、估计方法、假设检验、扩展模型等方面的内容。

一、模型表述

单变量时间序列 $\{y_t, t = 1,2,\cdots,T\}$ 的两区制门限模型可以表示为如下：

$$y_t = \begin{cases} x_t^{'}\beta_1 + \varepsilon_{1t} & z_t \leqslant \gamma \\ x_t^{'}\beta_2 + \varepsilon_{2t} & z_t > \gamma \end{cases} \tag{2.8}$$

其中，$\varepsilon_{jt}(j=1,2)$ 服从 $N(0,\sigma_j^2)$；y_t 表示被解释变量；x_t 表示 $p \times 1$ 的解释变量；z_t 表示门限变量；γ 表示阈值；β_1 和 β_2 表示 $p \times 1$ 的回归系数向量。如果解释变量 x_t 由 y_t 的滞后项组成，则上述门限模型即为 TAR 模型① （Tong，1978）。进一步地，如果门限变量 z_t 也是 y_t 的滞后项，则对应模型称之为 SETAR 模型。

在式（2.8）中，如果门限变量和阈值已知，则可以根据门限变量 z_t 和阈值 γ 的相对大小分离观测值，单个区制中观测值序列的估计检验问题和线性回归模型一致。具体而言，单个区制的回归方程式均可利用普通最小二乘（Ordinary Least Square，OLS）方法进行估计，同时回归系数的显著性还可通过 t 检验和 F 检验进行判断。对于 TAR 模型，其相应滞后阶数 p 还可以通过 AIC 或者 BIC 准则加以确定，然而，在实际应用中往往会面临两方面的挑战：第一，门限变量的不确定性，即如何从众多变量中挑选出合理和可靠的门限变量；第二，阈值的未知性，即如何对阈值进行估计。Wu and Chen（2007）通过建模分析，设计了从众多变量中选择门限变量的机制，对门限变量的选择问题给出了很好的解决方法。此外，在很多实证分析中，门限变量还可以根据经济理论来进行确定。然而，阈值的未知性使得其必须和模型中其他未知参数一起进行估计。笔者将在下一小节给出门限模型的具体估计方法。

二、估计方法

目前，文献中主要有两类方法来对门限模型进行估计，分别是传

---

① 本书所考虑的门限模型允许解释变量包含其他外生变量，而 Tong（1978）所提出来的 TAR 模型的解释变量为因变量的滞后项。在模型估计方面，TAR 模型是本书所考虑的门限模型的特例；在理论证明方面，TAR 模型和本书所考虑的门限模型存在很大不同，前者只需考虑因变量的平稳性，而后者则需同时考虑因变量和其他外生变量的平稳性，复杂度更高（Chen and Tsay，1991；Chen and Tsay，1993）。

统计量经济学方法（Chan，1993；Hansen，2000 等）和贝叶斯计量经济学方法（Broemeling and Cook，1992；Geweke and Terui，1993；Chen and Lee，1995 等）。传统计量经济学方法一般指的是剖面最小二乘（Profile Least Square，PLS）估计方法；而贝叶斯计量经济学方法则是以 MCMC 方法（West and Harrison，1997）为代表的贝叶斯估计方法。

（一）传统计量经济学方法

Case1：解释变量 x_t 是外生的

在传统计量经济学的分析框架下，假定模型中的解释变量 x_t 是外生的，根据 Chan（1993）和 Hansen（2000）提出的方法，回归系数 β_1 和 β_2 以及阈值 γ 的具体估计步骤可以概括如下。

第一步：将门限变量 z_t 的取值按照从低到高的顺序进行排序。若记 $z_{(i)}$ 为排序后序列的第 i 个取值，则当样本总量为 T 时，$z_{(1)}$ 和 $z_{(T)}$ 分别为门限变量 $\{z_t\}_{t=1}^T$ 的最小值和最大值。

第二步：依次假定序列 $\{z_{(i)}\}$ 中的元素为阈值 γ，令 $\Psi_t(\gamma) = I(z_t > \gamma)$，即可对式（2.8）进行估计，得到回归系数 β_1 和 β_2 的条件最小二乘估计量，具体表达式如下：

$$\hat{\beta}_1(\gamma) = \Big(\sum_{t=1}^T x_t x_t^{'}(1 - \Psi_t(\gamma))\Big)^{-1}\Big(\sum_{t=1}^T x_t y_t(1 - \Psi_t(\gamma))\Big)$$

$$\hat{\beta}_2(\gamma) = \Big(\sum_{t=1}^T x_t x_t^{'}\Psi_t(\gamma)\Big)^{-1}\Big(\sum_{t=1}^T x_t y_t \Psi_t(\gamma)\Big)$$

为了确保在每个区制都有适当数量的观测值，一般假定阈值不会存在于序列 $\{z_{(i)}\}$ 前 $100\tau\%$ 和序列 $\{z_{(i)}\}$ 后 $100\tau\%$ 中，实际只需考虑序列 $\{z_{(i)}\}$ 中间 $100(1 - 2\tau)\%$ 的元素。例如，如果 $T = 200$，$\tau = 0.15$，那么在实际操作中只需估计从 $\gamma = z_{(30)}$ 到 $\gamma = z_{(170)}$ 共计 141 个门限模型。文献中一般将 τ 设定为 0.10 或者 0.15。

令 $\Gamma = \left[\underline{\gamma_{\lambda}}, \overline{\gamma_{\lambda}}\right]$ 表示阈值 γ 的取值范围，其中 $\underline{\gamma_{\lambda}}$ 和 $\overline{\gamma_{\lambda}}$ 分别表示序列 $\{z_{(i)}\}$ 中间 $100(1-2\tau)\%$ 元素的最小值和最大值，则阈值 γ 的超一致估计可以通过最小化残差平方和得到：

$$\hat{\gamma} = \arg\min_{\gamma \in \Gamma} S(\gamma)$$

其中，

$$S(\gamma) = \sum_{t=1}^{T} (y_t - x_t'\hat{\beta}_1(\gamma) - x_t'(\hat{\beta}_2(\gamma) - \hat{\beta}_1(\gamma))\Psi_t(\gamma))^2$$

第三步：基于阈值 γ 的超一致估计 $\hat{\gamma}$，可以进一步得到回归系数 β_1 和 β_2 的估计值，即

$$\hat{\beta}_1(\hat{\gamma}) = \left(\sum_{t=1}^{T} x_t x_t'(1 - \Psi_t(\hat{\gamma}))\right)^{-1}\left(\sum_{t=1}^{T} x_t y_t(1 - \Psi_t(\hat{\gamma}))\right)$$

$$\hat{\beta}_2(\hat{\gamma}) = \left(\sum_{t=1}^{T} x_t x_t'\Psi_t(\hat{\gamma})\right)^{-1}\left(\sum_{t=1}^{T} x_t y_t \Psi_t(\hat{\gamma})\right)$$

以上方法一般简称为 PLS 估计方法。特别地，针对 SETAR 模型，除了要估计阈值，还需要对延迟参数 d 进行估计。Hansen（1997）利用最小二乘原理，在最小化模型的残差平方和时，同时考虑阈值 γ 和延迟参数 d，选取能够使得残差平方和最小的 $\hat{\gamma}$ 和 $\hat{d}$ 分别作为阈值 γ 和延迟参数 d 的估计值。此外，延迟参数 d 也可以通过最小化 AIC 或者 BIC 等模型选择准则来得到。

Case2：解释变量 x_t 是内生的

若解释变量 x_t 存在内生性，即 $\mathrm{cov}(x_t, \varepsilon_{jt}) \neq 0$（$j = 1, 2$），则需要采用 Caner and Hansen（2004）针对包含内生解释变量的门限模型提出的工具变量方法对模型中的回归系数 β_1 和 β_2 以及阈值 γ 进行估

计[1]。令 $\tilde{z}_t$ 表示 $L \times 1$ 维工具变量，其与解释变量 x_t 高度相关，但却不与随机误差项 $\varepsilon_{jt}(j = 1,2)$ 相关。包含内生解释变量的门限模型的具体估计步骤可以概括如下：

第一步：将解释变量 x_t 对工具变量 $\tilde{z}_t$ 进行如下回归，

$$x_t = \Pi' \tilde{z}_t + v_t, \quad t = 1, \cdots, T,$$

其中，Π 表示 $L \times p$ 维参数向量，v_t 表示 $p \times 1$ 维随机误差项。通过 OLS 回归，可以计算得到解释变量 x_t 的预测值 $\hat{x}_t$，

$$\hat{x}_t = \left[\left(\sum_{t=1}^{T} \tilde{z}_t \tilde{z}_t' \right)^{-1} \left(\sum_{t=1}^{T} \tilde{z}_t x_t' \right) \right]' \tilde{z}_t.$$

第二步：将式（2.8）中的内生解释变量 x_t 用其相应的预测值 $\hat{x}_t$ 代替，根据 Chan（1993）和 Hansen（2000）提出的 PLS 估计方法，回归系数 β_1 和 β_2 的条件最小二乘估计量具有如下表达式：

$$\hat{\beta}_1(\gamma) = \left(\sum_{t=1}^{T} \hat{x}_t \hat{x}_t'(1 - \Psi_t(\gamma)) \right)^{-1} \left(\sum_{t=1}^{T} \hat{x}_t y_t (1 - \Psi_t(\gamma)) \right)$$

$$\hat{\beta}_2(\gamma) = \left(\sum_{t=1}^{T} \hat{x}_t \hat{x}_t' \Psi_t(\gamma) \right)^{-1} \left(\sum_{t=1}^{T} \hat{x}_t y_t \Psi_t(\gamma) \right)$$

阈值 γ 的两阶段最小二乘（Two Stage Least Square，2SLS）估计量可以通过最小化残差平方和得到：

$$\hat{\gamma} = \arg\min_{\gamma \in \Gamma} S(\gamma)$$

其中，

$$S(\gamma) = \sum_{t=1}^{T} \left(y_t - \hat{x}_t' \hat{\beta}_1(\gamma) - \hat{x}_t'(\hat{\beta}_2(\gamma) - \hat{\beta}_1(\gamma)) \Psi_t(\gamma) \right)^2$$

第三步：根据门限变量 z_t 和阈值的估计值 $\hat{\gamma}$ 的相对大小分离观测值，单个区制中观测值序列的回归系数 β_1 和 β_2 可以通过 2SLS 或者广

---

[1] 本书所探讨的门限模型及其扩展模型均假定门限变量 z_t 是外生的。关于包含内生门限变量的门限模型的估计方法及其相关研究，可以参见 Kourtellos et al.（2008）。

义矩（Generalized Methods of Moments，GMM）方法估计得到。特别地，回归系数 β_1 和 β_2 的 2SLS 估计量为：

$$\hat{\beta}_1(\hat{\gamma}) = \left(\sum_{t=1}^{T} \hat{x}_t \hat{x}_t' (1 - \Psi_t(\hat{\gamma})) \right)^{-1} \left(\sum_{t=1}^{T} \hat{x}_t y_t (1 - \Psi_t(\hat{\gamma})) \right)$$

$$\hat{\beta}_2(\hat{\gamma}) = \left(\sum_{t=1}^{T} \hat{x}_t \hat{x}_t' \Psi_t(\hat{\gamma}) \right)^{-1} \left(\sum_{t=1}^{T} \hat{x}_t y_t \Psi_t(\hat{\gamma}) \right).$$

（二）贝叶斯计量经济学方法

贝叶斯计量经济学方法是基于贝叶斯定理（后验分布正比于先验分布和似然函数的乘积）而发展起来用于系统地阐述和解决统计问题的方法。相比传统计量经济学方法，贝叶斯计量经济学方法将计量经济学模型中的未知参数视为随机变量，充分利用了总体信息、样本信息和先验信息，因而在处理复杂模型上具有相对优势。具体而言，贝叶斯计量经济学方法可以定义为以贝叶斯统计思想为基础，通过在计量经济学模型中纳入未知参数的先验分布，然后根据贝叶斯定理，推导出未知参数的后验分布，最终实现对参数的估计、检验以及模型选择（Koop and Potter，1999）等一系列贝叶斯推断。

为了更加清晰地描述贝叶斯计量经济学方法，图 2.1 给出了贝叶斯计量经济学的分析框架。需要强调的是，先验分布是在进行贝叶斯推断时不可或缺的一个要素。贝叶斯学派把先验分布解释为在抽样前关于未知参数先验信息的概率表述。先验分布不必有客观的依据，它可以部分地或者完全地基于主观信念。一般而言，未知参数的先验分布可以设定为共轭先验分布、无信息先验分布或者分层先验分布，其中共轭先验分布①的应用最为广泛。表 2.1 列出了贝叶斯分析中常用

---

① 给定一个先验分布族，如果所得后验分布仍在先验分布族中，则称先验分布族中的任何一个分布为参数的共轭先验分布。共轭先验分布之所以被采用，主要是因为其计算简单、容易操作且便于解释。

的几种共轭先验分布。

贝叶斯计量经济学方法中影响最大、使用最广的是 MCMC 方法。MCMC 方法是一种简单易行、应用广泛的随机计算模拟方法。目前，MCMC 方法已经成为一种处理复杂统计问题的重要工具。在详细介绍 MCMC 方法之前，笔者先给出一些定义。

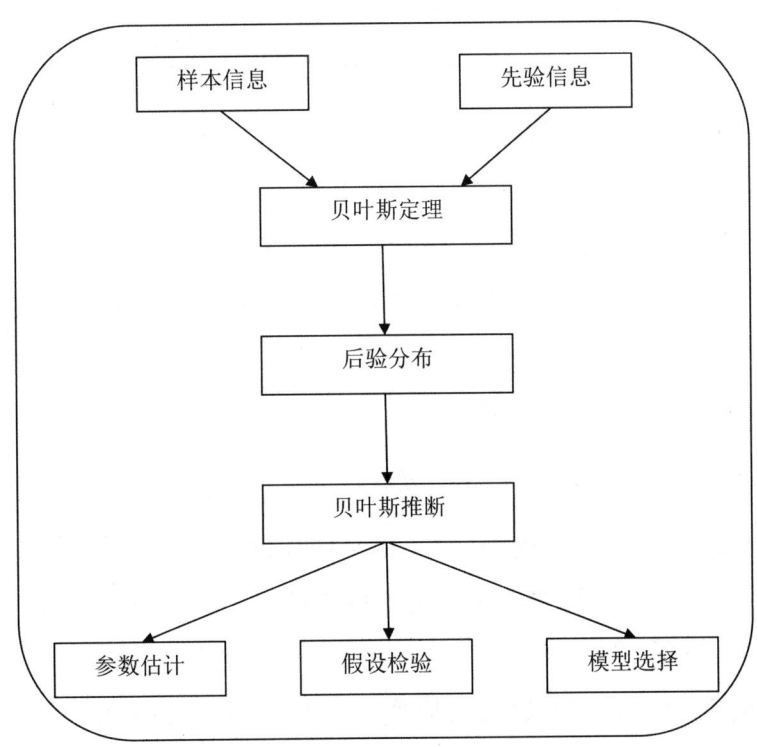

图 2.1 贝叶斯计量经济学的分析框架

表 2.1　常用的几种共轭先验分布

总体分布	未知参数	共轭先验分布
二项分布	成功概率	Beta 分布
泊松分布	均值	Gamma 分布

续表

总体分布	未知参数	共轭先验分布
指数分布	均值的倒数	Gamma 分布
正态分布	均值	正态分布
一元正态分布	方差	Inverse Gamma 分布
多元正态分布	方差协方差矩阵	Inverse Wishart 分布

定义 1：若随机序列 $\{x^{(0)}, x^{(1)}, x^{(2)}, \cdots\}$ 在任一 s（$s \geq 0$）时期，序列中 $s+1$ 时期的变量 $x^{(s+1)}$ 只依赖于 s 时期的当前状态，而与 s 时期之前的历史状态 $\{x^{(0)}, x^{(1)}, \cdots, x^{(s-1)}\}$ 无关，即 $\pi(x^{(s+1)} \mid x^{(0)}, x^{(1)}, \cdots, x^{(s)}) = \pi(x^{(s+1)} \mid x^{(s)})$，则称随机序列 $\{x^{(0)}, x^{(1)}, x^{(2)}, \cdots\}$ 为一阶马尔科夫链。

定义 2：如果 $\pi(x)$ 满足

$$\int A(x, x') \pi(x) dx = \pi(x'), \forall x' \in S$$

则称 $\pi(x)$ 为转移核 $A(x, x')$ 的平稳分布。换言之，$x^{(0)}$ 可以取任意值，经过一段时间迭代后，马尔科夫链 $\{x^{(0)}, x^{(1)}, x^{(2)}, \cdots\}$ 总能收敛到平稳分布 $\pi(x)$。

MCMC 方法的核心思想就是通过建立一个以 $\pi(x)$ 为平稳分布的马尔科夫链来得到 $\pi(x)$ 的随机样本，进而基于这些样本进行一系列的统计推断。MCMC 方法概括起来分为以下三步：

（1）在样本空间 S 上选一个以 $\pi(x)$ 为平稳分布的马尔科夫链，使其转移核为 $A(\cdot, \cdot)$；

（2）由样本空间 S 上的某一点 $x^{(0)}$ 出发，用（1）中的马尔科夫链产生点序列 $x^{(1)}, \cdots, x^{(S)}$；

（3）对某个 S_0 和足够大的 S，任一函数 $f(x)$ 的期望估计如下：

$$\dot{E}_\pi f = \frac{1}{S - S_0} \sum_{s=S_0+1}^{S} f(x^{(s)}). \tag{2.9}$$

在运用 MCMC 方法时，转移核的构造具有至关重要的作用。不同的转移核的构造方法，会导致不同的 MCMC 方法。典型的 MCMC 方法包括 Gibbs（Geman and Geman，1984；Gelfand and Smith，1990）和 Metropolis – Hastings（Metropolis et al.，1953；Hastings，1970）两种很强大的抽样方法。事实上，Metropolis – Hasting 抽样方法是 MCMC 方法中最一般化的抽样方法，Gibbs 抽样方法可以被看作是 Metropolis – Hastings 抽样方法的特例。考虑到 Gibbs 抽样方法在实际应用中的重要性，本书将其作为一种重要的 MCMC 方法单独加以介绍。表 2.2 和表 2.3 分别列出了这两种抽样方法的具体抽样步骤。

表 2.2　Metropolis – Hastings 抽样方法

假定当前状态的序列值为 $x^{(s)}$，则在第 $s+1$ 次迭代中：

1. 从建议分布 $T(x^{(s)}, x')$ 中抽样得到 x'；

2. 从 Uniform [0, 1] 中抽取随机数 u，并更新

$$x^{(s+1)} = \begin{cases} x', & u \leq r(x^{(s)}, x'); \\ x^{(s)}, & \text{其他} \end{cases} ;$$

其中，

$$r(x^{(s)}, x') = \min\left\{1, \frac{\pi(x') T(x', x^{(s)})}{\pi(x^{(s)}) T(x^{(s)}, x')}\right\}。$$

对于任意 $x \neq x'$，由 x 至 x' 的转移核 $A(x, x')$ 为

$$A(x, x') = T(x, x') r(x, x') = T(x, x') \min\left\{1, \frac{\pi(x') T(x', x)}{\pi(x) T(x, x')}\right\}。$$

容易证明，$\pi(x) A(x, x') = \pi(x') A(x', x)$，因而 $\pi(x)$ 是由转移核 $A(x, x')$ 确定的马尔科夫链的平稳分布即 $\int A(x, x') \pi(x) dx = \pi(x'), \forall x' \in S$。

　　在实际分析中，学者往往会综合使用 Gibbs 抽样方法和 Metropolis – Hastings 抽样方法。例如，如果未知参数 θ 中部分元素的全条件后验分布有着非常简单的函数形式，则可以直接从其对应的全条件后验分布中抽样。对于那些不能直接抽样的元素，则可以使用 Metropolis – Hastings 抽样方法来产生样本。这种类型的抽样方法，往往被称为"Metropolis – Gibbs"抽样方法。"Metropolis – Gibbs"抽样方法在解决很多复杂问题上具有比 Gibbs 抽样方法和 Metropolis – Hastings 抽样方法更大的吸引力和应用价值。

　　对于门限模型，文献中有很多学者采用贝叶斯方法对模型中的未知参数进行估计。例如，Broemeling and Cook（1992）基于两区制的 SETAR 模型，假定延迟参数 $d = 1$，未知参数 β_1，β_2，σ_1^2，σ_2^2 和 γ 的先验分布为无信息先验分布，推导了模型中每个未知参数的条件和边际后验分布，并得到了相应均值、方差和置信区间。在此基础上，Broemeling and Cook（1992）设计了模型是否为线性模型的检验方法。此外，Broemeling and Cook（1992）还推导了条件和边际一步向前预测分布，得到了相应均值、方差和预测置信区间，并通过数值模拟验证了其方法的有效性。Geweke and Terui（1993）同样基于两区制的 SETAR 模型，采用贝叶斯方法，假定阈值 γ 和延迟参数 d 的先验分布分别为连续型和离散型的均匀分布，推导了阈值 γ、延迟参数 d 以及多步向前预测的全条件后验分布，并将所提出的方法应用于 Wolfe 的太阳黑子数据和加拿大的猞猁数据的研究分析。

表 2.3 Gibbs 抽样方法

假定我们可以将随机变量 x 划分为 d 个元素，即 $x = (x_1, \cdots, x_d)$。假定当前状态的序列值为 $x^{(s)} = (x_1^{(s)}, \cdots, x_d^{(s)})$，则在第 $s+1$ 次迭代中：

1. 从全条件后验分布 $\pi(x_1 \mid x_2^{(s)}, \cdots, x_d^{(s)})$ 从抽样得到 $x_1^{(s+1)}$；

2. 从全条件后验分布 $\pi(x_i \mid x_1^{(s+1)}, \cdots, x_{i-1}^{(s+1)}, x_{i+1}^{(s)}, \cdots, x_d^{(s)})$ 从抽样得到 $x_i^{(s+1)}$；

3. 从全条件后验分布 $\pi(x_d \mid x_1^{(s+1)}, \cdots, x_{d-1}^{(s+1)})$ 从抽样得到 $x_d^{(s+1)}$；

对于任意 $x \neq x'$，由 x 至 x' 的转移核 $A(x, x')$ 为

$$A(x, x') = \pi(x_1 \mid x_2, \cdots, x_d) \pi(x_2 \mid x_1', x_3, \cdots, x_d) \cdots \pi(x_d \mid x_1', \cdots, x_{d-1}')。$$

容易证明，$\pi(x) A(x, x') = \pi(x') A(x', x)$，因而 $\pi(x)$ 是由转移核 $A(x, x')$ 确定的马尔科夫链的平稳分布，即 $\int A(x, x') \pi(x) dx = \pi(x'), \forall x' \in S$。

Chen and Lee（1995）针对两区制的 SETAR 模型，提出了一种新的贝叶斯估计方法。在 Chen and Lee（1995）的贝叶斯分析中，回归系数 β_1 和 β_2 的先验分布为正态分布，扰动项方差 σ_1^2 和 σ_2^2 的先验分布为逆伽马分布，阈值 γ 和延迟参数 d 的先验分布设定与 Geweke and Terui（1993）相同。Chen and Lee（1995）列出了模型中所有未知参数（β_1，β_2，σ_1^2，σ_2^2，γ，d）的全条件后验分布，采用"Metropolis - Gibbs"抽样方法逐一对未知参数进行抽样。具体而言，对于回归系数 β_1 和 β_2、扰动项方差 σ_1^2 和 σ_2^2 以及延迟参数 d，由于其全条件后验分布分别为常规的正态分布、逆伽马分布和多项式分布，因而可以直接抽样；而对于阈值 γ，由于其全条件后验分布为非常规分布，因而需采用 Metropolis - Hastings 抽样方法对其进行间接抽样。Chen and Lee（1995）进一步通过数值模拟和基于美国 1948 年第二季度至 1991 年第一季度失业率数据的实证应用证明了其所提出的贝叶斯估计方法的准

确性和有效性。相比 Broemeling and Cook（1992）和 Geweke and Terui（1993）的研究方法，Chen and Lee（1995）提出的贝叶斯估计方法避免了复杂的推导和多重数值积分的计算，在实际问题的分析中更加简洁方便，因而应用最为广泛。

三、假设检验

在门限模型中，有一类非常重要的假设检验，即判断门限模型是否存在门限效应。这类检验之所以重要，主要是由于在实际分析中，如果没有特别让人信服的非线性证据，学者们研究分析的首要选择仍然是形式和估计方法都很简单的线性模型。门限效应的检验恰恰为是否应该使用门限模型提供了严格的理论证据。

具体到式（2.8）中，简单起见，假定区制 1 和区制 2 中扰动项的方差满足 $\sigma_1^2 = \sigma_2^2 = \sigma^2$，门限效应检验所对应的原假设 H_0 和备则假设 H_1 分别为：

$$H_0 : \beta_1 = \beta_2 = \beta, \quad H_1 : \beta_1 \neq \beta_2.$$

当原假设 $H_0 : \beta_1 = \beta_2 = \beta$ 成立时，式（2.8）退化为简单线性模型，即

$$y_t = x_t' \beta + \varepsilon_t, \tag{2.10}$$

回归系数 β 的 OLS 估计量为

$$\hat{\beta} = \left(\sum_{t=1}^{T} x_t x_t' \right)^{-1} \left(\sum_{t=1}^{T} x_t y_t \right),$$

残差平方和为

$$S_1 = \sum_{t=1}^{T} (y_t - x_t' \hat{\beta})^2 ;$$

当备则假设 $H_1 : \beta_1 \neq \beta_2$ 成立时，式（2.8）为如下的两区制门限模型，

$$y_t = x_t'\beta_1 I(z_t \leqslant \gamma) + x_t'\beta_2 I(z_t > \gamma) + \varepsilon_t, \tag{2.11}$$

令 $x_t(\gamma) = (x_t'I(z_t \leqslant \gamma), x_t'I(z_t > \gamma))'$, $\delta = (\beta_1', \beta_2')'$, 则式 (2.8) 可以表示为如下形式,

$$y_t = x_t(\gamma)'\delta + \varepsilon_t, \tag{2.12}$$

回归系数 δ 的条件最小二乘估计量为:

$$\hat{\delta}(\gamma) = (\sum_{t=1}^{T} x_t(\gamma)x_t(\gamma)')^{-1}(\sum_{t=1}^{T} x_t(\gamma)y_t),$$

残差平方和为

$$S_2(\gamma) = \sum_{t=1}^{T} (y_t - x_t(\gamma)'\hat{\delta}(\gamma))^2.$$

如果阈值 γ 已知, 门限效应的检验可以通过传统的检验统计量如 Likelihood Ratio (LR)、Lagrange Multiplier (LM)、Wald 等经典统计量得以实现。然而, 在实际问题的分析中, 阈值 γ 通常都是未知的。因此, 在门限效应的检验中, 当原假设 $H_0: \beta_1 = \beta_2 = \beta$ 成立时, 阈值 γ 将成为冗余参数或者不可识别参数。文献中一般将假设检验中存在的原假设下参数的不可识别问题称为 Davies's Problem (Davies, 1977, 1987)。相比传统计量经济学中的假设检验, 门限效应的检验变得相对比较复杂, 这主要是由于 Davies's Problem 的存在使得传统的检验统计量为阈值 γ 的函数, 其在原假设下的渐近分布不再为标准卡方分布。

为了表示的方便, 笔者将门限效应的检验统计量简记为 $T(\gamma)$。为了消除阈值 γ 的影响, Davies (1977, 1987) 提出采用统计量 $\sup T = \sup_{\gamma \in \Gamma} T(\gamma)$ 来解决 Davies's Problem。Andrews and Ploberger (l994) 对原假设下检验统计量的渐近分布进行了深入探讨, 分析了在 Davies's Problem 存在时的最优检验问题, 但是并没有讨论在实际分析中如何计算最优检验统计量的临界值。Hansen (1996) 首次提出采用自举法 (Bootstrap) 计算得到检验统计量的临界值和 p 值, 大大简化了门限效应的检验难度, 为门限模型提供了一种非常便捷有效的检验方法。

Hansen（1996）的门限效应检验方法分为以下两种情形：

Case1：ε_t 满足独立同分布假设

如果 ε_t 满足独立同分布假设，考虑如下的 F - 统计量：

$$F_{12} = \sup_{\gamma \in \Gamma} F_{12}(\gamma)，$$

其中，

$$F_{12}(\gamma) = T\left(\frac{S_1 - S_2(\gamma)}{S_2(\gamma)}\right).$$

则门限效应的检验步骤可以概括如下：

·从标准正态分布 $N(0,1)$ 中抽取随机样本 u_t^*，并令 $y_t^* = u_t^*$，从而得到自举样本 $\{y_t^*\}_{t=1}^T$；

·采用样本 $\{x_t, y_t^*\}_{t=1}^T$，估计线性回归方程，

$$y_t^* = x_t'\beta + \varepsilon_t，$$

得到回归系数 β 的 OLS 估计量

$$\tilde{\beta} = \left(\sum_{t=1}^T x_t x_t'\right)^{-1}\left(\sum_{t=1}^T x_t y_t^*\right)，$$

以及残差平方和

$$S_1^* = \sum_{t=1}^T (y_t^* - x_t'\tilde{\beta})^2；$$

·采用样本 $\{x_t, y_t^*\}_{t=1}^T$，估计门限回归方程，

$$y_t^* = x_t(\gamma)'\delta + \varepsilon_t，$$

得到回归系数 δ 的条件最小二乘估计量

$$\tilde{\delta}(\gamma) = \left(\sum_{t=1}^T x_t(\gamma)x_t(\gamma)'\right)^{-1}\left(\sum_{t=1}^T x_t(\gamma)y_t^*\right)，$$

以及残差平方和

$$S_2^*(\gamma) = \sum_{t=1}^T (y_t^* - x_t(\gamma)'\tilde{\delta}(\gamma))^2；$$

·计算自举统计量

$$F_{12}^* = \sup_{\gamma \in \Gamma} F_{12}^*(\gamma),$$

其中，

$$F_{12}^*(\gamma) = T\left(\frac{S_1^* - S_2^*(\gamma)}{S_2^*(\gamma)}\right);$$

·重复步骤（1）至步骤（4）B 次，得到 B 个基于自举样本计算的统计量 $\{F_{12,j}^*\}_{j=1}^B$ ，则可以计算自举统计量的 $1 - \alpha$ 分位数 $F_{1-\alpha}^*$ 以及统计量 F_{12} 的经验 p 值，即自举统计量 $\{F_{12,j}^*\}_{j=1}^B$ 大于统计量 F_{12} 的次数占总次数的比率。Hansen（1996）证明了自举统计量 F_{12}^* 依概率弱收敛于 F_{12} 在原假设下的分布。若基于原始数据计算得到的统计量 F_{12} 大于 $F_{1-\alpha}^*$ 或者统计量 F_{12} 的经验 p 值小于 α ，则拒绝不存在门限效应的原假设。

Case2：ε_t 满足条件异方差假设

如果 ε_t 满足条件异方差假设，令

$$M_T(\gamma) = \sum_{t=1}^T x_t(\gamma) x_t(\gamma)',$$

$$V_T(\gamma) = \sum_{t=1}^T x_t(\gamma) x_t(\gamma)' \hat{e}_t^2(\gamma),$$

$$R = (I_p, -I_p),$$

其中 $\hat{e}_t(\gamma) = y_t - x_t(\gamma)' \hat{\delta}(\gamma)$ 为式（2.12）的残差项估计值，I_p 表示 $p \times p$ 的单位矩阵。考虑如下的 Wald 统计量：

$$W_{12} = \sup_{\gamma \in \Gamma} W_{12}(\gamma),$$

其中，

$$W_{12}(\gamma) = (R\hat{\delta}(\gamma))'$$
$$[R(M_T(\gamma)^{-1} V_T(\gamma) M_T(\gamma)^{-1}) R']^{-1}(R\hat{\delta}(\gamma)),$$

类似于 ε_t 满足独立同分布假设下的门限效应检验步骤，只需将自举

样本 $\{y_t^*\}_{t=1}^T$ 的生成过程改为 $y_t^* = \hat{e}_t(\hat{\gamma})u_t^*$ ，其中 $\hat{\gamma} = \arg\min\limits_{\gamma \in \Gamma} S_2(\gamma)$ ，即可得到自举统计量的 $1-\alpha$ 分位数 $W_{1-\alpha}^*$ 以及统计量 W_{12} 的经验 p 值。

四、扩展模型

从 20 世纪 70 年代末至今，门限模型一直处在突飞猛进的发展阶段，其方法、理论和应用成果层出不穷。大量学者以式（2.8）所示的基础门限模型为出发点，开展了许多有益的探索和讨论，提出了多种门限模型的扩展模型。比较有代表性的扩展模型包括门限自回归移动平均模型、门限协整模型、双门限变量的门限模型、以外生变量的线性组合作为门限变量的门限模型等。下面笔者将逐一对其进行简要介绍。

（一）门限自回归移动平均模型

在关于门限模型的文献中，绝大多数的研究都集中在 TAR 模型上。王文玉等（1984）基于 TAR 模型，对其做了进一步的发展，提出了一种新的非线性模型，即门限自回归移动平均（Threshold Autoregressive Moving Average，TARMA）模型，并针对这一模型提出了相应的估计方法。

在王文玉等（1984）提出的模型中，门限变量为因变量的滞后项，因而严格来讲，其所提出的模型也称为自激励门限自回归移动平均（Self‑exciting Threshold Autoregressive Moving Average，SETARMA）模型。具体而言，对于时间序列 $\{y_t, t = 1, 2, \cdots, T\}$ ，SETARMA $(2; (p_1, q_1), (p_2, q_2))$ 模型的表达式为：

$$
y_t = \begin{cases} \beta_{1,0} + \sum\limits_{i=1}^{p_1} \beta_{1,i} y_{t-i} + \sum\limits_{i=1}^{q_1} \alpha_{1,i} \varepsilon_{1,t-i} + \varepsilon_{1t} & y_{t-d} \leqslant \gamma \\[2mm] \beta_{2,0} + \sum\limits_{i=1}^{p_2} \beta_{2,i} y_{t-i} + \sum\limits_{i=1}^{q_2} \alpha_{2,i} \varepsilon_{2,t-i} + \varepsilon_{2t} & y_{t-d} > \gamma \end{cases} \tag{2.13}
$$

其中，$\beta_{j,1}, \cdots, \beta_{j,p_j}$（$j = 1,2$）表示自回归系数；$\alpha_{j,1}, \cdots, \alpha_{j,q_j}$（$j = 1,2$）表示移动平均系数；$p_j$ 和 q_j（$j = 1,2$）分别表示自回归和移动平均的最大滞后阶数；ε_{jt}（$j = 1,2$）是服从均值为 0，方差为 σ_j^2 的独立序列；y_{t-d}（d 表示延迟参数）是门限变量；γ 是阈值。

当 $\alpha_{j,1} = \cdots = \alpha_{j,q_j} = 0$（$j = 1,2$）时，式（2.13）进一步退化为 SETAR（$2 ; p_1, p_2$）模型：

$$
y_t = \begin{cases} \beta_{1,0} + \sum_{i=1}^{p_1} \beta_{1,i} y_{t-i} + \varepsilon_{1t} & y_{t-d} \leqslant \gamma \\ \beta_{2,0} + \sum_{i=1}^{p_2} \beta_{2,i} y_{t-i} + \varepsilon_{2t} & y_{t-d} > \gamma \end{cases}
$$

当 $\beta_{j,1} = \cdots = \beta_{j,p_j} = 0$（$j = 1,2$）时，式（2.13）进一步退化为 SETMA（$2 ; q_1, q_2$）模型：

$$
y_t = \begin{cases} \beta_{1,0} + \sum_{i=1}^{q_1} \alpha_{1,i} \varepsilon_{1,t-i} + \varepsilon_{1t} & y_{t-d} \leqslant \gamma \\ \beta_{2,0} + \sum_{i=1}^{q_2} \alpha_{2,i} \varepsilon_{2,t-i} + \varepsilon_{2t} & y_{t-d} > \gamma \end{cases}
$$

（二）门限协整模型

Engle and Granger（1987）在 20 世纪 80 年代首次提出了协整概念，引发了非平稳时间序列建模从理论到实践的飞速发展。协整的研究对象是非平稳时间序列，它允许我们刻画两个或者多个非平稳时间序列之间的长期均衡关系。如果一些经济指标被某种共同因素联系在一起，那么从长远来看，这些变量之间应该具有均衡关系，在短期内，因为季节影响或者随机干扰，这些变量有可能会暂时偏离均值。如果这种偏离是暂时的，那么随着时间推移将会回到均衡状态；如果这种偏离是持久的, 就不能说这些变量之间存在协整关系。

根据 Granger 表示定理 (Engle and Granger, 1987), 如果变量之间存在协整关系, 则一定存在一个与之等价的误差修正模型。误差修正模型反映了变量的短期偏离调整机制。传统的误差修正模型假定在所有时期都存在短期偏离向均衡状态的调整过程。然而, 在很多实际问题中, 短期偏离的调整并不是在每个时期都会发生的。这主要是由于调整成本的存在会阻碍短期偏离的持续调整。具体而言, 只有当短期偏离的调整收益大于调整成本时, 经济主体才会为了使经济体系趋向均衡状态做出相应的调整行为。很多经济变量的短期偏离调整过程都存在这一现象, 例如存货、货币均衡、就业等。在有效金融市场中, 交易成本的存在也会使得资产回报率在一定范围之内不会通过调整而趋向均衡状态, 从而导致套利机会的存在。针对这一问题, Balke and Fomby (1997) 提出了如下的门限协整模型:

$$y_t + \alpha x_t = z_t$$

$$z_t = \begin{cases} \mu_u + \rho_u(L)z_{t-1} + \varepsilon_t & \gamma_u < z_{t-d} \\ \mu_m + \rho_m(L)z_{t-1} + \varepsilon_t & \gamma_l < z_{t-d} \leq \gamma_u \\ \mu_l + \rho_l(L)z_{t-1} + \varepsilon_t & \gamma_l > z_{t-d} \end{cases} \quad (2.14)$$

其中, 对于区制 j ($j = l, m, u$), μ_j 表示漂移项, $\rho_j(L)$ 表示滞后多项式, ε_t 是服从均值为 0, 方差为 σ^2 的独立序列; z_t 表示 t 时期所对应的短期偏离; $(1, \alpha)$ 表示 y_t 和 x_t 之间均衡关系所对应的协整向量; z_{t-d} (d 表示延迟参数) 表示门限变量; γ_j 表示阈值。

在式 (2.14) 中, 判断变量 y_t 和 x_t 之间是否存在协整关系的关键在于短期偏离 z_t 的平稳性。Chan et al. (1985) 给出了在特定约束下短期偏离 z_t 的平稳性条件。为了更清楚地解释这些平稳条件, Balke and Fomby (1997) 给出了以下三类特殊的 TAR 模型来说明短期偏离

z_t 在门限模型中平稳性条件的多样性：

$$EQ - TAR : z_t = \begin{cases} z_{t-1} + \varepsilon_t & |z_{t-1}| \leq \gamma \\ \rho z_{t-1} + \varepsilon_t & |z_{t-1}| > \gamma \end{cases}$$

$$Band - TAR : z_t = \begin{cases} \gamma(1 - \rho) + \rho z_{t-1} + \varepsilon_t & z_{t-1} > \gamma \\ z_{t-1} + \varepsilon_t & |z_{t-1}| \leq \gamma \\ -\gamma(1 - \rho) + \rho z_{t-1} + \varepsilon_t & z_{t-1} < -\gamma \end{cases}$$

$$RD - TAR : z_t = \begin{cases} -\mu + z_{t-1} + \varepsilon_t & z_{t-1} > \gamma \\ z_{t-1} + \varepsilon_t & |z_{t-1}| \leq \gamma \\ \mu + z_{t-1} + \varepsilon_t & z_{t-1} < -\gamma \end{cases}$$

其中，$|\rho| < 1$，$\mu > 0$，ε_t 是服从均值为0，方差为 σ^2 的独立序列。对于 EQ - TAR 和 Band - TAR 模型，外部区制 $|z_{t-1}| > \gamma$ 中 z_t 的行为决定了其整体的平稳性，与内部区制 $|z_{t-1}| \leq \gamma$ 中 z_t 是否平稳无关；对于 RD - TAR 模型，虽然内部区制 $|z_{t-1}| \leq \gamma$ 和外部区制 $|z_{t-1}| > \gamma$ 中 z_t 都不平稳，但是外部区制中漂移项的存在仍然可以保证 z_t 的平稳性。

（三）双门限变量的门限模型

式（2.8）中只包含一个门限变量，然而，在大多数实证应用中，含两个或者两个以上门限变量的门限模型往往更符合实际。例如，Leeper（1991）根据货币政策和财政政策是扩张型的还是紧缩型的，将描述实际产出、通胀率、失业率等宏观经济变量的动态行为过程划分为了四个区制。Tiao and Tsay（1994）根据过去时期美国实际 GNP 增长率的大小和符号，将实际 GNP 增长率的动态行为过程划分为了四个区制。Durlauf and Johnson（1995）根据人均实际产出水平和受教育程度，将不同国家 GDP 增长率的动态行为过程划分为了四个区制。在以上这些例子中，门限模型都包含了多个门限变量，说明了含有多个门限变量的门限模型在实际应用中的重要性。简单起见，此处重点介绍双门限变量的门限模型，其模型可以表示为：

$$y_t = \begin{cases} x_t'\beta_1 + \varepsilon_{1t} & z_{1t} \leqslant \gamma_1, z_{2t} \leqslant \gamma_2 \\ x_t'\beta_2 + \varepsilon_{2t} & z_{1t} \leqslant \gamma_1, z_{2t} > \gamma_2 \\ x_t'\beta_3 + \varepsilon_{3t} & z_{1t} > \gamma_1, z_{2t} \leqslant \gamma_2 \\ x_t'\beta_4 + \varepsilon_{4t} & z_{1t} > \gamma_1, z_{2t} > \gamma_2 \end{cases} \tag{2.15}$$

其中，z_{1t} 和 z_{2t} 表示门限变量；γ_1 和 γ_2 表示阈值；β_j（$j = 1,2,3,4$）表示 $p \times 1$ 的回归系数向量；ε_{jt}（$j = 1,2,3,4$）是服从均值为 0，方差为 σ_j^2 的独立序列。

（四）以外生变量的线性组合作为门限变量的门限模型

在式（2.8）所示的基础门限模型中，门限变量 z_t 由单一的外生变量所表示。门限变量 z_t 往往是通过人为设定或者根据经济理论等加以确定。在实际应用中，区制转换机制可能会由多个外生变量共同决定，例如，股票市场上股票超额收益的动态变化会受到利率、违约风险溢价、股息率等多个经济指标的共同影响。基于此，Massacci（2013）通过将门限变量设定为具有未知系数的外生变量的线性组合，对基础门限模型进行了扩展研究，提出了以外生变量的线性组合作为门限变量的门限模型，如下式（2.16）所示。

$$y_t = \begin{cases} x_t'\beta_1 + \varepsilon_{1t} & \lambda_1 z_{1t} + \lambda_2 z_{2t} + \cdots + \lambda_k z_{kt} \leqslant \gamma \\ x_t'\beta_2 + \varepsilon_{2t} & \lambda_1 z_{1t} + \lambda_2 z_{2t} + \cdots + \lambda_k z_{kt} > \gamma \end{cases} \tag{2.16}$$

其中，门限变量为 $z_{1t}, z_{2t}, \cdots, z_{kt}$ 的线性组合，$\lambda_1, \lambda_2, \cdots, \lambda_k$ 分别为外生变量 $z_{1t}, z_{2t}, \cdots, z_{kt}$ 所对应的加权系数，γ 表示阈值。如果设定 $\lambda_1, \lambda_2, \cdots, \lambda_k$ 的任一元素为 1，其余元素为 0，那么式（2.16）即退化为式（2.8）所示的基础门限模型。

相比基础门限模型，以外生变量的线性组合作为门限变量的门限模型，可以将可能对区制转换机制产生影响的多个外生变量同时纳入门限模型区制转换机制的分析中，并通过加权系数控制这些外生变量的重要程度，从而能够避免对门限变量造成误选。然而，门限变量条件的放宽也带来了参数的识别问题。在式（2.16）中，如果没有对外生变量所对应的加权系数 $\lambda_1, \lambda_2, \cdots, \lambda_k$ 进行约束，那么对于任意 $0 < h < \infty$，会出现

$$P\left[I\left(\lambda_1 z_{1t} + \lambda_2 z_{2t} + \cdots + \lambda_k z_{kt} \leqslant \gamma\right) = I\left(h\left(\lambda_1 z_{1t} + \lambda_2 z_{2t} + \cdots + \lambda_k z_{kt}\right) \leqslant h\gamma\right)\right] = 1$$

即，参数向量 $(\lambda_1, \lambda_2, \cdots, \lambda_k, \alpha)$ 和 $(h\lambda_1, h\lambda_2, \cdots, h\lambda_k, h\alpha)$ 在区制转换机制的判断上是完全等价的，进而说明式（2.16）中参数向量 $(\lambda_1, \lambda_2, \cdots, \lambda_k, \alpha)$ 无法识别。针对这一问题，Massacci（2013）证明了如果令 $\lambda_1 + \lambda_2 + \cdots + \lambda_k = c$，其中 c 为已知的正常数，那么式（2.16）中的参数即可被准确识别。

第三节　本章结语

本章主要介绍和梳理了几种常见的区制转换模型，着重区分了门限模型（Threshold Model）、马尔科夫区制转换模型（Markov Regime Switching Model）和平滑转换模型（Smooth Transition Model）三类既存在紧密联系，又具有显著区别的非线性时间序列模型，并重点回顾了门限模型的研究发展过程，其中包括基础门限模型的表述、估计方法、假设检验、扩展模型等方面。

从上述关于区制转换模型的文献回顾中可以看出，近年来，学者们逐渐意识到区制转换模型在理论研究和实证应用中所发挥的重要作用，并尝试设计一系列更贴近现实经济的区制转换机制，以期建立合

理和可靠的区制转换模型，从而更好地刻画时间序列数据的动态行为特征。这一点在以门限模型为基础的拓展研究中体现得最为明显。遗憾的是，现有文献中对门限模型中区制转换机制的探讨依然不够充分，并且尚存一定的局限性。具体而言，在传统门限模型中，模型所在区制由门限变量和常数阈值的相对大小所决定。给定阈值，传统门限模型可以确切地知道所研究的时间序列在每个时期所处的具体区制。然而，传统门限模型的这种特殊区制转换机制导致其无法刻画很多诸如阈值具有时变性或者门限变量存在测量误差等经济系统中广泛存在的问题。如果在实际经济问题的分析过程中，研究人员仍然简单地选择传统门限模型来刻画时间序列中可能存在的非线性特征，则极易出现模型误设问题，进而导致有偏误的参数估计结果、误导性的分析结论和政策建议。

门限模型的区制转换机制描述了模型在不同时期所处的区制，其设计的合理性和正确性会直接影响门限模型估计和推断的结果。为此，本书以门限模型为研究出发点，针对门限模型中区制转换机制的设定、模型选择、估计和检验等问题展开研究，力图设计出合理和准确的区制概率函数，从而更好地刻画和反映现实经济中时间序列数据的动态行为特征。

第三章

具有时变阈值的门限模型

第 一 节　引　言

自 Tong（1978）首次提出门限模型以来，门限模型就被理论和实证研究人员广泛应用于研究经济学不同领域中所存在的非线性现象或者非对称行为。在理论研究方面，Chan（1993）、Hansen（1997、2000）、Tsay（1998）、Gonzalo and Pitarakis（2002）、Gonzalo and Wolf（2005）以及 Seo and Linton（2007）等众多学者深入研究了在不同模型设定情形下门限模型的估计方法和估计量的渐进特征。在实证研究方面，Durlauf and Johnson（1995）以及 Hansen（2000）利用门限模型研究分析了增长模型的分阶段特征；Potter（1995）、Tsay（1998）以及 Chen et al.（2012）采用 TAR 模型刻画了存在于 GDP 增长率、失业率、通胀率以及其他宏观经济变量时间序列数据中的周期性、跳跃性和非对称性等非线性现象；Li and Li（1996）将门限模型（Tong，1978；Tong and Lim，1980）扩展为双门限自回归条件异方差（Autoregressive Conditional Heteroskedasticity，ARCH）模型，捕获了存在于金融变量时间序列数据的均值和方差中的非对称行为。

　　在上述关于门限模型的文献中，门限模型的区制转换机制由门限变量和阈值的相对大小所决定。换言之，门限模型的区制概率函数是关于门限变量和阈值的示性函数，其取值为 0 或者 1。在这种特殊区制概率函数的设定下，门限模型具有两大特点：第一，门限变量的引入可以在一定程度上反映出所研究的时间序列和经济系统中其他时间序列之间的内在关系，从而有助于理解时间序列的动态区制变化机制；第二，门限模型可以确切地知道所研究的时间序列在每个时期所处的具体区制，并得到具有单一峰值的因变量的预测分布。然而，门限模型的区制转换机制在实证应用中往往会面临两方面的挑战：第一，如何从众多变量中挑选出合理和可靠的门限变量；第二，如何考虑门限模型中阈值可能存在的时变性。对于门限变量的选择问题，Wu and Chen（2007）已经通过建模分析，设计了一套如何从众多候选变量中选择门限变量的筛选机制，对这一问题给出了很好的解决方法。而对于门限模型中阈值的时变性问题，据笔者了解，尚未有学者开展过类似研究。因此，本章主要关注第二类挑战，即如何考虑门限模型中阈值可能存在的时变性。

　　阈值的时变性是现实经济中普遍存在的现象。例如，在市场营销学中，消费者会根据预先设立的意愿支付价格，对商品的价格作出不同反应。具体而言，当商品的价格高于消费者的意愿支付价格时，消费者会拒绝购买；反之，则会决定购买。门限模型可以很好地刻画消费者在从价格到需求的传导机制中所体现的非对称效应，但是消费者的意愿支付价格作为阈值，往往并不是固定不变的，而是会因为受到消费者自身经济条件的影响而随时间而变（Kalyanaram and Winer，1995）。在行为金融学中，预期理论认为投资者具有风险厌恶的特征，即相比资产价格高于其参考价格的情形（收益），当资产价格低于其参考价格时（损失），投资者更倾向于持有资产。类似的，投资者的参考价格往往并不是固定不变的，因为投资者的风险厌恶程度会因为受到宏观经济形势的影响而随时间而变。此外，在货币经济学中，根据目标通货膨胀理论，一旦通胀率超过了当前的通胀目标，货币当局将更加积极地对通胀率作出回应。然而，这种预设的通胀目标可能会随着货币当局对高通胀容忍程度的变化而变化。在上述所列的三种情形中，门限模型由于假定阈值是固定常数而无法捕获阈值序列本身可能存在的时变性。当真实阈值具有时变性时，具有常数阈值的门限模型所刻画和反映的时间序列的区制转换行为将不再准确和可靠，极易出现模型误设问题，进而导致有偏误的参数估计结果、误导性的分析结论和政策建议。为此，本章在门限模型中纳入阈值的时变性，一方面可以避免模型设定偏误，另一方面可以拓宽门限模型的应用范围，有助于研究者构建恰当的经济计量模型以及得出合理可信的研究结论。

考虑到在市场营销学、行为金融学以及货币经济学的研究问题中，门限模型的阈值会随时间发生变化，本章假定阈值序列为服从 AR 过程的不可观测的状态变量，首次构建了具有时变阈值的门限模型。对于具有时变阈值的门限模型，回归系数的 PLS 估计量不再具有一致性。因此，本章主要采用贝叶斯计量经济学方法来对其进行深入分析。相比传统计量经济学方法，贝叶斯计量经济学方法在处理复杂模型上具有相对优势。它可以通过在模型中纳入未知参数的先验分布，实现对参数的估计、检验以及模型选择（Koop and Potter, 1999）等一系列贝叶斯推断。在现有研究中，已有部分学者使用贝叶斯方法，对门限模型进行了开拓性的研究，例如，Geweke and Terui（1993）、Chen and Lee（1995）、Safadi and Morettin（2000）、Smadi and Alodat（2011）、Huber and Zörner（2019）等。然而，据笔者所知，考虑阈值的时变性在关于门限模型的研究中尚属首次。

通过假定阈值为不可观测的状态变量，具有时变阈值的门限模型可以被看作是一个状态空间模型，因此本章在贝叶斯计量经济学分析框架下采用 MCMC 方法（West and Harrison，1997）对模型进行估计。此外，本章还讨论了如何利用贝叶斯模型选择准则在线性模型、具有常数阈值的门限模型和具有时变阈值的门限模型中选择出最合适的模型。通过蒙特卡洛模拟，本章验证了所提出的贝叶斯估计方法和模型选择准则的有效性。本章将具有时变阈值的门限模型应用于美国月度工业生产指数的实证研究，考察了其在样本外预测、区制转换机制的刻画等方面的表现。结果显示，相比线性模型和具有常数阈值的门限模型，具有时变阈值的门限模型在样本外预测方面表现最优，并且能够准确地反映美国月度工业生产指数的动态区制变化过程。

本章剩余部分内容安排如下：第二节给出具体的理论模型设定、贝叶斯估计方法及模型选择准则；第三节通过蒙特卡洛模拟考察了贝叶斯估计方法和模型选择准则的有效性，并且通过与具有常数阈值的门限模型作对比，进一步凸显出具有时变阈值的门限模型的相对优势；第四节是实证分析部分；第五节是本章结语部分。本章所有的推导均在第六节附录部分给出。

第二节　模型设定和推断

一、模型设定

本节提出如下具有时变阈值的门限模型，

$$y_t = \begin{cases} x_t^{'}\beta_1 + \varepsilon_{1t} & z_t \leq \gamma_t \\ x_t^{'}\beta_2 + \varepsilon_{2t} & z_t > \gamma_t \end{cases} \quad t = 1,\cdots,T \quad (3.1)$$

其中，y_t 表示被解释变量；x_t 表示 $p \times 1$ 的外生解释变量；z_t 和 γ_t 分别表示决定门限模型区制转换机制的门限变量和阈值；$\varepsilon_{jt}(j = 1,2)$ 是服从 $N(0, \sigma_j^2)$ 的独立序列；β_1 和 β_2 表示 $p \times 1$ 的回归系数向量。不同于具有常数阈值的门限模型，本节假定阈值序列 $\{\gamma_t\}$ 为时变且不可观测的状态变量，并服从如下 AR（1）过程，

$$\gamma_t = v + \varphi(\gamma_{t-1} - v) + u_t \tag{3.2}$$

其中 $|\varphi| < 1$，刻画了阈值序列 $\{\gamma_t\}$ 的持续性；$\{u_t\}$ 是服从 $N(0, \sigma_u^2)$ 的白噪声序列，且与 $\varepsilon_{jt}(j = 1,2)$ 不相关；$\gamma_1 \sim N\left(v, \dfrac{\sigma_u^2}{1 - \varphi^2}\right)$。当 $\varphi = 0, \sigma_u^2 \to 0$ 时，$\{\gamma_t\}$ 可以被近似为常数序列，上述模型即退化为具有常数阈值的门限模型。

二、模型估计

本小节主要讨论如何对由式（3.1）和式（3.2）构成的具有时变阈值的门限模型中的未知参数向量 $\Theta = (\beta_1, \beta_2, \sigma_1^2, \sigma_2^2, v, \varphi, \sigma_u^2)$ 和阈值序列 $\{\gamma_t\}$ 进行估计。通过假定阈值序列 $\{\gamma_t\}$ 为不可观测的状态变量，式（3.1）和式（3.2）构成的模型即为典型的非线性高斯状态空间模型，其中，式（3.1）表示观测方程，式（3.2）表示状态方程。由于状态变量 $\{\gamma_t\}$ 不可观测，因此本小节在贝叶斯计量经济学分析框架下，采用 MCMC 方法对其进行估计。MCMC 方法是估计状态空间模型中未知参数和状态变量的强大工具，其作为一种简单且行之有效的贝叶斯估计方法，能很好地处理很多复杂计算问题。关于 MCMC 方法的更详细介绍，参见 Robert and Casella（1999）、Liu（2001）以及 West and Harrison（1997）等文献。

为了表示的方便，笔者统一采用 $p(\cdot)$ 表示概率函数。令

$$y_{1:t} = (y_1, \cdots, y_t), x_{1:t} = (x_1, \cdots, x_t)$$

$$z_{1:t} = (z_1, \cdots, z_t), \gamma_{1:t} = (\gamma_1, \cdots, \gamma_t)$$

给定 $y_{1:T}, x_{1:T}$ 和 $z_{1:T}$，$(\gamma_{1:T}, \Theta)$ 的后验分布为

$$p(\gamma_{1:T}, \Theta \mid y_{1:T}, x_{1:T}, z_{1:T})$$

$$\propto p(\Theta \mid x_{1:T}, z_{1:T}) p(\gamma_{1:T}, y_{1:T} \mid x_{1:T}, z_{1:T}, \Theta)$$

$$= p(\Theta) \prod_{t=1}^{T} p(\gamma_t \mid \gamma_{1:t-1}, y_{1:t-1}, x_{1:T}, z_{1:T}, \Theta) p(y_t \mid \gamma_{1:t}, y_{1:t-1}, x_{1:T}, z_{1:T}, \Theta)$$

$$= p(\Theta) \prod_{t=1}^{T} p(\gamma_t \mid \gamma_{1:t-1}, \Theta) p(y_t \mid x_t, z_t, \gamma_t, \Theta)$$

其中，

$$p(\gamma_t \mid \gamma_{t-1}, \Theta) = \frac{1}{\sqrt{2\pi\sigma_u^2}} \exp\left(-\frac{[\gamma_t - \nu - \varphi(\gamma_{t-1} - v)]^2}{2\sigma_u^2} \right)$$

$$p(y_t \mid x_t, z_t, \gamma_t, \Theta) = \begin{cases} \dfrac{1}{\sqrt{2\pi\sigma_1^2}} \exp\left(-\dfrac{(y_t - x_t'\beta_1)^2}{2\sigma_1^2} \right) & z_t \leqslant \gamma_t \\ \dfrac{1}{\sqrt{2\pi\sigma_2^2}} \exp\left(-\dfrac{(y_t - x_t'\beta_2)^2}{2\sigma_2^2} \right) & z_t > \gamma_t \end{cases}$$

$p(\Theta)$ 是未知参数向量 Θ 的先验分布。

遵循文献中的一般做法，笔者令未知参数向量 Θ 的先验分布为所有未知参数 $\beta_1, \beta_2, \sigma_1^2, \sigma_2^2, \nu, \varphi, \sigma_u^2$ 先验分布的乘积，即

$$p(\Theta) = p(\beta_1) p(\beta_2) p(\sigma_1^2) p(\sigma_2^2) p(\nu) p(\varphi) p(\sigma_u^2)$$

其中，$\beta_1, \beta_2, \sigma_1^2, \sigma_2^2, \nu, \sigma_u^2$ 的先验分布为标准的共轭先验分布。具体而言，笔者设定，

$$\beta_1, \beta_2 \sim N(\mu_\beta, \Sigma_\beta), \quad \sigma_1^2, \sigma_2^2 \sim IG(A_\sigma/2, B_\sigma/2),$$

$$v \sim N(\mu_\nu, \sigma_\nu^2), \quad \varphi \sim Uniform(-1, 1), \quad \sigma_u^2 \sim IG(A_u/2, B_u/2),$$

上述先验分布中的参数 $(\mu_\beta, \Sigma_\beta, A_\sigma, B_\sigma, \mu_\nu, \sigma_\nu^2, A_u, B_u)$ 称为超参

数。一般而言，超参数的取值需要保证相应未知参数的先验分布足够扁平以使其包含尽量少的信息。本章末的附录一中给出了本章所涉及的几种重要分布的概率密度函数。基于 $(\gamma_{1:T}, \Theta)$ 的后验分布 $p(\gamma_{1:T}, \Theta | y_{1:T}, x_{1:T}, z_{1:T})$，本小节即可采用 MCMC 方法从中抽样得到其相应的随机样本。为了节省空间，笔者将具体的 MCMC 抽样方法置于本章末的附录二中。

假定 S_0 为马尔科夫链燃烧期（Burn – in Period）的长度，S 为马尔科夫链的总长度，基于 MCMC 抽样方法得到的随机样本 $\Theta^{(s)}$，$s = S_0 + 1, \cdots, S$，可以对未知参数 Θ 进行一系列的贝叶斯推断。具体而言，参数 $\theta_i \in \Theta$ 的后验分布可以通过如下公式进行估计：

$$\hat{P}(\theta_i | y_{1:T}, x_{1:T}, z_{1:T}) = \frac{1}{S - S_0} \sum_{s = S_0+1}^{S} \delta(\theta_i - \theta_i^{(s)})$$

其中，$\delta(\cdot)$ 表示狄拉克函数。此外，θ_i 的后验均值、后验标准差、置信区间以及参数 $\theta_i = \theta_i^*$ 的后验机率也可以通过计算得到。特别地，贝叶斯计量经济学定义的置信区间也称为最高后验密度（Highest Posterior Density，HPD）区间，其推导过程依赖于后验分布估计 $\hat{P}(\theta_i | y_{1:T}, x_{1:T}, z_{1:T})$。为了与经典计量经济学派定义的置信区间作区分，下文将贝叶斯计量经济学派定义的置信区间统称为 HPD 区间。具体而言，给定显著性水平 α，参数 θ_i 的 HPD 区间可以被定义为：

$$\hat{P}(\theta_i \in C(y_{1:T}, x_{1:T}, z_{1:T}) | y_{1:T}, x_{1:T}, z_{1:T}) = 1 - \alpha \qquad (3.3)$$

其中，数值 $1 - \alpha$ 在贝叶斯计量经济学派中表示参数 θ_i（随机变量）属于区间 $C(y_{1:T}, x_{1:T}, z_{1:T})$ 的概率，而在传统计量经济学派中则表示区间 $C(y_{1:T}, x_{1:T}, z_{1:T})$ 包含真实参数 θ_i 的概率。在贝叶斯计量经济学分析框架下，学者一般选择满足式（3.3），并且长度最短的集合 $C(y_{1:T}, x_{1:T}, z_{1:T})$ 作为参数 θ_i 的 HPD 区间。此外，参数 $\theta_i = \theta_i^*$ 的后验机率的计算公式为（Chen et al.，2010）：

$$r_{\theta_i^\cdot}(\theta_i) \underset{=}{\Delta} \frac{P(\theta_i > \theta_i^* \mid y_{1:T}, x_{1:T}, z_{1:T})}{P(\theta_i < \theta_i^* \mid y_{1:T}, x_{1:T}, z_{1:T})} \approx \frac{\sum_{s=S_0+1}^{S} I(\theta_i^{(s)} > \theta_i^*)}{\sum_{s=S_0+1}^{S} I(\theta_i^{(s)} < \theta_i^*)}$$

其中, $I(\cdot)$ 表示示性函数。给定显著性水平 α, 如果 $r_{\theta_i^\cdot}(\theta_i) > (1 - \alpha)/\alpha$ 或者 $r_{\theta_i^\cdot}(\theta_i) < \alpha/(1 - \alpha)$, 那么参数 θ_i 显著不等于 θ_i^*。参数 θ_i 的贝叶斯检验本质上类似于传统计量经济学分析框架下的单边假设检验。

三、模型选择

在实证研究中, 学者们往往会面临模型选择的问题, 因为模型选择是建模分析中的一个不可或缺的部分。具体而言, 模型选择, 即给定观测数据, 从若干个竞争模型中挑选出最符合现实经济的模型。考虑到模型选择问题的重要性, 文献中已有学者从贝叶斯计量经济学派的角度提出了多种模型选择方法, 具体参见 Carlin and Chib (1995)、Kass and Raftery (1995)、Han and Carlin (2001)、Kadane and Lazar (2004) 以及其他相关文献。

本小节在讨论具体的模型选择准则之前, 有必要先介绍本小节所考虑的三种竞争模型, 即具有时变阈值的门限模型、具有常数阈值的门限模型和线性模型, 具体形式如下所示:

Model 1: 具有时变阈值的门限模型

$$y_t = \begin{cases} x_t' \beta_1 + \varepsilon_{1t}, & z_t \leqslant \gamma_t; \\ x_t' \beta_2 + \varepsilon_{2t}, & z_t > \gamma_t, \end{cases}$$

$$\gamma_t = v + \varphi(\gamma_{t-1} - v) + u_t.$$

Model 2: 具有常数阈值的门限模型

$$y_t = \begin{cases} x_t' \beta_1 + \varepsilon_{1t}, & z_t \leqslant \gamma; \\ x_t' \beta_2 + \varepsilon_{2t}, & z_t > \gamma, \end{cases}$$

Model3：线性模型

$$y_t = x_t^{'}\beta + \varepsilon_t$$

本小节从贝叶斯计量经济学派的角度出发，采用四种贝叶斯模型选择准则，探讨如何在上述三类模型中进行选择。具体而言，本小节所采用的四种贝叶斯模型选择准则分别是 posterior AIC（PAIC）、posterior BIC（PBIC，Wu and Chen，2007）、posterior HQ（PHQ）和 Deviance Information Criterion（DIC，Spiegelhalter et al.，2002），定义如下：

$$\text{PAIC} = E[D(\Theta)|y_{1:T}, x_{1:T}, z_{1:T}] + 2k,$$

$$\text{PBIC} = E[D(\Theta)|y_{1:T}, x_{1:T}, z_{1:T}] + k\log T,$$

$$\text{PHQ} = E[D(\Theta)|y_{1:T}, x_{1:T}, z_{1:T}] + k\log(\log T),$$

$$\begin{aligned}\text{DIC} = \ &E[D(\Theta)|y_{1:T}, x_{1:T}, z_{1:T}] + \{E[D(\Theta)|y_{1:T}, x_{1:T}, z_{1:T}] - \\ &D[E(\Theta \mid y_{1:T}, x_{1:T}, z_{1:T})]\},\end{aligned}$$

其中，Θ 表示模型中的未知参数向量，k 表示未知参数向量 Θ 的维数，

$$D(\Theta) = -2\log L(\Theta|y_{1:T}, x_{1:T}, z_{1:T}) = -2\log p(y_{1:T}|x_{1:T}, z_{1:T}, \Theta),$$

特别地，对于 Model 1，

$$p(y_{1:T}|x_{1:T}, z_{1:T}, \Theta) = \int p(\gamma_{1:T}, y_{1:T}|x_{1:T}, z_{1:T}, \Theta) d\gamma_{1:T}$$

其中，$\int p(\gamma_{1:T}, y_{1:T}|x_{1:T}, z_{1:T}, \Theta) d\gamma_{1:T}$ 是关于状态变量 $\gamma_{1:T}$ 的高维积分，不存在显性的解析表达式。本章采用粒子滤波算法（Liu and Chen，1998；Doucet and Johansen，2011）来获得 $p(y_{1:T}|x_{1:T}, z_{1:T}, \Theta)$ 的一致估计量。为了节省空间，笔者将具体的粒子滤波算法置于本章末的附录三中。

在以上四种模型选择准则中，笔者利用 MCMC 方法抽样得到的随机样本计算得到 $E[D(\Theta) \mid y_{1:T}, x_{1:T}, z_{1:T}]$ 和 $E[\Theta \mid y_{1:T}, x_{1:T}, z_{1:T}]$。具

体而言，基于从后验分布 $p(\gamma_{1:T}, \Theta | y_{1:T}, x_{1:T}, z_{1:T})$ 中抽样得到随机样本 $(\gamma_{1:T}^{(s)}, \Theta^{(s)}), s = S_0 + 1, \cdots, S$，

$$\frac{1}{S - S_0} \sum_{s = S_0+1}^{S} D(\Theta^{(s)}) \to E[D(\Theta) | y_{1:T}, x_{1:T}, z_{1:T}],$$

$$\frac{1}{S - S_0} \sum_{s = S_0+1}^{S} \Theta^{(s)} \to E[\Theta | y_{1:T}, x_{1:T}, z_{1:T}].$$

其中，S_0 为马尔科夫链燃烧期（Burn – in Period）的长度，S 为马尔科夫链的总长度。

第三节　蒙特卡洛模拟

本节通过两组蒙特卡洛模拟来分别考察上节所提出的模型估计方法和四种贝叶斯模型选择准则（PAIC，PBIC，PHQ 和 DIC）的表现。

一、模拟 1

本小节主要通过蒙特卡洛模拟考察在贝叶斯计量经济学分析框架下具有时变阈值的门限模型的估计方法的表现。考虑如下三种数据生成过程：

DGP1：均值漂移门限模型

$$y_t = \begin{cases} 0.75 + \varepsilon_{1t}, & z_t \leqslant \gamma_t; \\ -0.75 + \varepsilon_{2t}, & z_t > \gamma_t, \end{cases}$$

其中，$\varepsilon_{1t} \sim N(0,1), \varepsilon_{2t} \sim N(0,1), z_t \sim N(0,2)$。

DGP2：单变量门限模型

$$y_t = \begin{cases} 1 + x_{1t} + \varepsilon_{1t}, & z_t \leqslant \gamma_t; \\ 2 + 2x_{1t} + \varepsilon_{2t}, & z_t > \gamma_t, \end{cases}$$

其中，$\varepsilon_{1t} \sim N(0,1)$，$\varepsilon_{2t} \sim N(0,1)$，$x_{1t} \sim \text{Uniform}(0,3)$，$z_t \sim N(0,2)$。

DGP2：SETAR 模型

$$y_t = \begin{cases} -0.5 - 0.1y_{t-1} + 0.4y_{t-2} + \varepsilon_{1t}, & z_t \leqslant \gamma_t; \\ 0.5 + 0.5y_{t-1} - 0.5y_{t-2} + \varepsilon_{2t}, & z_t > \gamma_t, \end{cases}$$

其中，$\varepsilon_{1t} \sim N(0,0.5)$，$\varepsilon_{2t} \sim N(0,1.5)$，$z_t = y_{t-1}$。

对于以上三种数据生成过程，本小节考虑了如下两种阈值序列 $\{\gamma_t\}$ 的设定机制：

Case1：阈值 $\{\gamma_t\}$ 是时变序列，并具有如下形式

$$\gamma_t = v + \varphi(\gamma_{t-1} - v) + u_t$$

其中，$v = 0$，$\varphi = 0.9$，$u_t \sim N(0,0.5)$，$\gamma_1 \sim N\left(v, \dfrac{0.5}{1-\varphi^2}\right)$。

Case2：阈值 $\{\gamma_t\}$ 是常数序列，且 $\gamma_t = 0$。

基于 DGP1 – DGP3 中关于解释变量 x_t 和门限变量 z_t 的不同设定，本小节所采用的估计模型为式（3.1）和式（3.2）构成的具有时变阈值的门限模型。为了对比起见，笔者比较了通过第二节的 MCMC 方法估计得到的回归系数 β_1 和 β_2 的贝叶斯估计量和经典计量经济学中回归系数 β_1 和 β_2 的 PLS 估计量（不考虑阈值的时变性）的表现。在 MCMC 抽样方法中，未知参数的先验分布被设定为：

$\beta_1, \beta_2 \sim N(0, 100I_p)$，$\sigma_1^2, \sigma_2^2 \sim IG(1,1)$，

$v \sim N(0,100)$，$\varphi \sim \text{Uniform}(-1,1)$，$\sigma_u^2 \sim IG(1,1)$.

其中，I_p 表示 $p \times p$ 的单位矩阵。马尔科夫链的总长度为30000，其中燃烧期的长度为10000。在蒙特卡洛模拟中，样本 T 容量为100，200 和 500。蒙特卡洛模拟总次数为1000。

表 3.1 估计量 $\hat{\beta}_1$ 和 $\hat{\beta}_2$ 在时变阈值序列（Case1）设定下的表现

	$T = 100$	RMS（$\hat{\beta}_1$）	RMS（$\hat{\beta}_2$）	MAE（$\hat{\beta}_1$）	MAE（$\hat{\beta}_2$）
DGP1	PLS	0.3589	0.3795	0.2949	0.3132
	贝叶斯	0.2979	0.3084	0.2235	0.2288
DGP2	PLS	0.8654	0.8884	0.6713	0.6741
	贝叶斯	0.5983	0.6133	0.4579	0.4574
DGP3	PLS	1.7038	1.7860	0.9701	1.2329
	贝叶斯	1.4468	1.4130	0.7045	0.8130
	$T = 200$	RMS（$\hat{\beta}_1$）	RMSE（$\hat{\beta}_2$）	MAE（$\hat{\beta}_1$）	MAE（$\hat{\beta}_2$）
DGP1	PLS	0.3586	0.3677	0.3119	0.3212
	贝叶斯	0.1935	0.1939	0.1489	0.1504
DGP2	PLS	0.6812	0.6883	0.5587	0.5580
	贝叶斯	0.3798	0.3852	0.3007	0.3022
DGP3	PLS	0.9061	1.0219	0.7483	0.7921
	贝叶斯	0.4463	0.5657	0.3325	0.4275
	$T = 500$	RMSE（$\hat{\beta}_1$）	RMS（$\hat{\beta}_2$）	MAE（$\hat{\beta}_1$）	MAE（$\hat{\beta}_2$）
DGP1	PLS	0.3800	0.3719	0.3531	0.3424
	贝叶斯	0.1219	0.1259	0.0980	0.0976
DGP2	PLS	0.5881	0.5911	0.5135	0.5180
	贝叶斯	0.2326	0.2371	0.1843	0.1883
DGP3	PLS	0.7902	0.7348	0.7142	0.6064
	贝叶斯	0.2312	0.3174	0.1830	0.2511

注：（1）Case1 表示阈值 $\{\gamma_t\}$ 是时变序列；

（2）RMSE 表示均方根误差，MAE 表示平均绝对误差；

（3）表中计算结果根据 1000 次蒙特卡洛模拟得到。

表3.1和表3.2分别报告了基于时变和常数阈值的设定机制，回归系数估计量 $\hat{\beta}_1$ 和 $\hat{\beta}_2$ 的均方根误差（Root Mean Squared Error，RMSE）和平均绝对误差（Mean Absolute Error，MAE）。结果显示，当阈值 $\{\gamma_t\}$ 是时变序列时（Case1），随着样本量的不断增加，贝叶斯估计量的 RMSE 和 MAE 呈递减趋势，而 PLS 估计量由于非一致性导致其不存在这一特性。当阈值 $\{\gamma_t\}$ 是常数序列时（Case2），贝叶斯估计量和 PLS 估计量的 RMSE 和 MAE 均随着样本量的不断增加而呈现出递减趋势，且贝叶斯估计量的 RMSE 和 MAE 仅略微大于 PLS 估计量的对应值。

表3.2　估计量 $\hat{\beta}_1$ 和 $\hat{\beta}_2$ 在时变阈值序列（Case2）设定下的表现

	$T = 100$	RMS（$\hat{\beta}_1$）	RMSE（$\hat{\beta}_2$）	MAE（$\hat{\beta}_1$）	MAE（$\hat{\beta}_2$）
DGP1	PLS	0.1477	0.1477	0.1175	0.1182
	贝叶斯	0.1627	0.1660	0.1288	0.1328
DGP2	PLS	0.4546	0.4717	0.3611	0.3747
	贝叶斯	0.4819	0.4805	0.3841	0.3796
DGP3	PLS	0.4953	0.7917	0.3890	0.6021
	贝叶斯	0.5906	0.7995	0.4133	0.6225
	$T = 200$	RMS（$\hat{\beta}_1$）	RMSE（$\hat{\beta}_2$）	MAE（$\hat{\beta}_1$）	MAE（$\hat{\beta}_2$）
DGP1	PLS	0.1047	0.0998	0.0841	0.0802
	贝叶斯	0.1215	0.1184	0.0973	0.0940
DGP2	PLS	0.3267	0.3301	0.2590	0.2648
	贝叶斯	0.3384	0.3400	0.2709	0.2724
DGP3	PLS	0.3147	0.4907	0.2483	0.3844
	贝叶斯	0.3317	0.5248	0.2649	0.4142

续表

	$T = 500$	RMSE（$\hat{\beta}_1$）	RMSE（$\hat{\beta}_2$）	MAE（$\hat{\beta}_1$）	MAE（$\hat{\beta}_2$）
DGP1	PLS	0.0613	0.0641	0.0487	0.0515
	贝叶斯	0.0708	0.0737	0.0574	0.0589
DGP2	PLS	0.2116	0.1999	0.1697	0.1585
	贝叶斯	0.2179	0.2080	0.1744	0.1647
DGP3	PLS	0.1938	0.2821	0.1541	0.2260
	贝叶斯	0.2065	0.3082	0.1634	0.2479

注：（1）Case2 表示阈值 $\{\gamma_t\}$ 是常数序列；

（2）RMSE 表示均方根误差，MAE 表示平均绝对误差；

（3）表中计算结果根据 1000 次蒙特卡洛模拟得到。

图 3.1 给出了当样本容量 $T = 200$ 时，具有时变阈值的门限模型基于不同数据集在时变阈值（Case1）和常数阈值（Case2）两种情形下估计得到的阈值序列 $\{\gamma_t\}$ 和门限变量 z_t 的对比图。具体而言，图3.1 的（a）（c）（e）表示，当阈值 $\{\gamma_t\}$ 是时变序列时（Case1），贝叶斯估计量 $\hat{\gamma}_t$ 和门限变量 z_t 的序列对比图；图 3.1 的（b）（d）（f）表示，当阈值 $\{\gamma_t\}$ 是常数序列时（Case2），贝叶斯估计量 $\hat{\gamma}_t$ 和门限变量 z_t 的序列对比图通过对比，不难发现，当阈值 $\{\gamma_t\}$ 是时变序列时（Case1），贝叶斯估计量 $\hat{\gamma}_t$ 存在较大波动，具有明显的时变性；当阈值 $\{\gamma_t\}$ 是常数序列时（Case2），相对于波动较大的门限变量 z_t，贝叶斯估计量 $\hat{\gamma}_t$ 近似于常数 0。这一发现为表 3.1 和表 3.2 中的结果提供了很好的解释。

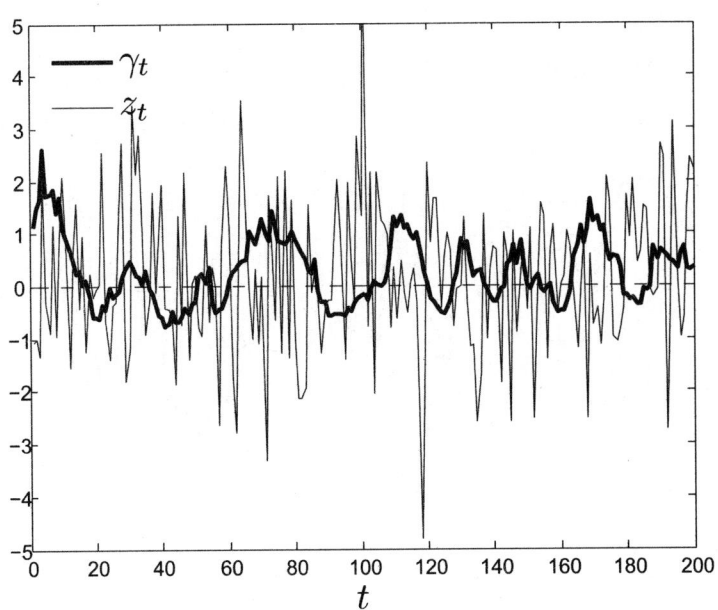

（a）DPG1，Case1

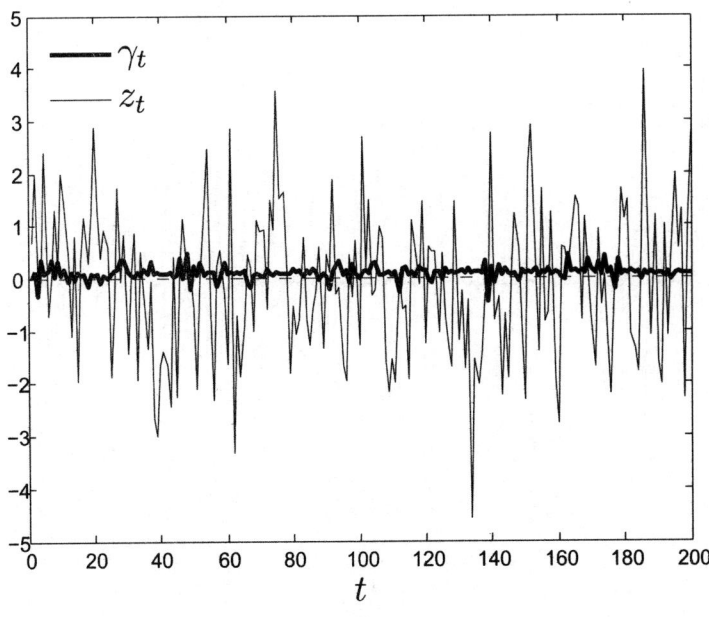

（b）DGP1，Case2

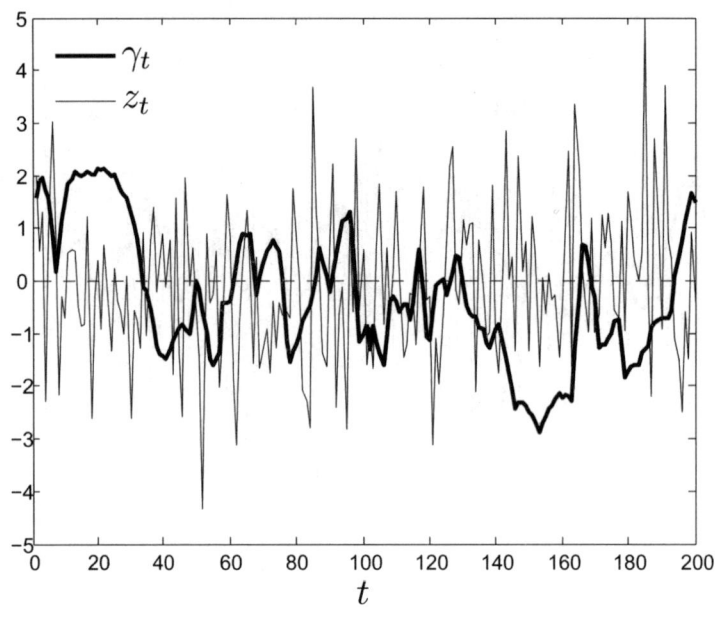

(c) DGP2，Case1

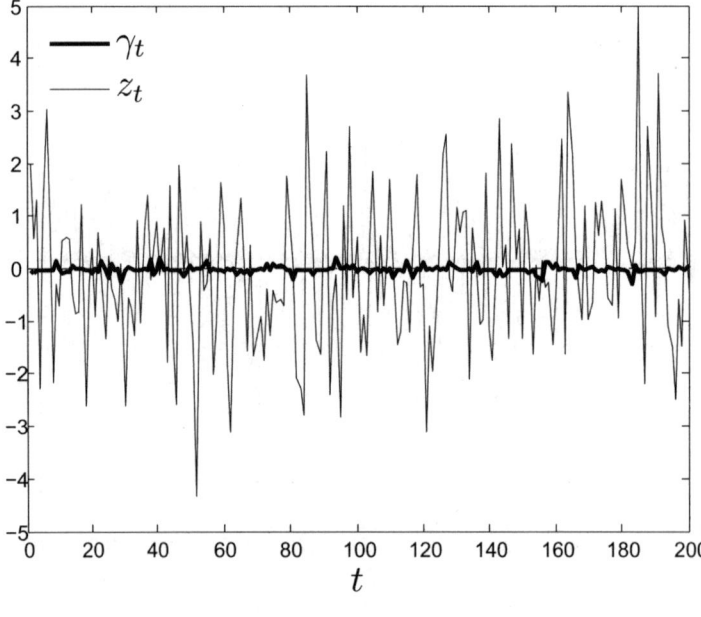

(d) DGP2，Case2

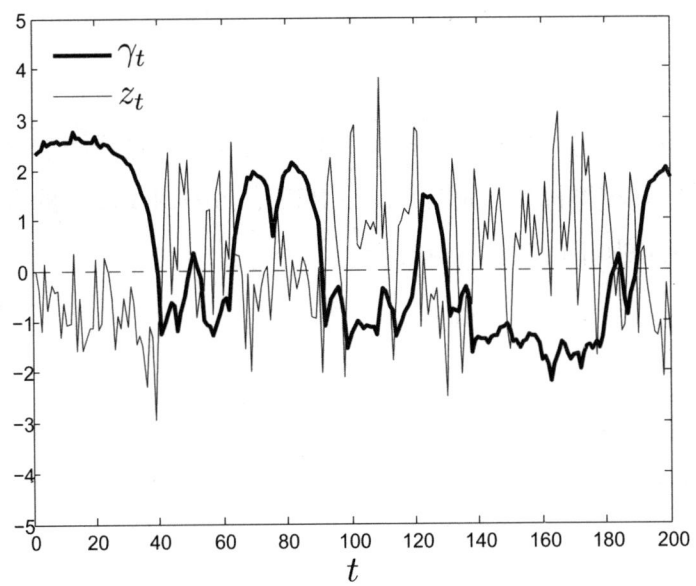

（e）DGP3，Case1

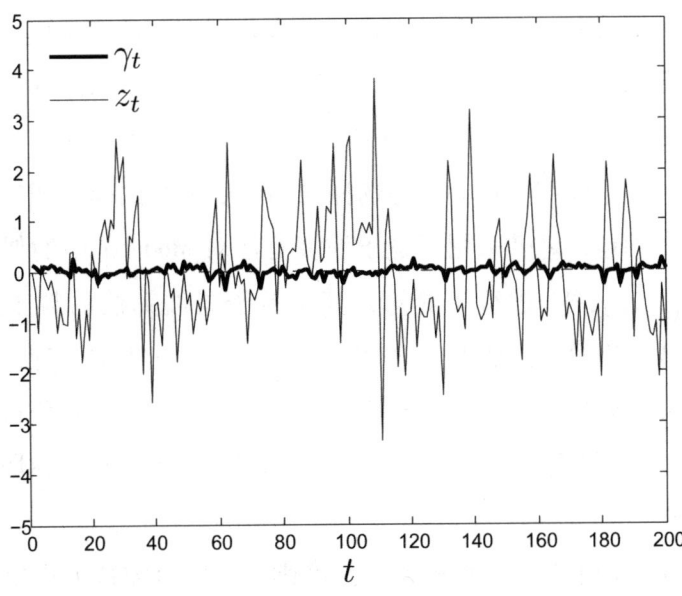

（f）DGP3，Case2

图3.1 时变阈值和对应门限变量（$T = 200$）

二、模拟 2

本小节主要通过蒙特卡洛模拟考察在贝叶斯计量经济学分析框架下四种贝叶斯模型选择准则（PAIC，PBIC，PHQ 和 DIC）的有效性和可靠性。考虑如下的数据生成过程：

$$y_t = \begin{cases} \beta_{1,0} + \beta_{1,1}x_{1t} + \varepsilon_{1t}, & z_t \leq \gamma_t \\ \beta_{2,0} + \beta_{2,1}x_{1t} + \varepsilon_{2t}, & z_t > \gamma_t \end{cases}$$

其中，$\varepsilon_{1t} \sim N(0,1)$，$\varepsilon_{2t} \sim N(0,1)$，$x_{1t} \sim \text{Uniform}(0,3)$，$z_t \sim N(0,2)$。样本容量 $T = 200$。同样，笔者分别考虑了时变阈值（Case1）和常数阈值（Case2）两种情形。对于每种情形，笔者分别采用第三章第二节所列的三种竞争模型（Model 1，2，3）去拟合每一种数据生成过程所对应的数据集，并根据四种贝叶斯模型选择准则（PAIC，PBIC，PHQ 和 DIC）的取值选择出三种竞争模型中的最优模型。具体而言，对于每种竞争模型，笔者分别计算了其所对应的四种贝叶斯模型选择准则（PAIC，PBIC，PHQ 和 DIC）的数值。对于每种模型选择准则，三种竞争模型中对应模型选择准则数值最小的模型即被选为最优模型。特别地，笔者采用了粒子滤波算法对 Model 1 中的似然函数 $p(y_{1:T} \mid x_{1:T}, z_{1:T}, \Theta)$ 进行了测算，其中粒子滤波算法的粒子总数为 3000。蒙特卡洛模拟次数 R 为 1000。为了使得对比更加合理，三种竞争模型均在贝叶斯计量经济学分析框架下进行估计。先验分布均采用式（3.4）中的设定。马尔科夫链的总长度为 30000，其中燃烧期的长度为 10000。

表 3.3 报告了对于每种模型选择准则，在所有蒙特卡洛模拟次数 R 中，每种竞争模型被选为最优模型的比例。需要特别强调的是，当 $(\beta_{1,0}, \beta_{1,1}) = (\beta_{2,0}, \beta_{2,1})$ 时，真实模型即为 Model 3；当 $(\beta_{1,0}, \beta_{1,1}) \neq$

$(\beta_{2,0}, \beta_{2,1})$ 时，在 Case1 情形下真实模型为 Model 1；在 Case2 情形下真实模型为 Model 2。结果表明，对于每种模型选择准则，生成数据的真实模型往往是被选为最优模型比例最高的竞争模型。此外，当生成数据的真实模型为 Model 1 或者 Model 2 时，真实模型被选为最优模型的比例会随着门限模型中两个区制之间距离的增大而增大。可见，本章所采用的贝叶斯计量经济学分析框架下的这四种模型选择准则（PAIC，PBIC，PHQ 和 DIC）在模型选择方面的表现都很稳定和可靠。

表 3.3　模型选择准则（PAIC，PBIC，PHQ 和 DIC）的表现（$T = 200$）

参数设置		PAIC			PBIC		
β_1	β_2	Model 1	Model 2	Model 3	Model 1	Model 2	Model 3
Case1 [1,1]	[1,1]	1%	14%	85%	0%	1%	99%
[1,1]	[1.2,1.2]	8.3%	38.1%	53.6%	0.2%	9.8%	90%
[1,1]	[1.4,1.4]	50.2%	41.6%	8.2%	12.9%	36.2%	50.9%
[1,1]	[1.6,1.6]	91.7%	8%	0.3%	73.1%	22.2%	4.7%
[1,1]	[1.8,1.8]	99.4%	0.6%	0%	97.3%	2.6%	0.1%
[1,1]	[2,2]	100%	0%	0%	100%	0%	0%
Case2 [1,1]	[1,1]	1%	14%	85%	0%	1%	99%
[1,1]	[1.2,1.2]	15.6%	63.9%	20.5%	1.5%	37.8%	60.7%
[1,1]	[1.4,1.4]	5.9%	94.1%	0%	1.8%	98%	0.2%
[1,1]	[1.6,1.6]	0.1%	99.9%	0%	0%	100%	0%
[1,1]	[1.8,1.8]	0%	100%	0%	0%	100%	0%
[1,1]	[2,2]	0%	100%	0%	0%	100%	0%

续表

参数设置		PHQ			DIC		
β_1	β_2	Model 1	Model 2	Model 3	Model 1	Model 2	Model 3
Case1 $[1,1]$	$[1,1]$	2%	18.4%	79.6%	34.7%	29.5%	35.8%
$[1,1]$	$[1.2,1.2]$	11.2%	40.8%	48%	50.5%	36.4%	13.1%
$[1,1]$	$[1.4,1.4]$	54.3%	39.7%	6%	68.4%	30.9%	0.7%
$[1,1]$	$[1.6,1.6]$	92.4%	7.5%	0.1%	92.1%	7.9%	0%
$[1,1]$	$[1.8,1.8]$	99.5%	0.5%	0%	99.2%	0.8%	0%
$[1,1]$	$[2,2]$	100%	0%	0%	99.8%	0.2%	0%
Case2 $[1,1]$	$[1,1]$	2%	18.4%	79.6%	34.7%	29.5%	35.8%
$[1,1]$	$[1.2,1.2]$	19.2%	64.5%	16.3%	42.3%	55.3%	2.4%
$[1,1]$	$[1.4,1.4]$	6.1%	93.9%	0%	5.2%	94.8%	0%
$[1,1]$	$[1.6,1.6]$	0.2%	99.8%	0%	0%	100%	0%
$[1,1]$	$[1.8,1.8]$	0%	100%	0%	0%	100%	0%
$[1,1]$	$[2,2]$	0%	100%	0%	0%	100%	0%

注：（1）Model 1 表示具有时变阈值的门限模型，Model 2 表示具有常数阈值的门限模型，Model 3 表示线性模型；

（2）Case1 表示阈值 $\{\gamma_t\}$ 是时变序列，Case2 表示阈值 $\{\gamma_t\}$ 是常数序列；

（3）当 $(\beta_{1,0},\beta_{1,1}) = (\beta_{2,0},\beta_{2,1})$ 时，真实模型即为 Model 3；当 $(\beta_{1,0},\beta_{1,1})$ $\neq (\beta_{2,0},\beta_{2,1})$ 时，在 Case1 情形下真实模型为 Model 1；在 Case2 情形下真实模型为 Model 2；

（4）表中计算结果根据 1000 次蒙特卡洛模拟得到。

第四节　实证应用：工业生产指数

工业生产指数是西方国家普遍用来计算和反映工业经济的景气状况和发展趋势的指标，对于投资者分析和判断经济整体局势具有重要意义。在已有文献中，大量学者借助时间序列模型对工业生产指数进行预测。在众多时间序列模型中，TAR 模型备受学者青睐，主要代表性文献包括 Teräsvirta and Anderson（1992），Granger and Teräsvirta（1993）以及 Hansen（1999）等。然而，这些文献中所采用的门限模型均假定阈值为固定常数。这一假定在实际问题的分析中往往过于严格，因为当所研究的样本时期较长时，其间往往存在很多条件变化，如政策变化、技术提升以及经济结构调整等，所有这些变化均会导致阈值可能会随时间而变化。例如，同一工业生产指数在经济萧条时期被认为偏高，但是在经济繁荣时期则可能被认为偏低。忽略阈值的时变性，极易出现模型误设问题，进而导致有偏误的参数估计结果、误导性的分析结论和政策建议。考虑到常数阈值本身所具有的局限性，本节采用本章所提出的具有时变阈值的门限模型（Model 1）对工业生产指数进行估计和预测，并将其预测结果与具有常数阈值的门限模型（Model 2）和线性模型（Model 3）作对比。

本节所采用的样本数据为 1960 年 1 月至 2014 年 12 月的美国月度工业生产指数，共计 660 个观测值。数据源于美国圣路易斯联邦储备银行网站（http：//www. stlouisfed. org/）。为了保证序列的平稳性，参照 Hansen（1999）等相关文献，笔者对美国月度工业生产指数作了类似的数据转换，即 $y_t = 100 * (\ln(IP)_t - \ln(IP)_{t-12})$，其中，$IP_t$ 表示美国月度工业生产指数的原始数据，y_t 表示美国月度工业生产指数

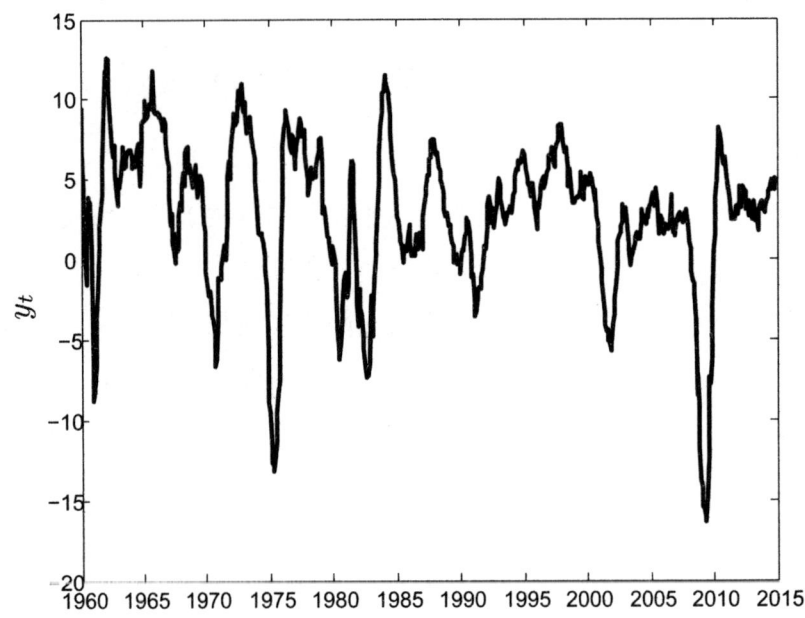

图 3.2 美国月度工业生产指数的年化增长率序列

的年化增长率序列，如图 3.2 所示。

为了对比起见，本节分别采用如下三种模型去拟合美国月度工业生产指数的时间序列数据，

Model 1：具有时变阈值的门限模型

$$y_t = \begin{cases} x_t^{'}\beta_1 + \varepsilon_{1t}, & z_t \leqslant \gamma_t \\ x_t^{'}\beta_2 + \varepsilon_{2t}, & z_t > \gamma_t \end{cases}$$

$$\gamma_t = v + \varphi(\gamma_{t-1} - v) + u_t$$

Model 2：具有常数阈值的门限模型

$$y_t = \begin{cases} x_t^{'}\beta_1 + \varepsilon_{1t}, & z_t \leqslant \gamma \\ x_t^{'}\beta_2 + \varepsilon_{2t}, & z_t > \gamma \end{cases}$$

Model 3：线性模型

$$y_t = x_t' \beta + \varepsilon_t$$

其中，y_t 表示美国月度工业生产指数的年化增长率序列；$x_t = (1, y_{t-1}, y_{t-2}, \cdots, y_{t-p})$，$p'$ 表示自回归滞后阶数；$z_t = y_{t-d}$，d 表示延迟参数。与 Hansen（1999）一致，本章选取 $p' = 16$ 和 $d = 6$。

为了使得对比更加合理，三种模型均在贝叶斯计量经济学分析框架下进行估计。在 MCMC 抽样方法中，未知参数的先验分布被设定为：

$$\beta_1, \beta_2 \sim N(0, I_p), \sigma_1^2, \sigma_2^2 \sim IG(3,1)$$

$$v \sim N(0,1), \varphi \sim Uniform(-1,1), \sigma_u^2 \sim IG(3,1)$$

其中，I_p 表示 $p \times p$ 的单位矩阵，$p = p' + 1$。马尔科夫链的总长度为 30000，燃烧期的长度为 10000。

对每种模型，笔者分别计算了其所对应的四种贝叶斯模型选择准则（PAIC，PBIC，PHQ 和 DIC）的数值。特别地，对于 Model 1，笔者采用了粒子滤波算法对其所对应的似然函数 $p(y_{1:T} \mid x_{1:T}, z_{1:T}, \Theta)$ 进行了测算，其中粒子滤波算法的粒子总数为 10000。表 3.4 报告了三种模型分别对应的贝叶斯模型选择准则（PAIC，PBIC，PHQ 和 DIC）的数值，其中，DIC 表明，对于美国月度工业生产指数，Model 1 在三种模型中表现最好，而其他三种模型选择准则（PAIC，PBIC，PHQ）则支持 Model 3。

表 3.4 美国月度工业生产指数的模型选择结果

模型	PAIC	PBIC	PHQ	DIC
Model 1	1695.4211	1869.6614	1690.2271	1648.0554
Model 2	1704.8035	1870.1083	1699.8758	1656.6958
Model 3	1680.2096	1760.6282	1677.8124	1662.0514

注：（1）Model 1 表示具有时变阈值的门限模型，Model 2 表示具有常数阈值的门限模型，Model 3 表示线性模型；

（2）参照 Hansen（1999）等相关文献，滞后阶数 p' 和延迟参数 d 分别为 16 和 6；

（3）PAIC，PBIC，PHQ 和 DIC 的计算公式为：

$$PAIC = E[D(\Theta) \mid y_{1:T}, x_{1:T}, z_{1:T}] + 2k$$

$$PBIC = E[D(\Theta) \mid y_{1:T}, x_{1:T}, z_{1:T}] + k\log T$$

$$PHQ = E[D(\Theta) \mid y_{1:T}, x_{1:T}, z_{1:T}] + k\log(\log T)$$

$$DIC = E[D(\Theta) \mid y_{1:T}, x_{1:T}, z_{1:T}] + \{E[D(\Theta) \mid y_{1:T}, x_{1:T}, z_{1:T}] - D[E(\Theta \mid y_{1:T}, x_{1:T}, z_{1:T})]\}$$

其中，$D(\Theta) = -2\log L(\Theta \mid y_{1:T}, x_{1:T}, z_{1:T})$，$\Theta$ 是模型中的未知参数向量，k 是未知参数向量 Θ 的维数。

表3.5　美国月度工业生产指数的样本外预测结果

模型	RMSFE	MAFE
Model 1	0.5093	0.6765
Model 2	0.5271	0.6881
Model 3	0.5689	0.7423

注：（1）Model 1 表示具有时变阈值的门限模型，Model 2 表示具有常数阈值的门限模型，Model 3 表示线性模型；

（2）参照 Hansen（1999）等相关文献，滞后阶数 p' 和延迟参数 d 分别为 16 和 6；

（3）总样本区间被划分为两部分：样本内区间（1960 年 1 月—2009 年 8 月）和样本外区间（2009 年 9 月—2014 年 12 月），预测方法为一步向前滚动预测法；

（4）$RMAFE = \sqrt{\dfrac{1}{T - T^*} \sum_{t=T^*+1}^{T} (\hat{y}_t - y_t)^2}$ ；

（5）$MAFE = \dfrac{1}{T - T^*} \sum_{t=T^*+1}^{T} |\hat{y}_t - y_t|$ 。

为了进一步证明 Model 1 在实际分析中的优势，笔者还对三种模型的样本外预测能力进行了对比分析。在样本外预测中，总样本区间被划分为两部分：样本内区间（1960 年 1 月—2009 年 8 月）和样本外区间（2009 年 9 月—2014 年 12 月）。笔者采用一步向前滚动（Rolling）预测法得到样本外区间中每个时期所对应的预测值，并分别计算三种模型所对应的均方根预测误差（Root Mean Squared Forecast Error，RMSFE）和平均绝对预测误差（Mean Absolute Forecast Error，MAFE），其计算公式如下：

$$RMSFE = \sqrt{\frac{1}{T - T^*} \sum_{t=T^*+1}^{T} (\hat{y}_t - y_t)^2}$$

$$MAFE = \frac{1}{T - T^*} \sum_{t=T^*+1}^{T} |\hat{y}_t - y_t|$$

其中，T 表示样本总容量，T^* 表示样本内区间的样本个数，y_t 表示 t 时期的实际观测值，$\hat{y}_t$ 表示 t 时期的一步向前滚动预测值。

表 3.5 报告了三种模型所对应样本外预测值的 RMSFE 和 MAFE。通过对比，不难发现，Model 1 的 RMSFE 和 MAFE 在三种模型中数值最小。这一发现表明，对于美国月度工业生产指数，在门限模型中考虑阈值的时变性可以大大提高模型的预测能力。考虑到 Model 1 在模型选择和样本外预测上的相对优势，表 3.6 进一步报告了美国月度工业生产指数基于 Model 1 的贝叶斯估计结果。结果显示，区制 1（$z_t \leq \gamma_t$）中扰动项的方差估计值 $\hat{\sigma}_1^2 = 1.3309$ 要明显大于区制 2（$z_t > \gamma_t$）

中扰动项的方差估计值（$\hat{\sigma}_2^2 = 0.5029$），这一结论与预期一致。此外，阈值序列的自回归系数（$\hat{\varphi} = 0.9820$）与 1 非常接近，表明阈值序列本身存在很强的持续性。

表 3.6　美国月度工业生产指数基于 Model 1 的贝叶斯估计结果

变量	均值	标准差	HPD 区间（95%）	后验机率
区制 1（$z_t \leqslant \gamma_t$）				
CONSTANT	− 0.1764	0.1820	（− 0.5319, 0.1751）	0.2006
y_{t-1}	1.3642	0.1039	（1.1571, 1.5656）	Inf
y_{t-2}	− 0.3670	0.1741	（− 0.7039, − 0.0217）	0.0143
y_{t-4}	0.1156	0.1687	（− 0.2149, 0.4449）	3.0683
y_{t-4}	− 0.0683	0.1496	（− 0.3640, 0.2216）	0.4807
y_{t-5}	− 0.1302	0.1400	（− 0.4090, 0.1367）	0.2161
y_{t-6}	− 0.0596	0.1286	（− 0.3117, 0.1908）	0.4737
y_{t-7}	0.0213	0.1228	（− 0.2188, 0.2626）	1.3178
y_{t-8}	0.0955	0.1295	（− 0.1613, 0.3485）	3.3582
y_{t-9}	0.0967	0.1387	（− 0.1796, 0.3645）	3.1754
y_{t-10}	− 0.1651	0.1387	（− 0.4361, 0.1131）	0.1288
y_{t-11}	0.1059	0.1387	（− 0.1675, 0.3757）	3.5045
y_{t-12}	− 0.7757	0.1903	（− 1.1485, − 0.4192）	0.0000
y_{t-13}	0.9219	0.1713	（0.5892, 1.2649）	Inf
y_{t-14}	− 0.2345	0.2129	（− 0.6571, 0.1749）	0.1566
y_{t-15}	0.0424	0.2025	（− 0.3549, 0.4347）	1.4070
y_{t-16}	− 0.0920	0.1222	（− 0.3365, 0.1437）	0.2898
σ_1^2	1.3309	0.2123	（0.9386, 1.7677）	−

变量	均值	标准差	HPD 区间（95%）	后验机率
区制 2（$z_t > \gamma_t$）				
CONSTANT	0.1657	0.0657	（0.0361, 0.2922）	151.6718
y_{t-1}	1.0017	0.0466	（0.9129, 1.0950）	Inf
y_{t-2}	0.0681	0.0647	（−0.0559, 0.1961）	5.8752
y_{t-4}	0.0936	0.0650	（−0.0352, 0.2170）	11.9786
y_{t-4}	−0.0525	0.0590	（−0.1709, 0.0596）	0.2283
y_{t-5}	−0.1753	0.0621	（−0.2973, −0.0528）	0.0033
y_{t-6}	−0.0234	0.0579	（−0.1348, 0.0902）	0.5275
y_{t-7}	0.0786	0.0579	（−0.0337, 0.1927）	10.1297
y_{t-8}	−0.0697	0.0584	（−0.1824, 0.0450）	0.1328
y_{t-9}	0.0906	0.0570	（−0.0196, 0.2037）	17.7617
y_{t-10}	−0.0180	0.0546	（−0.1269, 0.0870）	0.5839
y_{t-11}	−0.0561	0.0529	（−0.1622, 0.0467）	0.1655
y_{t-12}	−0.2822	0.0572	（−0.3936, −0.1687）	0.0000
y_{t-13}	0.3436	0.0597	（0.2266, 0.4611）	Inf
y_{t-14}	−0.0408	0.0618	（−0.1588, 0.0838）	0.3302
y_{t-15}	0.1255	0.0548	（0.0201, 0.2336）	93.3396
y_{t-16}	−0.1338	0.0354	（−0.2051, −0.0668）	0.0001
σ_2^2	0.5029	0.0405	（0.4255, 0.5827）	−
σ_u^2	0.9515	0.6679	（0.1568, 2.2643）	−
φ	0.9820	0.0165	（0.9589, 0.9995）	Inf
μ	−0.3607	0.9551	（−2.2408, 1.5156）	0.5332

注：（1）Model 1 表示具有时变阈值的门限模型；

（2）参数 θ_i 的 HPD 区间（95%）被定义为满足 $\hat{P}(\theta_i \in C(y_{1:T}, x_{1:T}, z_{1:T}) \mid y_{1:T}, x_{1:T}, z_{1:T}) = 95\%$，并且长度最短的集合 $C(y_{1:T}, x_{1:T}, z_{1:T})$；（3）参数 $\theta_i = \theta_i^*$ 的后验机率的计算公式为（Chen et al.，2010）：

$$r_{\theta_i^*}(\theta_i) = \frac{P(\theta_i > \theta_i^* \mid y_{1:T}, x_{1:T}, z_{1:T})}{P(\theta_i < \theta_i^* \mid y_{1:T}, x_{1:T}, z_{1:T})} \approx \frac{\sum_{s=S_0+1}^{S} I(\theta_i^{(s)} > \theta_i^*)}{\sum_{s=S_0+1}^{S} I(\theta_i^{(s)} < \theta_i^*)}$$

其中，$I(\cdot)$ 表示示性函数。给定显著性水平 α，如果 $r_{\theta_i^*}(\theta_i) > (1-\alpha)/\alpha$ 或者 $r_{\theta_i^*}(\theta_i) < (1-\alpha)/\alpha$，那么参数 θ_i 显著不等于 θ_i^*。参数 θ_i 的贝叶斯检验本质上类似于传统计量经济学分析框架下的单边假设检验。

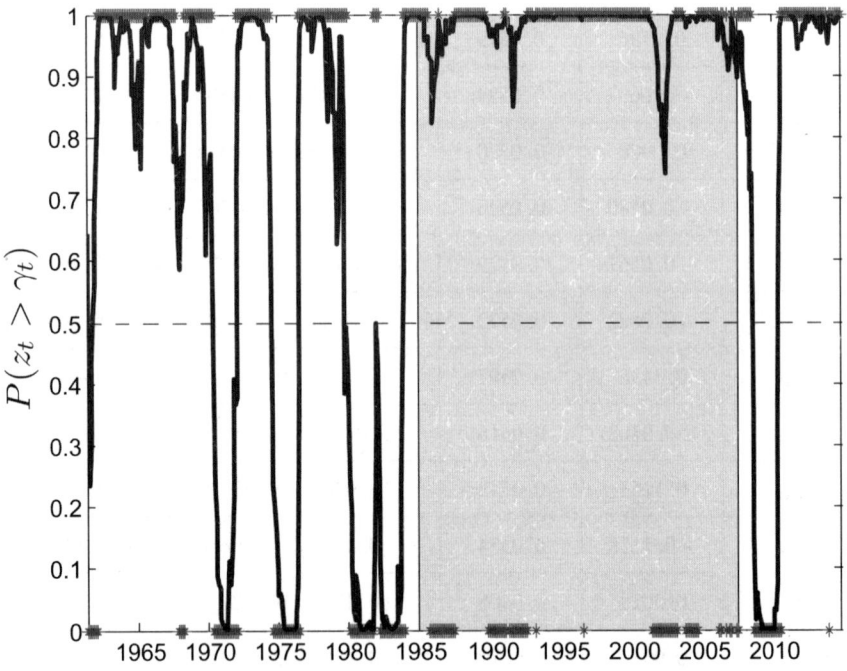

图 3.3　美国月度工业生产指数中区制 2 的估计概率

（" – "：Model 1；" * "：Model 2）

为了进一步刻画和反映美国月度工业生产指数的动态区制变化机制，图 3.3 给出了 1961 年 5 月至 2014 年 12 月期间美国月度工业生产指数基于 Model 1 时经济状态处于区制 2 中的概率估计值。图中的星号和实线分别表示常数阈值（Model 2）和时变阈值（Model 1）情形下经济状态处于区制 2 中的概率估计值，阴影部分表示美国历史上的"大稳健"（Great Moderation）时代。美国"大稳健"时代的特征在于实体经济活动的整体波动性降低，诸如实际 GDP、工业生产、就业增长、失业率等周期性宏观指标的波动变小，因而经济出现周期性衰退的概率也趋降。对于 Model 1，不同时期的区制概率估计值是介于 0 和 1 之间的任意值。根据区制概率估计值是否大于 0.5 可以判断美国月度工业生产指数在不同时期所处的具体区制。从图 3.3 中可以看出，Model 1 在 1985 年到 2007 年期间均处于区制 2（$z_t > \gamma_t$），这段时期恰好与美国历史上为期二十多年的"大稳健"（Great Moderation）时代相吻合。相反，Model 2 由于假定阈值为固定常数，在 1985 年到 2007 年期间区制之间跳跃非常频繁，无法很好地识别出美国"大稳健"时代，说明忽略阈值的时变性会导致区制分类出现偏误，无法准确地刻画和反映美国月度工业生产指数的动态区制变化过程。可见，在门限模型中考虑阈值的时变性，对于货币当局制定政策、维持经济稳定增长具有重要的意义。

第五节　本章结语

本章在具有常数阈值的门限模型的基础上，通过考虑阈值的时变性，提出了一类具有时变阈值的门限模型。本章所提出的模型结合了具有常数阈值的门限模型和随机区制转换模型（如马尔科夫区制转换模型）的共同特征，其不仅保留了门限变量时间序列的样本信息，而且还假定阈值为时变且不可观测的状态变量，并服从 AR（1）过程，从而使得区制转换具有一定的随机性。具有时变阈值的门限模型可以有效地捕获阈值在市场营销学、行为金融学以及货币经济学的研究问题中所存在的时变性。

由于阈值时变性的引入导致传统的 PLS 估计方法不再适用于本章所提出的模型，因此本章采用贝叶斯计量经济学方法对具有时变阈值的门限模型进行研究分析，主要包括模型估计和模型选择两部分。对于模型估计，本章采用 MCMC 方法对模型中的未知参数和时变阈值进行估计。对于模型选择，本章采用四种贝叶斯模型选择准则（PAIC，PBIC，PHQ 和 DIC）在线性模型、具有常数阈值的门限模型和具有时变阈值的门限模型中进行选择。特别地，由于具有时变阈值的门限模型中的阈值序列不可观测，粒子滤波算法被用来计算其所对应的似然函数。通过蒙特卡洛模拟，笔者发现，如果真实的阈值具有时变性，采用经典计量经济学中的 PLS 估计方法得到的回归系数估计量不再具有一致性。此外，模拟结果还表明四种贝叶斯模型选择准则（PAIC，PBIC，PHQ 和 DIC）在模型选择中的表现都很稳定和可靠。最后，本章还将具有时变阈值的门限模型应用于美国月度工业生产指数的分析，考察了其在样本外预测、区制转换机制的刻画等方面的表现。结果显示，相比线性模型和具有常数阈值的门限模型，具有时变阈值的门限模型在样本外预测方面表现最优，并且能够准确地反映美国月度工业生产指数的动态区制变化过程。

本章的研究对象为时间序列数据。事实上，在阈值的不同假定下，本章所提出的具有时变阈值的门限模型及其相应的 MCMC 抽样方法可以被很容易地扩展到横截面数据或者面板数据的情形。在本章的研究中，笔者仅考虑了两区制的门限模型。在多于两区制的门限模型的研究框架下，关于时变阈值的研究将是笔者未来的研究方向之一。

第六节　本章附录

一、概率密度函数

本小节简要介绍本章所用到的几种重要分布的概率密度函数。

（一）正态分布

若随机变量 X 服从一元正态分布，即 $X \sim N(\mu, \sigma^2)$，则具有如下形式的概率密度函数：

$$f(x;\mu,\sigma) = \frac{1}{\sqrt{2\pi\sigma^2}}\exp\left\{-\frac{1}{2\sigma^2}(x-\mu)^2\right\}$$

其中 $x \in (-\infty, +\infty)$，μ 表示均值，σ^2 表示方差。当 $\mu = 0, \sigma^2 = 1$ 时，称为标准正态分布，记为 $N(0,1)$。若 $X \sim N(\mu, \sigma^2)$，则 $Z = (X - \mu)/\sigma \sim N(0,1)$。

若随机向量 $X' = (X_1, X_2, \cdots, X_p)$ 服从多元正态分布，即 $X \sim N(\mu, \Sigma)$，则具有如下形式的概率密度函数：

$$f(X;\mu,\Sigma) = (2\pi)^{-p/2}\det|\Sigma|^{-1/2}\exp\left\{-\frac{1}{2}(X-\mu)'\Sigma^{-1}(X-\mu)\right\}$$

其中 $\mu' = (\mu_1,\mu_2,\cdots,\mu_p)$ 表示均值向量;Σ 表示 $p \times p$ 的协方差矩阵。多元正态分布的边际分布和条件分布仍服从正态分布,独立性与不相关是等价的。

（二） Gamma 分布

若随机变量 X 服从 Gamma 分布,即 $X \sim G(\alpha,\beta)$,则具有如下形式的概率密度函数:

$$f(x \mid \alpha,\beta) = \frac{\beta^\alpha}{\Gamma(\alpha)}x^{\alpha-1}e^{-x\beta}$$

其中 $x \in (0,+\infty)$, α 表示形状参数, β 表示速率参数, $\Gamma(\alpha) = \int_0^\infty u^{\alpha-1}e^{-u}du$ 。若 $X \sim G(\alpha,\beta)$,则 $\frac{1}{X} \sim IG(\alpha,\beta)$ 。

（三） Inverse Gamma 分布

若随机变量 X 服从 Inverse Gamma 分布,即 $X \sim IG(\alpha,\beta)$,则具有如下形式的概率密度函数:

$$f(x;\alpha,\beta) = \frac{\beta^\alpha}{\Gamma(\alpha)}x^{-\alpha-1}\exp\left(-\frac{\beta}{x}\right)$$

其中 $x \in (0,+\infty)$, α 表示形状参数, β 表示尺度参数, $\Gamma(\alpha) = \int_0^\infty u^{\alpha-1}e^{-u}du$ 。在贝叶斯统计中,Inverse Gamma 分布一般被用作为一元正态分布中方差的共轭先验分布。

（四） 均匀分布

若随机变量 X 服从 $[a,b]$ 上的均匀分布,即 $X \sim \text{Uniform}(a,b)$,则具有如下形式的概率密度函数:

$$f(x;a,b) = \begin{cases} \dfrac{1}{b-a}, a \le x \le b; \\ 0, \text{ 其他}. \end{cases}$$

其中，a 和 b 分别表示均匀分布的上边界和下边界。

二、MCMC 抽样方法

本小节简要介绍由式（3.1）和（3.2）构成的具有时变阈值的门限模型的贝叶斯估计方法。模型设定如下：

$$y_t = \begin{cases} x_t'\beta_1 + \varepsilon_{1t} & z_t \le \gamma_t; \\ x_t'\beta_2 + \varepsilon_{2t} & z_t > \gamma_t, \end{cases} \quad t = 1, \cdots, T,$$

其中，y_t 表示被解释变量；x_t 表示 $p \times 1$ 的外生解释变量；z_t 和 γ_t 分别表示决定门限模型区制转换机制的门限变量和阈值；$\varepsilon_{jt}(j = 1,2)$ 是服从 $N(0, \sigma_j^2)$ 的独立序列；β_1 和 β_2 表示 $p \times 1$ 的回归系数向量。阈值序列 $\{\gamma_t\}$ 为时变且不可观测的状态变量，并服从如下 AR（1）过程，

$$\gamma_t = \nu + \varphi(\gamma_{t-1} - \nu) + u_t,$$

其中 $|\varphi| < 1$，刻画了阈值序列 $\{\gamma_t\}$ 的持续性；$\{u_t\}$ 是服从 $N(0, \sigma_u^2)$ 的白噪声序列，且与 $\varepsilon_{jt}(j = 1,2)$ 不相关；$\gamma_1 \sim N\left(\nu, \dfrac{\sigma_u^2}{1-\varphi^2}\right)$。

笔者采用 MCMC 抽样方法从如下后验分布中抽取随机样本，

$$p(\gamma_{1:T}, \Theta \mid y_{1:T}, x_{1:T}, z_{1:T}) \propto p(\Theta) \prod_{t=1}^{T} p(\gamma_t \mid \gamma_{t-1}, \Theta) p(y_t \mid x_t, z_t, \gamma_t, \Theta),$$

其中，$\Theta = (\beta_1, \beta_2, \sigma_1^2, \sigma_2^2, \nu, \varphi, \sigma_u^2)$。

在 MCMC 抽样过程中，由于状态变量 $\gamma_{1:T}$ 不能直接从其后验分布

中抽样，因此笔者采用"Metropolis – Gibbs"抽样方法（Casella and George，1992；Hastings，1970）生成马尔科夫链（$\gamma_{1:T}^{(s)}, \Theta^{(s)}$），$s = 1, \cdots, S$。下文详细介绍了从（$\gamma_{1:T}^{(s-1)}, \Theta^{(s-1)}$）更新为（$\gamma_{1:T}^{(s)}, \Theta^{(s)}$）的具体步骤。为了表示的方便，笔者使用 rest 标记最新更新的 MCMC 随机样本和观测数据 $\{(y_t, x_t, z_t), t = 1, \cdots, T\}$。此外，除了要更新的变量，其他样本的上标均被省略。

1. 按照如下步骤逐步迭代更新 $\gamma_t^{(s)}, t = 1, \cdots, T$，

– 从如下分布中抽取得到随机样本 γ_t^*，

$$q(\gamma_t \mid rest) \sim N(g_{\gamma,t}, h_{\gamma,t}^2)$$
$$\propto p(\gamma_t \mid \gamma_{t-1}, \Theta) p(\gamma_{t+1} \mid \gamma_t, \Theta),$$

其中，

$$g_{\gamma,t} = \begin{cases} \nu + \varphi(\gamma_2 - \nu), & \text{如果 } t = 1; \\ \nu + \dfrac{\varphi((\gamma_{t-1} - \nu) + (\gamma_{t+1} - \nu))}{1 + \varphi^2}, & \text{如果 } t = 2, \cdots, T - 1; \\ \nu + \varphi(\gamma_{T-1} - \nu), & \text{如果 } t = T, \end{cases}$$

$$h_{\gamma,t}^2 = \begin{cases} \sigma_u^2, & \text{如果 } t = 1; \\ \dfrac{\sigma_u^2}{1 + \varphi^2}, & \text{如果 } t = 2, \cdots, T - 1; \\ \sigma_u^2, & \text{如果 } t = T. \end{cases}$$

– 从 Uniform [0, 1] 中抽取随机数 u，并更新

$$\gamma_t^{(s)} = \begin{cases} \gamma_t^*, & \text{如果 } u \leqslant r(\gamma_t^{(s-1)}, \gamma_t^*); \\ \gamma_t^{(s-1)}, & \text{如果 } u > r(\gamma_t^{(s-1)}, \gamma_t^*). \end{cases}$$

其中，

$$r(\gamma_t^{(s-1)}, \gamma_t^*) = \min\left\{1, \frac{p(y_t \mid x_t, z_t, \gamma_t^*, \Theta)}{p(y_t \mid x_t, z_t, \gamma_t^{(s-1)}, \Theta)}\right\}.$$

2. 从后验分布 $p(\nu \mid rest) \sim N(g_\nu, h_\nu^2)$ 中抽取得到随机样本 $\nu^{(s)}$，其中，

$$g_\nu =$$

$$\frac{\dfrac{\gamma_1(1-\varphi^2) + (1-\varphi)\sum\limits_{t=2}^{T}(\gamma_t - \varphi\gamma_{t-1})}{1-\varphi^2 + (1-\varphi)^2(T-1)}\sigma_\nu^2 + \dfrac{\sigma_u^2}{1-\varphi^2 + (1-\varphi)^2(T-1)}\mu_\nu}{\sigma_\nu^2 + \dfrac{\sigma_u^2}{1-\varphi^2 + (1-\varphi)^2(T-1)}},$$

$$h_\nu^2 = \frac{\sigma_\nu^2 \dfrac{\sigma_u^2}{1-\varphi^2 + (1-\varphi)^2(T-1)}}{\sigma_\nu^2 + \dfrac{\sigma_u^2}{1-\varphi^2 + (1-\varphi)^2(T-1)}}.$$

3. 按照如下步骤逐步迭代更新 $\varphi^{(s)}$，

 – 从截尾正态分布 $q(\varphi \mid rest) \sim N(g_\varphi, h_\varphi^2)I(-1 < \varphi < 1)$ 中抽取得到随机样本 φ^*，其中，

$$g_\varphi = \frac{\sum\limits_{t=2}^{T}(\gamma_t - \nu)(\gamma_{t-1} - \nu)}{\sum\limits_{t=2}^{T-1}(\gamma_t - \nu)^2},$$

$$h_\varphi^2 = \frac{\sigma_u^2}{\sum\limits_{t=2}^{T-1}(\gamma_t - \nu)^2},$$

$I(\cdot)$ 是示性函数。

 – 从 Uniform $[0, 1]$ 中抽取随机数 u，并更新

$$\varphi^{(s)} = \begin{cases} \varphi^*, & \text{如果 } u \leqslant r(\varphi^{(s-1)}, \varphi^*); \\ \varphi^{(s-1)}, & \text{如果 } u > r(\varphi^{(s-1)}, \varphi^*). \end{cases}$$

其中，

$$r(\varphi^{(s-1)}, \varphi^*) = \min\left\{1, \frac{\sqrt{1 - [\varphi^*]^2}}{\sqrt{1 - [\varphi^{(s-1)}]^2}}\right\}$$

4. 从后验分布 $p(\sigma_u^2 \mid rest) \sim IG(a_u/2, b_u/2)$ 中抽取得到随机样本 $[\sigma_u^2]^{(s)}$，其中，

$$a_u = A_u + T$$

$$b_u = B_u + (1 - \varphi^2)(\gamma_1 - v)^2 + \sum_{t=2}^{T} [(\gamma_t - v) - \varphi(\gamma_{t-1} - v)]^2$$

5. 从后验分布 $p(\beta_1 \mid rest) \sim N(g_{\beta,1}, h_{\beta,1}^2)$ 中抽取得到随机样本 $\beta_1^{(s)}$，从后验分布 $p(\beta_2 \mid rest) \sim N(g_{\beta,2}, h_{\beta,2}^2)$ 中抽取得到随机样本 $\beta_2^{(s)}$，其中，

$$g_{\beta,1} = \left(\frac{\sum_{t, z_t \leq \gamma_t} x_t x_t'}{\sigma_1^2} + \Sigma_\beta^{-1}\right)^{-1} \left(\frac{\sum_{t, z_t \leq \gamma_t} x_t y_t}{\sigma_1^2} + \Sigma_\beta^{-1} \mu_\beta\right),$$

$$h_{\beta,1}^2 = \left(\frac{\sum_{t, z_t \leq \gamma_t} x_t x_t'}{\sigma_1^2} + \Sigma_\beta^{-1}\right)^{-1},$$

$$g_{\beta,2} = \left(\frac{\sum_{t, z_t > \gamma_t} x_t x_t'}{\sigma_2^2} + \Sigma_\beta^{-1}\right)^{-1} \left(\frac{\sum_{t, z_t > \gamma_t} x_t y_t}{\sigma_2^2} + \Sigma_\beta^{-1} \mu_\beta\right),$$

$$h_{\beta,2}^2 = \left(\frac{\sum_{t, z_t > \gamma_t} x_t x_t'}{\sigma_2^2} + \Sigma_\beta^{-1}\right)^{-1}.$$

6. 从后验分布 $p(\sigma_1^2 \mid rest) \sim IG(a_{\sigma 1}/2, b_{\sigma 1}/2)$ 中抽取得到随机样本 $[\sigma_1^2]^{(s)}$，从后验分布 $p(\sigma_2^2 \mid rest) \sim IG(a_{\sigma 2}/2, b_{\sigma 2}/2)$ 中抽取得到随机样本 $[\sigma_2^2]^{(s)}$，其中，

$$a_{\sigma 1} = A_{\sigma} + \sum_{t=1}^{T} I(z_t \leq \gamma_t), b_{\sigma 1} = B_{\sigma} + \sum_{t:z_t \leq \gamma_t} (y_t - x_t' \beta_1)^2$$

$$a_{\sigma 2} = A_{\sigma} + \sum_{t=1}^{T} I(z_t > \gamma_t), b_{\sigma 2} = B_{\sigma} + \sum_{t:z_t > \gamma_t} (y_t - x_t' \beta_2)^2$$

三、粒子滤波算法

对于 Model 1，

$$p(y_{1:T} \mid x_{1:T}, z_{1:T}, \Theta) = \int \prod_{t=1}^{T} p(\gamma_t \mid \gamma_{t-1}, \Theta) p(y_t \mid x_t, z_t, \gamma_t, \Theta) d\gamma_{1:T} ,$$

其中，$\int \prod_{t=1}^{T} p(\gamma_t \mid \gamma_{t-1}, \Theta) p(y_t \mid x_t, z_t, \gamma_t, \Theta) d\gamma_{1:T}$ 是高维积分，不存在解析表达式。本章采用粒子滤波算法（Liu and Chen，1998；Doucet and Johansen，2011），按照如下步骤来计算得到 $p(y_{1:T} \mid x_{1:T}, z_{1:T}, \Theta)$ 的一致估计量。

1. 当 t = 1 时，从分布 $p(\gamma_1 \mid \Theta)$ 中抽取随机样本 $\tilde{\gamma}_1^{(j)}$，并令 $w_1^{(j)}$ = $p(y_1 \mid x_1, z_1, \tilde{\gamma}_1^{(j)}, \Theta)$。

2. 当 t = 2，⋯，T 时，

（1）从分布 $p(\gamma_t \mid \tilde{\gamma}_{t-1}^{(j)}, \Theta)$ 中抽取随机样本 $\tilde{\gamma}_1^{(j)}, j = 1, \cdots, m$；

（2）令 $w_t^{(j)} = w_{t-1}^{(j)} p(y_t \mid x_t, z_t, \tilde{\gamma}_t^{(j)}, \Theta)$；

（3）重抽样：当 t < T 时，

i. 从如下分布，

$$\sum_{j=1}^{m} \frac{w_t^{(j)}}{\sum_{k=1}^{m} w_t^{(k)}} \delta(\gamma_t - \tilde{\gamma}_t^{(j)})$$

中抽取随机样本 $\tilde{\gamma}_t^{new(j)}$, $j = 1, \cdots, m$，并令 $w_t^{new(j)} = \dfrac{1}{m} \sum\limits_{j=1}^{m} w_t^{(j)}$;

ii. 令 $\tilde{\gamma}_t^{(j)} = \tilde{\gamma}_t^{new(j)}$, $w_t^{(j)} = w_t^{new(j)}$, $j = 1, \cdots, m.$

3. 似然函数的估计值为 $\dfrac{1}{m} \sum\limits_{i=1}^{m} w_T^{(i)}$。

Doucet and Johanse（2011）证明了当蒙特卡洛样本量 m 趋于无穷

大时，$\dfrac{1}{m} \sum\limits_{i=1}^{m} w_T^{(i)} \xrightarrow{p} p(y_{1:T} \mid x_{1:T}, z_{1:T}, \Theta)$。

第四章

具有时变阈值的门限泰勒规则模型

第一节　引　言

利率、通胀率和实际产出历来都是一国货币当局在制定货币政策时所考察的重要经济指标，而货币当局在制定货币政策时是否遵循某一特定的规则一直受到经济学家们的普遍关注。Taylor（1993）考察了美国1987～1992年的货币政策操作，描述了在给定目标通胀率和潜在产出水平时联邦基金利率如何针对通胀缺口和产出缺口的变化进行调整的准则。研究人员将这一准则称之为泰勒规则。Taylor（1993）将由泰勒规则计算出的联邦基金利率的规则值与其历史实际值进行比较，发现泰勒规则与美联储货币政策的实际操作拟合得很好。只有1987年，当美联储对股灾做出反应时，规则值与实际值有一个较大的偏差。从这个意义上说，美联储的货币政策操作是按照规则来进行的。由于泰勒规则反映了美国成功货币政策实践的实质，因此其逐渐成为很多发达国家和发展中国家的货币当局制定货币政策时的重要参考依据，并被证明是理论和实证研究中不可或缺的政策分析工具之一，具体参见Taylor（1999，2001）、Nelson and Nikolov（2003）等相关文献。

　　在早期泰勒规则中，货币当局根据同期的（Contemporary）或者后顾的（Backward - looking）通胀缺口和产出缺口调整当期的利率水平。例如，最基本的泰勒规则（Taylor，1993）假定货币当局根据前四个季度的平均通胀率对其目标通胀率的偏离和同期产出缺口调整利率。事实上，货币当局在制定货币政策时，并不倾向于以过去或者同期通胀率和产出缺口为目标，而是一般会基于对未来经济环境的预期而制定政策（陆军和钟丹，2003）。因此，货币当局应该是在预期到将来有通胀压力时就及时调整名义利率。Clarida et al. （1998）首次将预期因素纳入泰勒规则中，提出了前瞻性（Forward - looking）泰勒规则，即货币当局根据对未来通胀缺口和产出缺口的预期调整当期的利率水平，并允许货币当局在形成通胀预期时考虑各种相关变量。Clarida et al. （2000），Orphanides （2001），卜志村 （2006）以及 Kim and Nelson （2006）等研究表明在泰勒规则中引入前瞻行为可以更好地刻画短期名义利率对通胀缺口和产出缺口的反应，充分证明了货币当局在制定货币政策时考虑前瞻性泰勒规则的重要性。除了预期因素，货币当局的利率调整机制还存在明显的利率平滑现象（Clarida et al.，1998；Levin et al.，1999），即货币当局不是完全根据目标利率设定当期的利率水平，而是逐步将利率调整至目标水平。利率平滑现象的存在往往是由于货币当局顾及到利率调整对资本市场的扰动、对货币当局信誉的影响以及货币当局的利率政策需要社会各方面的支持等因素。加入利率平滑因素后的泰勒规则（亦称惯性泰勒规则），相比最基本的泰勒规则（亦称静态泰勒规则），可以更好地解释真实利率的调整变化过程。

　　近年来，越来越多的学者对利率与通胀缺口和产出缺口之间的线性关系提出了质疑，认为货币当局在不同经济状态下对通胀缺口和产出缺口的反应可能存在非线性特征。Kim et al. （2005）考察了美国货

币政策的非线性行为，结果发现，美国货币政策在 pre – Volcker 时期
（1960 年 1 季 ~1979 年 2 季度）表现出显著的非线性特征，而在 Vol-
cker – Greenspan 时期（1979 年 3 季度 ~2000 年 4 季度）则没有明显
的非线性证据。Clarida et al. （2000），Lubik and Schorfheide （2004），
Cogley and Sargent （2005），Kim and Nelson （2006），Boivin （2006），
Boivin and Giannoni （2006）以及 Benati and Surico （2009）等考察美国
最近 50 年的数据发现联邦基金利率对通胀率的反应具有显著的不稳定
性，结果显示，美国的货币政策行为从 20 世纪 80 年代开始步入了一
个更为积极的状态。Surico （2007）研究发现，1979 年之前美联储在
经济紧缩时期对产出缺口的反应相比在经济扩张时期的反应更加强
烈。这些研究均表明，线性泰勒规则已经不能很好地刻画货币当局的
货币政策规则及其对通胀缺口和产出缺口的调整机制，利用非线性模
型刻画泰勒规则应该是研究货币政策规则更合理和可靠的方法。

在非线性泰勒规则的研究方面，货币当局对通胀缺口和产出缺口
的非对称政策反应机制备受学者关注。为了考察货币当局的非对称行
为，必须考虑非线性时间序列模型。文献中所采用的非线性时间序列
模型主要包括马尔科夫区制转换模型、平滑转换模型和门限模型。例
如，Rabanal （2004）采用马尔科夫区制转换模型，研究发现美联储的
货币政策存在非对称性，即在经济扩张时期关注通货膨胀，在经济紧
缩时期则关注经济增长。Kesriyeli et al. （2004）采用平滑转换模型，
研究发现美国、英国和德国的利率对通胀率和产出缺口的反应系数以
及利率平滑系数具有显著的区制转换特征。Gredig （2007）采用门限
模型，允许智利货币当局在产出缺口、通胀缺口或者 GDP 增长率高于
或者低于其相应阈值时具有不同的政策反应机制，结果表明，当产出
缺口高于阈值时货币当局对通胀缺口的反应较为强烈，而对产出缺口
的反应则较弱。Kazanas and Tzavalis （2009）采用门限模型，以欧元区

的货币政策为研究，同样发现了在通胀率高于或者低于阈值时的非对称政策反应机制。类似的结果可以参见 Wesche（2003），Martin and Milas（2004），Hansen and Kapinos（2007），Castelnuovo et al.（2008）以及 Qin and Enders（2008）等相关文献。

尽管以上研究在很大程度上丰富并推动了对非线性泰勒规则的认识和思考，但是这些研究中所采用的马尔科夫区制转换模型、平滑转换模型和门限模型均存在很大的局限性：第一，马尔科夫区制转换模型假定模型中区制转换机制是由外生给定且不可观测的服从马尔科夫链的区制指示变量决定的，没有包含门限变量的信息。在实际分析中，马尔科夫区制转换模型无法捕获到经济系统中通胀率、失业率、货币增长率等宏观经济变量对货币当局制定货币政策偏好的影响，因而无法提供货币当局非对称行为背后的经济动机。第二，已有文献中的平滑转换模型和门限模型虽然通过门限变量的引入在一定程度上反映出了货币政策规则和其他时间序列之间的内在关系，为解释货币当局的非对称行为提供了更好的结构框架，但其均假定阈值是固定的常数，忽略了阈值的时变性。事实上，在经济发展的不同阶段，货币当局在制定货币政策时所参考的阈值并不是固定的常数，而应该是一种缓慢演变的时变序列（Dueker et al.，2010）。例如，同一失业率数值在经济高速增长时期被认为偏高，但是在经济低速增长时期则可能被认为偏低。可见，如何同时考虑泰勒规则中可能存在的结构性变化（或者非线性特征）、其他宏观经济变量对货币当局政策偏好的影响以及阈值的时变性，是当前以及未来货币政策研究中亟待解决的问题。

基于以上考虑，本章提出了具有时变阈值的门限泰勒规则模型。本章所构建的模型不仅能够测度短期名义利率对通胀缺口和产出缺口反应的结构性变化和非线性特征，而且还能反映货币政策规则中阈值的时变性。由于泰勒规则模型中的解释变量存在内生性，本章讨论了如何利用工具变量对具有内生性问题的时变阈值门限模型进行贝叶斯估计和模型选择，并对美国1955—2014年间的货币政策规则进行了实证研究，结果表明，美国货币当局的货币政策规则对通胀缺口和产出缺口具有非对称的政策反应机制。相比具有常数阈值的门限泰勒规则模型，本章所提出模型的估计结果与美国 NBER 发布的经济周期吻合度更高，能够更好地识别出美国历史上重要的经济紧缩时期。

本章剩余部分内容安排如下：第二节简要回顾了传统泰勒规则模型；第三节构建了具有时变阈值的门限泰勒规则模型，并给出了具体的贝叶斯估计方法；第四节介绍了研究中所使用的短期名义利率、通胀率、实际产出等数据指标的选择、处理和描述；第五节给出了具有时变阈值的门限泰勒规则模型的贝叶斯估计结果；第六节是本章结语部分。本章所有的推导均在第七节附录部分给出。

第二节 传统泰勒规则模型

一、线性泰勒规则模型

在货币经济学中，泰勒规则是最常用的货币政策规则之一。Taylor（1993）考察了美国1987—1992年的货币政策操作，认为货币当局应当遵循如下形式的行为准则（亦称泰勒原理）：

$$i_t^* = \bar{r} + \pi^* + \alpha(\pi_t - \pi^*) + \beta y_t \tag{4.1}$$

其中，i_t^* 表示短期名义目标利率；π_t 表示实际通胀率（前四个季度的平均通胀率）；y_t 表示产出缺口；$\bar{r}$ 表示均衡实际利率；π^* 表示目标通胀率。如果通货缺口 $\pi_t - \pi^*$ 大于（小于）0，产出缺口 y_t 大于

（小于）0，那么短期名义利率 i_t^* 将相应提高（降低）。在式（4.1）中，参数 α 表示短期名义利率对通胀缺口的敏感性系数；参数 β 表示短期名义利率对产出缺口的敏感性系数。当经济达到均衡时，通胀缺口和产出缺口均等于0，此时所对应的短期名义目标利率 i_t^* 即为均衡实际利率 r 和目标通胀率 π^* 的总和。由于泰勒规则描述了利率对宏观经济变化的反应，因此泰勒规则及其后续发展模型亦称货币政策反应函数。

需要强调的是，利率对通胀缺口和产出缺口的变动反应取决于敏感性系数 α 和 β 的符号和大小。根据泰勒原理，货币当局要实现稳定的货币政策，短期名义利率对通胀缺口的敏感性系数 α 应该大于1，对产出缺口的敏感性系数 β 应该大于0。具体而言，如果 $\alpha > 1, \beta > 0$，表明通胀和产出的变化会伴随实际利率的顺向变化，从而导致宏观经济趋向于稳定；相反，如果 $\alpha < 1, \beta < 0$，表明通胀和产出的变化会伴随实际利率的逆向变化，从而导致宏观经济更大幅度的波动，是一种不稳定的经济状态（Clarida et al.，2000）。考虑到敏感性系数 α 和 β 对宏观经济稳定性的作用，在泰勒规则的研究中，α 和 β 的符号和大小一般都是学者考察的重点之一。

在式（4.1）中，货币当局根据前四个季度的平均通胀率对其目标通胀率的偏离和同期产出缺口调整利率。然而，在实际决策过程中，货币当局更倾向于基于对未来经济环境的预期而制定政策（陆军和钟丹，2003）。在 Taylor（1993）的研究基础上，Clarida et al.（1998）将预期因素纳入泰勒规则中，提出了前瞻性泰勒规则，即货币当局根据对未来通胀缺口和产出缺口的预期调整当期的利率水平，并允许货币当局在形成通胀预期时考虑各种相关变量。在前瞻性泰勒规则中，

短期名义利率 i_t^* 取决于 n 期向前的通胀率预期值对其目标通胀率的偏离和 k 期向前的产出缺口预期值,具体形式如下所示:

$$i_t^* = \bar{r} + \pi^* + \alpha[E_t(\pi_{t+n}) - \pi^*] + \beta E_t(y_{t+k}) \qquad (4.2)$$

其中,E_t 表示基于 t 期所有可获取信息集的期望算子,$E_t(\pi_{t+n})$ 表示基于 t 期所有可获取信息集的 n 期向前通胀率预期值,$E_t(y_{t+k})$ 表示基于 t 期所有可获取信息集的 k 期向前产出缺口预期值。

考虑到利率调整对资本市场的扰动、对货币当局信誉的影响以及货币当局的利率政策需要社会各方面的支持等顾虑,通常会假定货币当局不是完全根据目标利率设定当期的利率水平,而是进行利率平滑操作,逐步将利率调整至目标水平。引入利率平滑性的泰勒规则可以表示如下:

$$i_t = (1 - \rho)i_t^* + \rho i_{t-1} + m_t, \qquad (4.3)$$

其中,$\rho \in [0,1]$ 表示利率平滑系数,m_t 表示货币当局调整利率所产生的随机误差项。如果 ρ 介于 0 和 1 之间,表明了利率平滑现象的存在,意味着货币当局不是完全根据目标利率设定当期的利率水平,而是根据目标利率进行部分调整,即每次调整利率的幅度仅消除前一期利率水平和当期目标利率之间偏差的 $1 - \rho$。利率平滑系数 ρ 越大,表明当期的利率水平对政策反应的灵敏度越低,即说明政策冲击效果越平滑;利率平滑系数 ρ 越小,表明当期的利率水平对政策反应的灵敏度越高,是一种积极、主动的调控。实证研究表明,在货币政策规则中加入利率平滑因素,能够更好地解释短期名义利率的动态调整机制。

将式(4.2)即前瞻性泰勒规则代入式(4.3)中,即可得到如下的货币政策反应函数:

$$i_t = (1 - \rho)\{\bar{\gamma} + \pi^* + \alpha[E_t(\pi_{t+n}) - \pi^*] + \beta E_t(y_{t+k})\} + \rho i_{t-1} +$$

m_t, $\qquad\qquad\qquad\qquad\qquad\qquad\qquad\qquad$ (4.4)

若在式（4.4）中采用通胀率和产出缺口的真实值代替预期值，即可进一步得到具有如下简化形式的货币政策反应函数：

$$i_t = (1 - \rho)\{\bar{\gamma} + \pi^* + \alpha[\pi_{t+n} - \pi^*] + \beta y_{t+k}\} + \rho i_{t-1} + \varepsilon_t, \quad (4.5)$$

其中，$\varepsilon_t = -(1 - \rho)\{\alpha[\pi_{t+n} - E_t(\pi_{t+n})] + \beta[y_{t+k} - E_t(y_{t+k})]\} + m_t$。随机误差项 ε_t 是关于通胀率和产出缺口的预测误差以及随机误差项 m_t 的线性函数，与解释变量 π_{t+n} 和 y_{t+k} 存在相关性。文献中一般采用 GMM 估计方法对式（4.5）加以估计。在 GMM 估计方法中，要求矩条件 $E_t\{i_t - (1 - \rho)\{\bar{r} + \pi^* + \alpha[\pi_{t+n} - \pi^*] + \beta y_{t+k}\} - \rho i_{t-1} \mid \tilde{z}_t\}$ 成立，其中，$\tilde{z}_t$ 表示一组工具变量，其与解释变量 π_{t+n} 和 y_{t+k} 高度相关，但却不与随机误差项 ε_t 相关。一般选取短期名义利率、通胀率、产出缺口等变量的滞后值作为工具变量（Clarida et al., 1998, 2000）。

二、具有常数阈值的门限泰勒规则模型

在式（4.5）中，货币当局对通胀缺口和产出缺口的反应是线性的，而在现实经济中，货币当局的利率调整机制则可能是非线性的。这主要是由于经济系统中通胀率、失业率、货币增长率等宏观经济变量对货币当局制定货币政策偏好的影响，导致货币当局在不同经济状态下，往往会制定不同的货币政策，对通胀缺口和产出缺口具有非对称政策反应机制（Gredig, 2007；Kazanas and Tzavalis, 2009）。

为了捕获货币政策规则中可能存在的非线性特征，Kazanas and Tzavalis（2009）采用如下具有常数阈值的门限泰勒规则模型对货币当局的非对称行为进行研究：

$$i_t = \begin{cases} (1-\rho_1)\{\bar{r} + \pi^* + \alpha_1[\pi_{t+n} - \pi^*] + \beta_1 y_{t+k}\} + \rho_1 i_{t-1} + \varepsilon_{1t}, z_t \leqslant \gamma \\ (1-\rho_2)\{\bar{r} + \pi^* + \alpha_2[\pi_{t+n} - \pi^*] + \beta_2 y_{t+k}\} + \rho_2 i_{t-1} + \varepsilon_{2t}, z_t > \gamma \end{cases}$$

$$(4.6)$$

其中, z_t 表示门限变量。对于 $j = 1,2$, ρ_j 表示区制 j 的利率平滑系数, α_j 和 β_j 分别表示区制 j 中短期名义利率对通胀缺口和产出缺口的敏感性系数, 随机误差项 $\varepsilon_{jt} = -(1-\rho_j)\{\alpha_j[\pi_{t+n} - E_t(\pi_{t+n})] + \beta_j[y_{t+k} - E_t(y_{t+k})]\} + m_t$。

门限变量 z_t 的引入允许通胀率 π_{t+n} 和产出缺口 y_{t+k} 的回归系数具有不同的区制特征。通过放宽回归系数的约束条件, 可以捕捉到货币当局在不同区制下货币政策操作的差异性, 进而考察货币当局在不同经济状态下的政策偏好。式 (4.6) 中的解释变量 π_{t+n} 和 y_{t+k} 与随机误差项 ε_{jt} 相关, 即模型中存在内生性问题。若门限变量 z_t 是外生变量, 则可以采用 Caner and Hansen (2004) 针对包含内生解释变量的门限模型提出的工具变量方法对模型中的阈值和回归系数进行估计。

第三节　具有时变阈值的门限泰勒规则模型

一、模型设定

在式 (4.6) 中, 门限变量一般选取失业率或者通胀率等宏观经济指标 (Hansen and Kapinos, 2007; Kazanas and Tzavalis, 2009)。从

短期来看，门限变量所对应的阈值一般被认为是固定不变的，但是从长期来看，阈值会在经济不同阶段呈现出时变的特征。例如，同一失业率数值在经济高速增长时期被认为偏高，但是在经济低速增长时期则可能被认为偏低。为了捕获前瞻性泰勒规则中可能存在的非线性特征以及阈值的时变性，本章在式（4.6）的基础上将第三章所提出的具有时变阈值的门限模型用于刻画具有区制依赖特征的前瞻性泰勒规则：

$$i_t = \begin{cases} (1-\rho_1)\{\bar{r}+\pi^* + \alpha_1[\pi_{t+n}-\pi^*]+\beta_1 y_{t+k}\}+\rho_1 i_{t-1}+\varepsilon_{1t}, z_t \leqslant \gamma_t \\ (1-\rho_2)\{\bar{r}+\pi^* + \alpha_2[\pi_{t+n}-\pi^*]+\beta_2 y_{t+k}\}+\rho_2 i_{t-1}+\varepsilon_{2t}, z_t > \gamma_t \end{cases}$$

$$\gamma_t = \nu + \varphi(\gamma_{t-1}-\nu)+u_t$$

其中，γ_t 表示阈值。$|\varphi| < 1$ 刻画了阈值序列 γ_t 的持续性；$\{u_t\}$ 是服从 $N(0, \sigma_u^2)$ 的白噪声序列，且与 $\varepsilon_{jt}(j=1,2)$ 不相关；$\gamma_1 \sim N\left(\nu, \dfrac{\sigma_u^2}{1-\varphi^2}\right)$。

由于 i_t，π_{t+n} 和 y_{t+k} 均为可观测变量，若令 $A_j = (1-\rho_j)(\bar{r}+\pi^*-\alpha_j\pi^*)$，$B_j = (1-\rho_j)\alpha_j$，$C_j = (1-\rho_j)\beta_j$，$D_j = \rho_j$，则上述模型可以被简写为如下形式：

$$i_t = \begin{cases} A_1 + B_1\pi_{t+n}+C_1 y_{t+k}+D_1 i_{t-1}+\varepsilon_{1t}, z_t \leqslant \gamma_t \\ A_2 + B_2\pi_{t+n}+C_2 y_{t+k}+D_2 i_{t-1}+\varepsilon_{2t}, z_t > \gamma_t \end{cases} \tag{4.7}$$

$$\gamma_t = v + \varphi(\gamma_{t-1}-v)+u_t \tag{4.8}$$

从区制 1 和区制 2 中 π_{t+n}，y_{t+k} 和 i_{t-1} 的回归系数可以反解出在不同区制下短期名义利率对通胀缺口和产出缺口的敏感性系数 α_j 和 β_j（$j=1,2$），

$$\alpha_j = \frac{B_j}{1 - D_j}, \beta_j = \frac{C_j}{1 - D_j}.$$

参照 Zheng et al.（2012），本章假定随机误差项 ε_{jt} 为服从正态分布且方差具有不同区制特征的随机变量，即 $\varepsilon_{jt}(j = 1, 2) \sim i.i.d.$ $N(0, \sigma_j^2)$，并且解释变量 π_{t+n} 和 y_{t+k} 与工具变量 $\tilde{z}_t$ 之间满足如下关系式：

$$\begin{pmatrix} \pi_{t+n} \\ y_{t+k} \end{pmatrix} = \tilde{Z}_t' \delta + v_t, \tilde{Z}_t = I_2 \otimes \tilde{z}_t, \tag{4.9}$$

其中，$\tilde{z}_t$ 表示 $L \times 1$ 维工具变量，δ 表示 $2L \times 1$ 维参数向量，随机误差项 $v_t = (v_{1t}, v_{2t})' \sim N(0, \Sigma_v)$。为了表示的方便，笔者令 $v_t = \Sigma_v^{1/2} v_t^*$，$v_t^* \sim N(0, I_2)$，其中，$I_2$ 表示 2×2 的单位矩阵，并且

$$\begin{pmatrix} v_t^* \\ \varepsilon_{jt} \end{pmatrix} = \begin{pmatrix} \Sigma_v^{-1/2} v_t \\ \varepsilon_{jt} \end{pmatrix} \sim i.i.d. N\left(\begin{pmatrix} 0 \\ 0 \end{pmatrix}, \begin{pmatrix} I_2 & \tilde{\rho}_j' \sigma_j \\ \sigma_j \tilde{\rho}_j' & \sigma_j^2 \end{pmatrix} \right)$$

其中，$\tilde{\rho}_j = (\tilde{\rho}_{1j}, \tilde{\rho}_{2j})'$ 表示 v_t^* 和随机误差项 ε_{jt} 的相关系数向量。参照 Kim（2004，2009）中的做法，笔者采用 Cholesky 分解方法将 v_t^* 和 ε_{jt} 分解为如下形式：

$$\begin{pmatrix} v_t^* \\ \varepsilon_{jt} \end{pmatrix} = \begin{pmatrix} I_p & 0 \\ \sigma_j \tilde{\rho}_j' & \sigma_j \sqrt{1 - \tilde{\rho}_j' \tilde{\rho}_j} \end{pmatrix} \begin{pmatrix} w_{1t} \\ w_{2t} \end{pmatrix}, \begin{pmatrix} w_{1t} \\ w_{2t} \end{pmatrix} \sim i.i.d. N\left(\begin{pmatrix} 0 \\ 0 \end{pmatrix}, \begin{pmatrix} I_2 & 0 \\ 0 & 1 \end{pmatrix} \right)$$

其中，随机变量 $w_{it} = v_t^* = \Sigma_v^{-1/2} v_t$，且和 w_{2t} 相互独立。

通过简单计算，可以得到随机误差项 $\varepsilon_{jt} = \sigma_j(\tilde{\rho}_j' w_{1t} + \sqrt{1 - \tilde{\rho}_j' \tilde{\rho}_j} w_{2t})$。如果令 $\varphi_j = \tilde{\rho}_j \sigma_j$，$\tilde{\varepsilon}_{jt} = \sigma_j \sqrt{1 - \tilde{\rho}_j' \tilde{\rho}_j} w_{2t} \sim i.i.d. N(0, \tilde{\sigma}_j^2)$，$\tilde{\sigma}_j^2 = \sigma_j^2(1 - \tilde{\rho}_j' \tilde{\rho}_j)$，$b_1 = (A_1, B_1, C_1, D_1, \varphi_1')'$，

$$b_2 = (A_2, \ B_2, \ C_2, \ D_2, \ \varphi_2^{'})^{'}, \ \tilde{y}_t = i_t, \ x_t = (1, \ \pi_{t+n}, \ y_{t+k},$$

$i_{t-1}, \ (\sum_v^{-1/2} v_t)^{'})^{'}$，那么式（4.7）可以被转换为如下形式：

$$\tilde{y}_t = \begin{cases} x_t^{'} b_1 + \tilde{\varepsilon}_{1t} & z_t \leqslant \gamma_t; \\ x_t^{'} b_2 + \tilde{\varepsilon}_{2t} & z_t > \gamma_t, \end{cases} \tag{4.10}$$

其中，随机误差项 $\tilde{\varepsilon}_{it} \sim i.\,i.\,d.\,N(0, \tilde{\sigma}_j^2)$，且与变量 π_{t+n} 和 y_{t+k} 以及 v_t 不相关。

二、模型估计

本小节主要讨论如何对由式（4.8）、式（4.9）和式（4.10）构成的具有时变阈值的门限泰勒规则模型中的未知参数向量 $\Theta = (b_1, b_2, \tilde{\sigma}_1^{\ 2}, \tilde{\sigma}_2^{\ 2}, v, \varphi, \sigma_u^{\ 2}, \delta, \sum_v)$ 和阈值序列 $\{\gamma_t\}$ 进行估计。

沿用第三章的表示方法，笔者统一采用 $p(\cdot)$ 表示概率函数。令

$$\tilde{y}_{1:T} = (\tilde{y}_1, \cdots, \tilde{y}_T), \ x_{1:T} = (x_1, \cdots, x_T),$$

$$z_{1:T} = (z_1, \cdots, z_T), \ \tilde{z}_{1:T} = (\tilde{z}_1, \cdots, \tilde{z}_T),$$

$$\gamma_{1:T} = (\gamma_1, \cdots, \gamma_T).$$

给定 $\tilde{y}_{1:T}$，$x_{1:T}$，$z_{1:T}$ 和 $\tilde{z}_{1:T}$，$(\gamma_{1:T}, \Theta)$ 的后验分布为

$$p(\gamma_{1:T}, \Theta \mid \tilde{y}_{1:T}, x_{1:T}, z_{1:T}, \tilde{z}_{1:T}) \propto p(\Theta) \prod_{t=1}^{T} p(\gamma_t \mid \gamma_{t-1}, \Theta) p(x_t \mid \tilde{z}_t,$$

$\Theta) p(\tilde{y}_t \mid x_t, z_t, \tilde{z}_t, \gamma_t, \Theta)$

其中，

$$p(\gamma_t \mid \gamma_{t-1}, \Theta) = \frac{1}{\sqrt{2\pi\sigma_u^2}} \exp\left(-\frac{[\gamma_t - \nu - \varphi(\gamma_{t-1} - \nu)]^2}{2\sigma_u^2} \right),$$

$$p(x_t \mid \tilde{z}_t, \Theta) =$$

$$(2\pi)^{-1}\mid\textstyle\sum_{\nu}\mid^{-1/2}\exp\left(-\frac{1}{2}\left(\binom{\pi_{t+n}}{y_{t+k}}-\tilde{Z}_t'\delta\right)'\sum_{\nu}^{-1}\left(\binom{\pi_{t+n}}{y_{t+k}}-\tilde{Z}_t'\delta\right)\right)$$

$$p(\tilde{y}_t\mid x_t,z_t,\tilde{z}_t,\gamma_t,\Theta)=\begin{cases}\dfrac{1}{\sqrt{2\pi\tilde{\sigma}_1^2}}\exp\left(-\dfrac{(\tilde{y}_t-x_t'b_1)^2}{2\tilde{\sigma}_1^2}\right),\ z_t\leqslant\gamma_t;\\[4mm]\dfrac{1}{\sqrt{2\pi\tilde{\sigma}_2^2}}\exp\left(-\dfrac{(\tilde{y}_t-x_t'b_2)^2}{2\tilde{\sigma}_2^2}\right),\ z_t>\gamma_t,\end{cases}$$

$p(\Theta)$ 是未知参数向量 Θ 的先验分布。

遵循文献中的一般做法，笔者令未知参数向量 Θ 的先验分布为所有未知参数 $b_1,b_2,\tilde{\sigma}_1^2,\tilde{\sigma}_2^2,\nu,\varphi,\sigma_u^2,\delta,\sum_{\nu}$ 先验分布的乘积，即

$$p(\Theta)=p(b_1)p(b_2)p(\tilde{\sigma}_1^2)p(\tilde{\sigma}_2^2)p(\nu)p(\varphi)p(\sigma_u^2)p(\delta)p(\sum_{\nu}),$$

其中，$b_1,b_2,\tilde{\sigma}_1^2,\tilde{\sigma}_2^2,\nu,\sigma_u^2$ 的先验分布为标准的共轭先验分布。具体而言，笔者设定，

$$b_1,b_2\sim N(\mu_b,\Sigma_b),\tilde{\sigma}_1^2,\tilde{\sigma}_2^2\sim IG(A_\sigma/2,B_\sigma/2),$$

$$\nu\sim N(\mu_\nu,\sigma_\nu^2),\ \varphi\sim\text{Uniform}(-1,1),\ \sigma_u^2\sim IG(A_u/2,B_u/2)$$

$$\delta\sim N(\mu_\delta,\Sigma_\delta),\ \sum_{\nu}\sim W^{-1}(\psi_\nu,n_\nu).$$

上述先验分布中的参数 $(\mu_b,\ \Sigma_b,\ A_\sigma,\ B_\sigma,\ \mu_\nu,\ \sigma_\nu^2,\ A_u,\ B_u,\ \mu_\delta,\ \Sigma_\delta,\ \psi_\nu,\ n_\nu)$ 均为超参数。本章末的附录一中给出了本章所涉及的几种重要分布的概率密度函数。

基于 $(\gamma_{1:T},\Theta)$ 的后验分 $p(\gamma_{1:T},\Theta\mid\tilde{y}_{1:T},x_{1:T},z_{1:T},\tilde{z}_{1:T})$，本小节即可采用 MCMC 方法从中抽样得到其相应的随机样本。为了节省空间，笔者将具体的 MCMC 抽样方法置于本章末的附录二中。如第三章所述，基于所得到的 MCMC 样本，可以对阈值序列 $\gamma_{1:T}$ 和未知参数向量

Θ 进行一系列的贝叶斯推断，如计算后验均值、后验标准差、HPD 区间以及参数 $\theta_i = \theta_i^*$ 的后验机率。

第四节　指标选取与数据描述

与 Castelnuovo et al.（2008）相同，本章所使用的分析数据为美国季度数据，时间跨度为 1955 年 2 季度到 2014 年 3 季度，共计 238 个观测值。产出缺口 y_t 被定义为实际产出水平关于潜在产出水平①的百分比对数偏离（Percentualized Log – deviation），即 $y_t = 100\ln(Y_t/Y_t^*)$，其中 Y_t 表示实际产出水平，Y_t^* 表示潜在产出水平。通胀率被定义为季度年化增长率，即 $\pi_t = 400\ln(P_t/P_{t-1})$，其中 P_t 表示 GDP 平减指数。失业率、联邦基金利率即短期名义利率、实际产出水平、潜在产出水平以及 GDP 平减指数的样本数据均源于美国圣路易斯联邦储备银行网站（http：//www. stlouisfed. org/）。由于这里获取的官方利率数据是月度数据，笔者通过三项移动平均得到其相应季度数据。考虑到数据的可获得性，本章选取每个季度中第二个月的失业率水平作为门限变量 z_t（Hansen and Kapinos，2007）。图 4.1 给出了短期名义利率 i_t、通胀率 π_t、产出缺口 y_t 以及失业率 z_t 在样本区间 1955 年 2 季度到 2014 年 3 季度的时间序列图。

---

① 潜在产出水平由国会预算局（http：//www. cbo. gov/）估计得到。

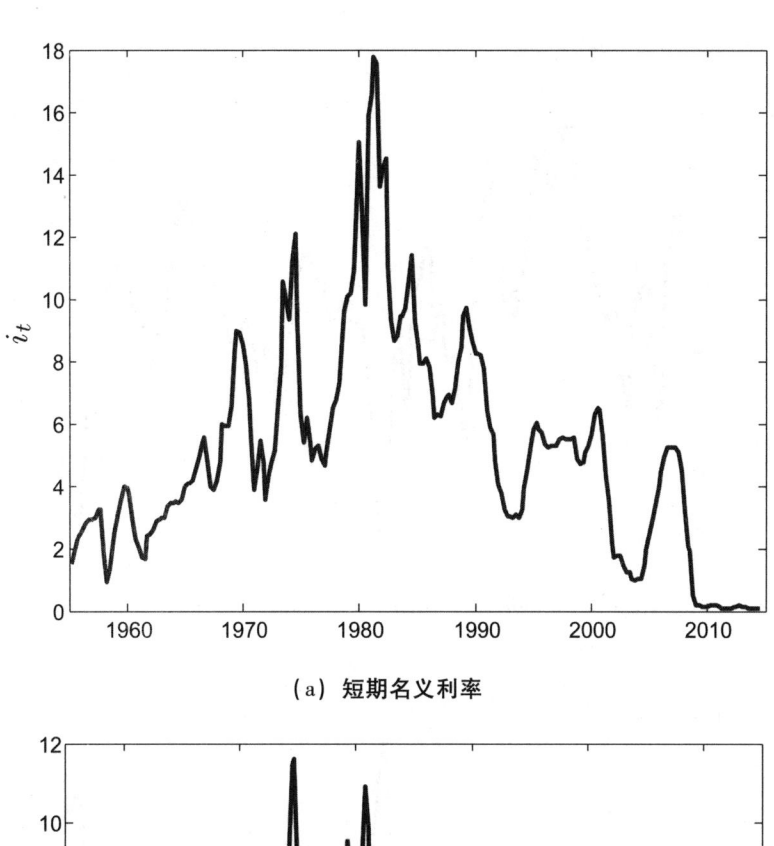

（a）短期名义利率

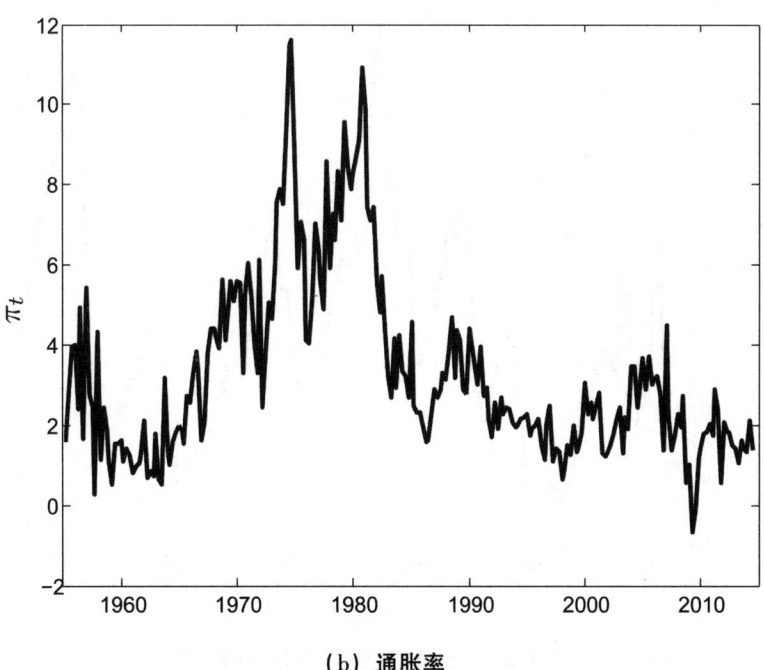

（b）通胀率

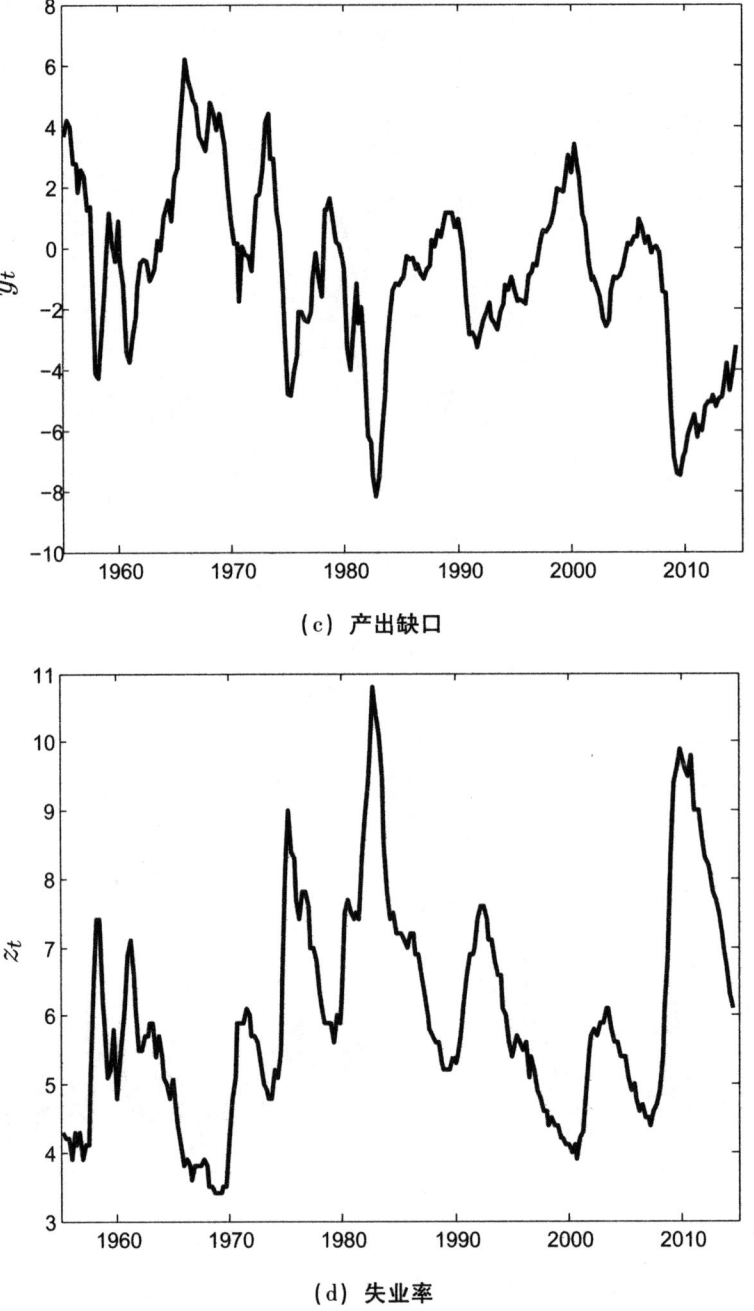

（c）产出缺口

（d）失业率

图4.1　样本数据的时间序列图

第五节　实证结果

对于具有时变阈值的门限泰勒规则模型，估计的首要任务是确定合适的前瞻期数 n 和 k。为此，笔者基于1955年2季度到2014年3季度期间的短期名义利率、通胀率、产出缺口以及失业率的样本数据，采用不同的前瞻期数 $n = 0,1,2,3,4$ 和 $k = 0,1,2,3,4$ 去拟合泰勒规则。由于模型中解释变量 π_{t+n} 和 y_{t+k} 的存在需要引入工具变量 $\tilde{z}_t$，因此笔者选取短期名义利率、通胀率、产出缺口三个变量的一阶至四阶滞后共计12个变量作为工具变量（郑挺国和王霞，2011）。同时，为了使得对比更加合理，笔者通过调整样本区间使得不同前瞻期数组合所对应的样本个数保持一致（1956年2季度到2013年3季度，共计230个观测值），并均在贝叶斯计量经济学分析框架下进行估计。在MCMC抽样方法中，未知参数的先验分布被设定为：

$$b_1,b_2 \sim N(0,100I_6), \tilde{\sigma}_1^2, \tilde{\sigma}_2^2 \sim IG(1,1),$$

$$v \sim N(0,100), \varphi \sim Uniform(-1,1), \sigma_u^2 \sim IG(1,1) \qquad (4.11)$$

$$\delta \sim N(0,100I_{24}), \Sigma_v \sim W^{-1}(600I_2,6).$$

其中，I_2,I_6,I_{24} 分别表示 $2\times 2, 6\times 6, 24\times 24$ 的单位矩阵。马尔科夫链的总长度为150000，其中燃烧期的长度为50000。

对于每种候选模型，笔者分别计算了其所对应的四种模型选择准则（PAIC，PBIC，PHQ 和 DIC）的数值，并采用第三章所介绍的粒子滤波算法对其所对应的似然函数 $L(\Theta \mid \tilde{y}_{1:T}, x_{1:T}, z_{1:T}, \tilde{z}_{1:T})$ 进行了测算，其中粒子滤波算法的粒子总数为10000。表4.1报告了在不同前瞻期数 n 和 k 的设定下，具有时变阈值的门限泰勒规则模型所对应的贝叶斯模型选择准则（PAIC，PBIC，PHQ 和 DIC）的数值。结果中，四种贝叶斯模型选择准则（PAIC，PBIC，PHQ 和 DIC）均表明，当前瞻期数 $n = 4$ 和 $k = 4$ 时，具有时变阈值的门限泰勒规则模型表现最好。

表 4.1　n 和 k 的模型选择结果

PAIC	$k = 0$	$k = 1$	$k = 2$	$k = 3$	$k = 4$
$n = 0$	532. 2175	538. 1333	550. 5752	550. 7978	552. 2904
$n = 1$	532. 0465	544. 5184	537. 8300	531. 4503	544. 6903
$n = 2$	529. 8776	533. 2106	539. 1566	534. 2716	526. 8677
$n = 3$	522. 9240	523. 3749	525. 7844	525. 8582	519. 2042
$n = 4$	521. 9531	528. 1178	523. 9615	528. 5578	519. 0223
PBIC	$k = 0$	$k = 1$	$k = 2$	$k = 3$	$k = 4$
$n = 0$	686. 9310	692. 8469	705. 2887	705. 5113	707. 0039
$n = 1$	686. 7601	699. 2319	692. 5436	686. 1639	699. 4038
$n = 2$	684. 5912	687. 9242	693. 8701	688. 9851	681. 5813
$n = 3$	677. 6376	678. 0884	680. 4979	680. 5718	673. 9178
$n = 4$	676. 6666	682. 8314	678. 6751	683. 2714	673. 7359
PHQ	$k = 0$	$k = 1$	$k = 2$	$k = 3$	$k = 4$
$n = 0$	518. 4216	524. 3375	536. 7793	537. 0019	538. 4945
$n = 1$	518. 2507	530. 7225	524. 0342	517. 6545	530. 8944
$n = 2$	516. 0818	519. 4148	525. 3607	520. 4757	513. 0719
$n = 3$	509. 1282	509. 5790	511. 9885	512. 0624	505. 4084
$n = 4$	508. 1572	514. 3220	510. 1657	514. 7620	505. 2265
DIC	$k = 0$	$k = 1$	$k = 2$	$k = 3$	$k = 4$
$n = 0$	456. 8232	466. 0013	476. 5843	480. 0394	476. 2538

续表

DIC	$k = 0$	$k = 1$	$k = 2$	$k = 3$	$k = 4$
$n = 1$	460. 1402	471. 1530	463. 4835	456. 2356	467. 8869
$n = 2$	459. 3453	459. 0184	467. 1172	464. 3012	450. 4003
$n = 3$	449. 0135	448. 8469	452. 2301	454. 4485	442. 6175
$n = 4$	449. 1727	453. 4833	450. 6873	460. 7307	440. 9222

注：（1）n 表示通胀率的前瞻期数，k 表示产出缺口的前瞻期数；

（2）门限变量为每个季度中第二个月的失业率水平；

（3）工具变量为短期名义利率、通胀率、产出缺口三个变量的一阶至四阶滞后（郑挺国和王霞，2011）；

（4）PAIC，PBIC，PHQ 和 DIC 的计算公式为：

$$\text{PAIC} = E[D(\Theta)|\tilde{y}_{1:T}, x_{1:T}, z_{1:T}, \tilde{z}_{1:T}] + 2k,$$

$$\text{PBIC} = E[D(\Theta)|\tilde{y}_{1:T}, x_{1:T}, z_{1:T}, \tilde{z}_{1:T}] + k\log T,$$

$$\text{PHQ} = E[D(\Theta)|\tilde{y}_{1:T}, x_{1:T}, z_{1:T}, \tilde{z}_{1:T}] + k\log(\log T),$$

$$\text{DIC} = E[D(\Theta)|\tilde{y}_{1:T}, x_{1:T}, z_{1:T}, \tilde{z}_{1:T}] + \{E[D(\Theta)|\tilde{y}_{1:T}, x_{1:T}, z_{1:T}, \tilde{z}_{1:T}] - D[E(\Theta|\tilde{y}_{1:T}, x_{1:T}, z_{1:T}, \tilde{z}_{1:T})]\},$$

其中，$D(\Theta) = -2\log L(\Theta|\tilde{y}_{1:T}, x_{1:T}, z_{1:T}, \tilde{z}_{1:T})$，$\Theta$ 是模型中的未知参数向量，k 是未知参数向量 Θ 的维数。

结合模型选择结果，表4.2进一步给出了在前瞻期数 $n = 4$ 和 $k = 4$ 的设定下，具有时变阈值的门限泰勒规则模型所对应的贝叶斯估计结果。结果表明，在区制1（$z_t \leqslant \gamma_t$）和区制2（$z_t > \gamma_t$）中，货币当局对于通胀缺口和产出缺口具有非对称的政策反应机制。具体而言，当失业率低于阈值时，短期名义利率对通胀缺口和产出缺口的敏感性系数分别为 2. 5858 和 0. 6188；当失业率高于阈值时，短期名义利率对通胀缺口和产出缺口的敏感性系数分别为 1. 2927 和 2. 1419。由于在两个区制中，短期名义利率对通胀缺口的敏感性系数均大于 1，并且对产出缺口的敏感性系数均为正，表明通胀率和实际产出水平的变化会伴随着实际利率的顺向变化，从而导致整个宏观经济趋向于稳定。

表 4. 2 具有时变阈值的门限泰勒规则模型的贝叶斯估计结果

变量	均值	标准差	HPD 区间（95%）	后验机率
区制 1（$z_t \leqslant \gamma_t$）：				
A_1	-0.0980	0. 0935	（-0.2818, 0. 0858）	0. 1686
B_1	0. 2212	0. 0392	（0. 1435, 0. 2978）	Inf
C_1	0. 0625	0. 0311	（0. 0012, 0. 1233）	44. 7666
D_1	0. 9182	0. 0205	（0. 8788, 0. 9596）	Inf
σ_1^2	0. 5967	0. 1484	（0. 3418, 0. 9015）	—
α_1	2. 5858	0. 4616	（1. 8043, 3. 5020）	Inf
β_1	0. 6188	0. 1778	（0. 2623, 0. 9744）	303. 8780
区制 2（$z_t > \gamma_t$）：				
A_2	-0.0867	0. 4923	（-1.0642, 0. 8812）	0. 7373
B_2	0. 2399	0. 1111	（0. 0213, 0. 4598）	65. 2252
C_2	0. 1415	0. 1026	（-0.0632, 0. 3457）	11. 8932
D_2	0. 8851	0. 0519	（0. 7881, 0. 9875）	Inf
σ_2^2	2. 6243	0. 7112	（1. 4749, 4. 0658）	—
α_2	1. 2927	0. 2817	（0. 6809, 1. 6951）	Inf

变量	均值	标准差	HPD 区间（95%）	后验机率
区制 2（$z_t > \gamma_t$）：				
β_2	2.1419	0.5315	(1.2035, 3.1501)	577.0347
σ_u^2	0.2001	0.0613	(0.0972, 0.3229)	–
φ	0.8658	0.0694	(0.7313, 0.9842)	Inf
v	6.6283	0.4046	(5.9311, 7.2985)	7691.3077

注：（1）通胀率的前瞻期数 $n = 4$，产出缺口的前瞻期数 $k = 4$；

（2）门限变量为每个季度中第二个月的失业率水平；

（3）工具变量为短期名义利率、通胀率、产出缺口三个变量的一阶至四阶滞后（郑挺国和王霞，2011）；

（4）参数 θ_i 的 HPD 区间（95%）被定义为满足 $\hat{P}(\theta_i \in C(\tilde{y}_{1:T}, x_{1:T}, z_{1:T}, \tilde{z}_{1:T}) \mid \tilde{y}_{1:T}, x_{1:T}, z_{1:T}, \tilde{z}_{1:T}) = 95\%$，并且长度最短的集合 $C(\tilde{y}_{1:T}, x_{1:T}, z_{1:T}, \tilde{z}_{1:T})$。

（5）参数 $\theta_i = \theta_i^*$ 的后验机率的计算公式为（Chen et al.，2010）：

$$r_{\theta_i}(\theta_i) \overset{\Delta}{=} \frac{P(\theta_i > \theta_i^* \mid \tilde{y}_{1:T}, x_{1:T}, z_{1:T}, \tilde{z}_{1:T})}{P(\theta_i < \theta_i^* \mid \tilde{y}_{1:T}, x_{1:T}, z_{1:T}, \tilde{z}_{1:T})} \approx \frac{\sum_{s=S_0+1}^{S} I(\theta_i^{(s)} > \theta_i^*)}{\sum_{s=S_0+1}^{S} I(\theta_i^{(s)} < \theta_i^*)}$$

其中，$I(.)$ 表示示性函数。给定显著性水平 α，如果 $r_{\theta_i}(\theta_i) > (1-\alpha)/\alpha$ 或者 $r_{\theta_i}(\theta_i) < \alpha/(1-\alpha)$，那么参数 θ_i 显著不等于 θ_i^*。参数 θ_i 的贝叶斯检验本质上类似于传统计量经济学分析框架下的单边假设检验。

为了更好地体现出在不同区制下短期名义利率对通胀缺口和产出缺口敏感性系数的相对大小，图4.2给出了短期名义利率对通胀缺口和产出缺口敏感性系数的箱线图。从图中可以发现，短期名义利率对通胀缺口的敏感性系数 α_1 明显大于 α_2，而短期名义利率对产出缺口的敏感性系数 β_1 明显小于 β_2。结果表明：当失业率低于阈值时，货币当局倾向于实行被动型泰勒规则，即对通胀缺口的反应相对较强，而对产出缺口的反应则相对较弱；当失业率高于阈值时，货币当局倾向于实行主动型泰勒规则，即对产出缺口的反应相对较强，而对通胀缺口的反应则相对较弱。换言之，当失业率低于阈值时，货币当局倾向于对通胀缺口做出反应，而当失业率高于阈值时，则更侧重于保障产出的健康稳定增长。此外，两个区制中的利率平滑系数 $D_1 = \rho_1, D_2 = \rho_2$ 的后验均值均在 0.9 附近，并且当失业率低于阈值时的平滑系数（$\hat{\rho}_1 = 0.9182$）要大于当失业率高于阈值时的平滑系数（$\hat{\rho}_2 = 0.8851$），说明不论失业率高低，利率调整机制对前一期利率的相依性都很强，而且这种相依性

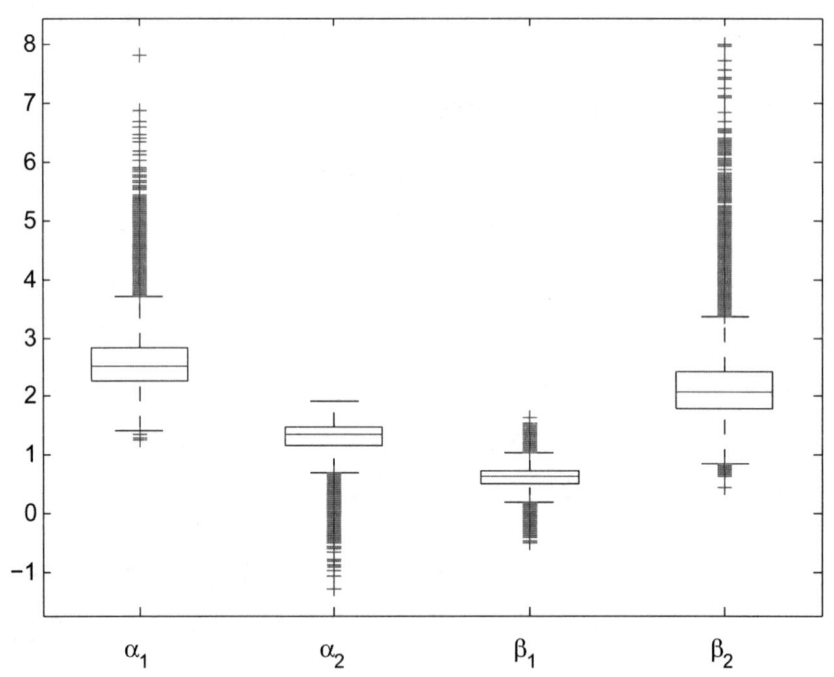

图 4.2　短期名义利率对通胀缺口和产出缺口敏感性系数的箱线图

在失业率低于阈值时表现得更为明显。从不同区制中扰动项的方差估计值来看，当失业率高于阈值时，利率冲击的方差（$\hat{\sigma}_1^2 = 2.6243$）较大；而当失业率低于阈值时，利率冲击的方差（$\hat{\sigma}_2^2 = 0.5967$）较小，这一结论与预期一致。

为了进一步刻画和反映泰勒规则的动态区制变化过程，图4.3给出了1956年2季度到2013年3季度期间在常数阈值和时变阈值两种情形下经济状态处于区制2中的概率估计值。图4.3中的星号和实线分别表示常数阈值和时变阈值情形下经济状态处于区制2中的概率估计值，阴影部分表示美国NBER发布的美国经济紧缩时期，数据源于

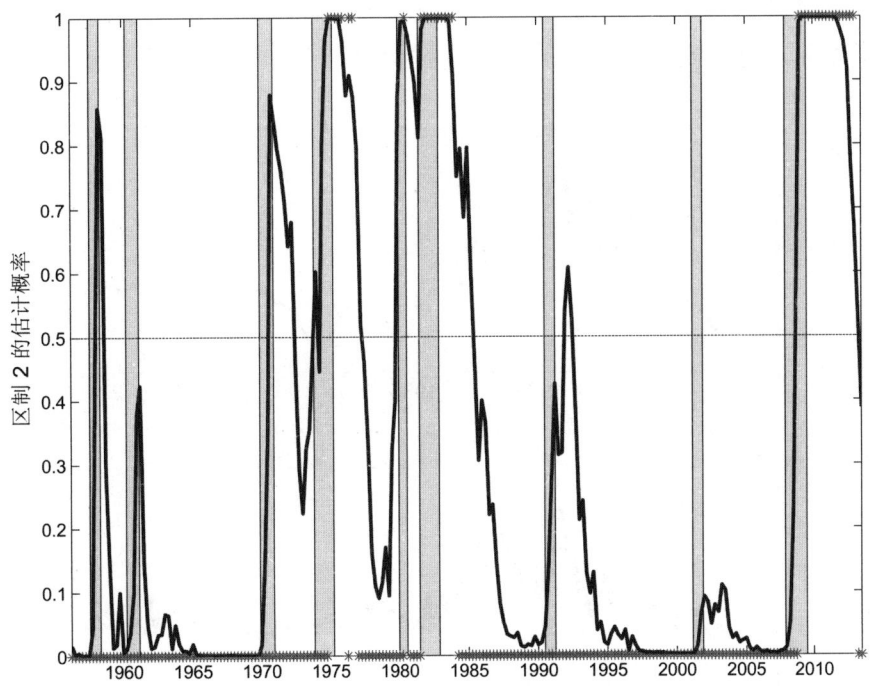

图4.3　美国泰勒规则中区制2的估计概率

（"＊"：常数阈值；"－"：时变阈值）

NBER 国际经济研究局报告（http：//www. nber. org/cycles. html）。在常数阈值情形下，本章采用 Caner and Hansen（2004）提出的方法对模型进行估计，并得到常数阈值的 2SLS 估计值为 7.6%。从图 4.3 中可以看出，具有时变阈值的门限泰勒规则模型与美国 NBER 经济周期的吻合度更高，能够更好地识别出美国历史上重要的经济紧缩时期。然而，具有常数阈值的门限泰勒规则模型却没有准确识别出美国历史上的几个重要的经济紧缩时期，例如，1957 年 3 季度—1958 年 2 季度、1969 年 4 季度—1970 年 4 季度和 1973 年 4 季度—1975 年 1 季度，这三段时期分别是美国在"二战"后第一次世界经济危机、越南战争过后的财政紧缩以及第一次石油危机所导致的经济紧缩时期。为了更深入地研究阈值序列的动态变化机制，图 4.4 还给出了阈值估计

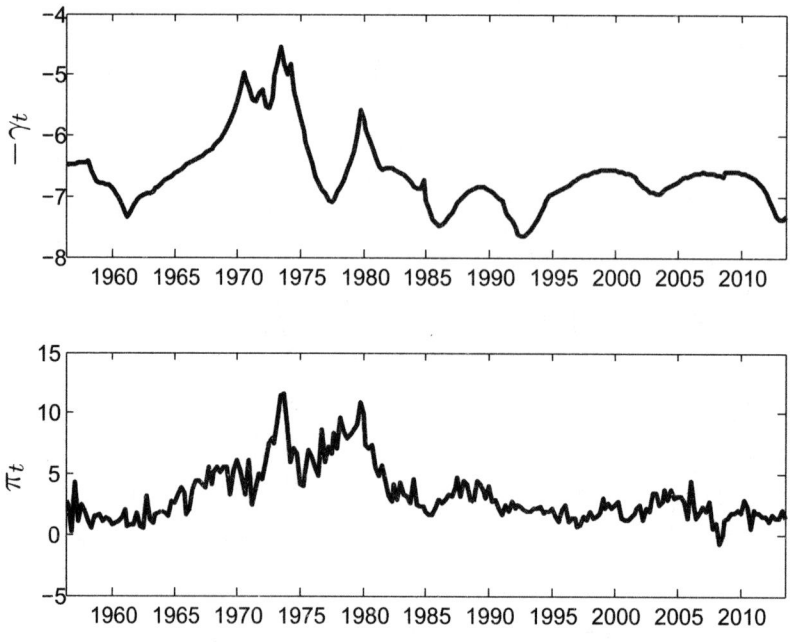

图 4.4　美国泰勒规则的阈值估计值（取相反数）和通胀率的对比图

值（取相反数）和通胀率的对比图。容易看出，二者之间存在相似的变化趋势。

第六节　本章结语

本章在线性泰勒规则模型和具有常数阈值的门限泰勒规则模型的基础上，通过考虑阈值的时变性，提出了具有时变阈值的门限泰勒规则模型，并运用该模型对美国1955—2014年间的货币政策规则进行了实证研究，旨在从非线性的视角重新考察美国货币当局的货币政策规则。结果表明，美国货币当局的货币政策规则对通胀缺口和产出缺口具有非对称的政策反应机制：当失业率低于阈值时，货币当局倾向于实行被动型泰勒规则，即对通胀缺口的反应相对较强，而对产出缺口的反应则相对较弱；当失业率高于阈值时，货币当局倾向于实行主动型泰勒规则，即对产出缺口的反应相对较强，而对通胀缺口的反应则相对较弱。此外，具有时变阈值的门限泰勒规则模型与美国 NBER 经济周期的吻合度更高，能够更好地识别出美国历史上重要的经济紧缩时期。然而，具有常数阈值的门限泰勒规则模型却没有准确识别出美国历史上的几个重要的经济紧缩时期，例如，1957 年 3 季度—1958 年 2 季度、1969 年 4 季度—1970 年 4 季度和 1973 年 4 季度—1975 年 1 季度，这三段时期分别是美国在"二战"后第一次世界经济危机、越南战争过后的财政紧缩以及第一次石油危机所导致的经济紧缩时期。

本章的研究假定门限模型中只有单个门限变量。事实上，在经济系统中，通胀率、失业率、货币增长率等宏观经济变量都可能对货币当局制定货币政策的偏好产生交互影响。因此，如何在具有时变阈值的门限泰勒规则模型中考虑多个门限变量将是笔者未来的研究方向之一。

第七节 本章附录

一、概率密度函数

本小节简要介绍本章所用到的几种重要分布的概率密度函数。

(一) 正态分布

若随机变量 X 服从一元正态分布，即 $X \sim N(\mu, \sigma^2)$，则具有如下形式的概度函数：

$$f(x; \mu, \sigma) = \frac{1}{\sqrt{2\pi\sigma^2}} \exp\left\{-\frac{1}{2\sigma^2}(x-\mu)^2\right\},$$

其中，$x \in (-\infty, +\infty)$，μ 表示均值，σ^2 表示方差。当 $\mu = 0, \sigma^2 = 1$ 时，称为标准正态分布，记为 $N(0,1)$。若 $X \sim N(\mu, \sigma^2)$，则 $Z = (X-\mu)/\sigma \sim N(0,1)$。

若随机向量 $X' = (X_1, X_2, \cdots, X_p)$ 服从多元正态分布，即 $X \sim N(\mu, \Sigma)$，则具有如下形式的概率密度函数：

$$f(X; \mu, \Sigma) = (2\pi)^{-p/2} \det|\Sigma|^{-1/2} \exp\left\{-\frac{1}{2}(X-\mu)'\Sigma^{-1}(X-\mu)\right\},$$

其中 $\mu' = (\mu_1, \mu_2, \cdots, \mu_p)$ 表示均值向量；Σ 表示 $p \times p$ 的协方差矩阵。多元正态分布的边际分布和条件分布仍服从正态分布，独立性与不相关是等价的。

(二) Gamma 分布

若随机变量 X 服从 Gamma 分布，即 $X \sim G(\alpha, \beta)$，则具有如下形

式的概率密度函数：

$$f(x \mid \alpha, \beta) = \frac{\beta^\alpha}{\Gamma(\alpha)} x^{\alpha-1} e^{-x\beta}$$

其中 $x \in (0, +\infty)$，α 表示形状参数，β 表示速率参数，$\Gamma(\alpha) = \int_0^\infty u^{\alpha-1} e^{-u} du$。若 $X \sim G(\alpha, \beta)$，则 $\frac{1}{X} \sim IG(\alpha, \beta)$。

（三）Inverse Gamma 分布

若随机变量 X 服从 Inverse Gamma 分布，即 $X \sim IG(\alpha, \beta)$，则具有如下形式的概率密度函数：

$$f(x; \alpha, \beta) = \frac{\beta^\alpha}{\Gamma(\alpha)} x^{-\alpha-1} \exp\left(-\frac{\beta}{x}\right)$$

其中 $x \in (0, +\infty)$，α 表示形状参数，β 表示尺度参数，$\Gamma(\alpha) = \int_0^\infty u^{\alpha-1} e^{-u} du$。在贝叶斯统计中，Inverse Gamma 分布一般被用作为一元正态分布中方差的共轭先验分布。

（四）均匀分布

若随机变量 X 服从 $[a, b]$ 上的均匀分布，即 $X \sim Uniform(a, b)$，则具有如下形式的概率密度函数：

$$f(x; a, b) = \begin{cases} \dfrac{1}{b-a}, & a \leqslant x \leqslant b \\ 0, & \text{其他.} \end{cases}$$

其中，a 和 b 分别表示均匀分布的上边界和下边界。

（五）Wishart 分布

假设 S 为 $n \times p$ 矩阵，其各行均来自均值向量为 0 的 p 维多元正态分布且彼此独立。特别地，对于第 i 行，

$$S_{(i)} = (s_i^1, \cdots, s_i^p)^T \sim N_p(0, V),$$

则矩阵 $X = S^T S$ 服从自由度为 n , 方差协方差矩阵为 V 的（中心）Wishart 分布, 即 $X \sim W(V, n)$ 。

当 $n < p$ 时, 矩阵 X 是奇异的, 并且其概率密度函数不存在。当 $n \geq p$ 时, 其概率密度函数为

$$\frac{1}{2^{\frac{np}{2}} |V|^{\frac{n}{2}} \Gamma_p\left(\frac{n}{2}\right)} |X|^{\frac{n-p-1}{2}} e^{-\frac{1}{2} tr(V^{-1} X)}$$

其中, X 和 V 表示 $p \times p$ 维的正定矩阵, $tr(V^{-1}X)$ 表示矩阵 $V^{-1}X$ 的迹,

$$\Gamma_p\left(\frac{n}{2}\right) = \pi^{p(p-1)/4} \prod_{j=1}^{p} \Gamma\left[\frac{n}{2} + \frac{1-j}{2}\right].$$

当 $p = V = 1$ 时, Wishart 分布即退化为自由度为 n 的卡方分布, 因此, Wishart 分布本质上是卡方分布在多维正态情形下的推广。如果 $X \sim W(V, n)$, 那么 $X^{-1} \sim W^{-1}(V^{-1}, n)$ 。

（六） Inverse Wishart 分布

若随机变量 X 服从 Inverse Wishart 分布, 即 $X \sim W^{-1}(V, n)$, 则具有如下形式的概率密度函数：

$$f(X; V, n) = \frac{|V|^{\frac{n}{2}}}{2^{\frac{np}{2}} \Gamma_p\left(\frac{n}{2}\right)} |X|^{-\frac{n+p+1}{2}} \exp\left(-\frac{1}{2} tr(V X^{-1})\right)$$

其中, X 和 V 表示 $p \times p$ 维的正定矩阵, $tr(V^{-1}X)$ 表示矩阵 $V^{-1}X$ 的迹,

$$\Gamma_p\left(\frac{n}{2}\right) = \pi^{p(p-1)/4} \prod_{j=1}^{p} \Gamma\left[\frac{n}{2} + \frac{1-j}{2}\right].$$

在贝叶斯统计中, Inverse Wishart 分布一般被用作多元正态分布的方差协方差矩阵的共轭先验分布。

二、MCMC 抽样方法

本小节简要介绍由式（4.8）、式（4.9）和式（4.10）构成的具有时变阈值的门限泰勒规则模型的贝叶斯估计方法。为了表示的方便，笔者假定模型中的解释变量 x_t 为内生变量，即考虑如下模型设定：

$$\tilde{y}_t = \begin{cases} x_t'\beta_1 + [\Sigma_v^{-1/2}(x_t - \tilde{Z}_t'\delta)]'\varphi_1 + \tilde{\varepsilon}_{1t} & z_t \leqslant \gamma_t; \\ x_t'\beta_2 + [\Sigma_v^{-1/2}(x_t - \tilde{Z}_t'\delta)]'\varphi_2 + \tilde{\varepsilon}_{2t} & z_t > \gamma_t, \end{cases}$$

$$\gamma_t = v + \varphi(\gamma_{t-1} - v) + u_t$$

$$x_t = \tilde{Z}_t'\delta + v_t, \tilde{Z}_t = I_p \otimes \tilde{z}_t$$

其中，$\tilde{\varepsilon}_{jt} \sim i.i.d. N(0, \tilde{\sigma}_j^2)$，$u_t \sim i.i.d. N(0, \sigma_u^2)$，$v_t \sim i.i.d. N(0, \Sigma_v)$。

笔者采用 MCMC 抽样方法从如下后验分布中抽取随机样本，

$$p(\gamma_{1:T}, \Theta | \tilde{y}_{1:T}, x_{1:T}, z_{1:T}, \tilde{z}_{1:T},) \propto p(\Theta) \prod_{t=1}^{T} p(\gamma_t | \gamma_{t-1}, \Theta) p(x_t | \tilde{z}_t, \Theta)$$

$$p(\tilde{y}_t | x_t, z_t, \tilde{z}_t, \gamma_t, \Theta)$$

其中，$\Theta = (b_1, b_2, \tilde{\sigma}_1^2, \tilde{\sigma}_2^2, v, \varphi, \sigma_u^2, \delta, \Sigma_v)$

在 MCMC 抽样过程中，由于状态变量 $\gamma_{1:T}$ 不能直接从其后验分布中抽样，因此笔者采用"Metropolis – Gibbs"抽样方法（Casella and George，1992；Hastings，1970）生成马尔科夫链 $(\gamma_{1:T}^{(s)}, \Theta^{(s)})$，$s = 1$，$\cdots, S$。下文详细介绍了从 $(\gamma_{1:T}^{(s-1)}, \Theta^{(s-1)})$ 更新为 $(\gamma_{1:T}^{(s)}, \Theta^{(s)})$ 的具体步骤。为了表示的方便，笔者使用 *rest* 标记最新更新的 MCMC 随机样本和观测数据 $\{(\tilde{y}_t, x_t, z_t, \tilde{z}_t), t = 1, \cdots, T\}$。此外，除了要更新的变量，

其他样本的上标均被省略。

1. 按照如下步骤逐步迭代更新 $\gamma_t^{(s)}$，$t = 1,\cdots,T$，

– 从如下分布中抽取得到随机样本 γ_t^*，

$$q(\gamma_t \mid rest) \sim N(g_{\gamma,t}, h_{\gamma,t}^2)$$
$$\propto p(\gamma_t \mid \gamma_{t-1},\Theta)p(\gamma_{t+1} \mid \gamma_t,\Theta),$$

其中，

$$q(\gamma_t \mid rest) \sim N(g_{\gamma,t}, h_{\gamma,t}^2)$$
$$\propto p(\gamma_t \mid \gamma_{t-1},\Theta)p(\gamma_{t+1} \mid \gamma_t,\Theta),$$

其中，

$$g_{\gamma,t} = \begin{cases} \nu + \varphi(\gamma_2 - \nu), & \text{如果 } t = 1 \\ \nu + \dfrac{\varphi((\gamma_{t-1} - \nu) + (\gamma_{t+1} - \nu))}{1 + \varphi^2}, & \text{如果 } t = 2,\cdots,T-1; \\ \nu + \varphi(\gamma_{T-1} - \nu), & \text{如果 } t = T \end{cases}$$

$$h_{\gamma,t}^2 = \begin{cases} \sigma_u^2, & \text{如果 } t = 1; \\ \dfrac{\sigma_u^2}{1 + \varphi^2}, & \text{如果 } t = 2,\cdots,T-1; \\ \sigma_u^2, & \text{如果 } t = T. \end{cases}$$

– 从 Uniform $[0, 1]$ 中抽取随机数 u，并更新

$$\gamma_t^{(s)} = \begin{cases} \gamma_t^*, & \text{如果 } u \leqslant r(\gamma_t^{(s-1)}, \gamma_t^*); \\ \gamma_t^{(s-1)}, & \text{如果 } u > r(\gamma_t^{(s-1)}, \gamma_t^*). \end{cases}$$

其中，

$$r(\gamma_t^{(s-1)}, \gamma_t^*) = \min\left\{1, \frac{p(\tilde{y}_t \mid x_t, z_t, \tilde{z}_t, \gamma_t^*, \Theta)}{p(\tilde{y}_t \mid x_t, z_t, \tilde{z}_t, \gamma_t^{(s-1)}, \Theta)}\right\}.$$

2. 从后验分布 $p(\nu \mid rest) \sim N(g_\nu, h_\nu^2)$ 中抽取得到随机样本 $\nu^{(s)}$，

其中，

$$g_\nu =$$

$$\frac{\dfrac{\gamma_1(1-\varphi^2)+(1-\varphi)\sum\limits_{t=2}^{T}(\gamma_t-\varphi\gamma_{t-1})}{1-\varphi^2+(1-\varphi)^2(T-1)}\sigma_\nu^2+\dfrac{\sigma_u^2}{1-\varphi^2+(1-\varphi)^2(T-1)}\mu_\nu}{\sigma_\nu^2+\dfrac{\sigma_u^2}{1-\varphi^2+(1-\varphi)^2(T-1)}},$$

$$h_\nu^2 = \frac{\sigma_\nu^2\dfrac{\sigma_u^2}{1-\varphi^2+(1-\varphi)^2(T-1)}}{\sigma_\nu^2+\dfrac{\sigma_u^2}{1-\varphi^2+(1-\varphi)^2(T-1)}}.$$

3. 按照如下步骤逐步迭代更新 $\varphi^{(s)}$，

– 从截尾正态分布 $q(\varphi \mid rest) \sim N(g_\varphi, h_\varphi^2)I(-1 < \varphi < 1)$ 中抽取得到随机样本 φ^*，其中，

$$g_\varphi = \frac{\sum\limits_{t=2}^{T}(\gamma_t-\nu)(\gamma_{t-1}-\nu)}{\sum\limits_{t=2}^{T-1}(\gamma_t-\nu)^2},$$

$$h_\varphi^2 = \frac{\sigma_u^2}{\sum\limits_{t=2}^{T-1}(\gamma_t-\nu)^2},$$

$I(\cdot)$ 是示性函数。

– 从 Uniform $[0,1]$ 中抽取随机数 u，并更新

$$\varphi^{(s)} = \begin{cases} \varphi^*, & \text{如果 } u \leqslant r(\varphi^{(s-1)}, \varphi^*); \\ \varphi^{(s-1)}, & \text{如果 } u > r(\varphi^{(s-1)}, \varphi^*). \end{cases}$$

其中，

$$r(\varphi^{(s-1)}, \varphi^*) = \min\left\{1, \frac{\sqrt{1-[\varphi^*]^2}}{\sqrt{1-[\varphi^{(s-1)}]^2}}\right\}.$$

4. 从后验分布 $p(\sigma_u^2 \mid rest) \sim IG(a_u/2, b_u/2)$ 中抽取得到随机样本 $[\sigma_u^2]^{(s)}$，其中，

$$a_u = A_u + T$$

$$b_u = B_u + (1 - \varphi^2)(\gamma_1 - \nu)^2 + \sum_{t=2}^{T} [(\gamma_t - \nu) - \varphi(\gamma_{t-1} - \nu)]^2.$$

5. 从后验分布 $p(b_1 \mid rest) \sim N(g_{b,1}, h_{b,1}^2)$ 中抽取得到随机样本 $b_1^{(s)}$，从后验分布 $p(b_2 \mid rest) \sim N(g_{b,2}, h_{b,2}^2)$ 中抽取得到随机样本 $b_2^{(s)}$，其中，

$$g_{b,1} = \left(\frac{\sum_{t,z_t \leq \gamma_t} X_t X_t'}{\tilde{\sigma}_1^2} + \Sigma_b^{-1} \right)^{-1} \left(\frac{\sum_{t,z_t \leq \gamma_t} X_t \tilde{y}_t}{\tilde{\sigma}_1^2} + \Sigma_b^{-1} \mu_b \right),$$

$$h_{b,1}^2 = \left(\frac{\sum_{t,z_t \leq \gamma_t} X_t X_t'}{\tilde{\sigma}_1^2} + \Sigma_b^{-1} \right)^{-1},$$

$$g_{b,2} = \left(\frac{\sum_{t,z_t > \gamma_t} X_t X_t'}{\tilde{\sigma}_2^2} + \Sigma_b^{-1} \right)^{-1} \left(\frac{\sum_{t,z_t > \gamma_t} X_t \tilde{y}_t}{\tilde{\sigma}_2^2} + \Sigma_b^{-1} \mu_b \right),$$

$$h_{b,2}^2 = \left(\frac{\sum_{t,z_t > \gamma_t} X_t X_t'}{\tilde{\sigma}_2^2} + \Sigma_b^{-1} \right)^{-1},$$

$$X_t = \left(x_t' \quad [\Sigma_v^{-1/2}(x_t - \tilde{Z}_t' \delta)]' \right)'.$$

6. 从后验分布 $p(\tilde{\sigma}_1^2 \mid rest) \sim IG(a_{\sigma 1}/2, b_{\sigma 1}/2)$ 中抽取得到随机样本 $[\tilde{\sigma}_1^2]^{(s)}$，从后验分布 $p(\tilde{\sigma}_2^2 \mid rest) \sim IG(a_{\sigma 2}/2, b_{\sigma 2}/2)$ 中抽取得到随机样本 $[\tilde{\sigma}_2^2]^{(s)}$，其中，

$$a_{\sigma 1} = A_\sigma + \sum_{t=1}^{T} I(z_t \leq \gamma_t), b_{\sigma 1} = B_\sigma + \sum_{t:z_t \leq \gamma_t} (\tilde{y}_t - X_t' b_1)^2,$$

$$a_{\sigma 2} = A_\sigma + \sum_{t=1}^{T} I(z_t > \gamma_t), b_{\sigma 2} = B_\sigma + \sum_{t:z_t > \gamma_t} (\tilde{y}_t - X_t' b_2)^2.$$

7. 按照如下步骤逐步迭代更新 $\delta^{(s)}$,

— 从正态分布 $q(\delta \mid rest) \sim N(g_\delta, h_\delta^2)$ 中抽取得到随机样本 δ^* ,
其中,

$$g_\delta = \left(\sum_{t=1}^{T} \tilde{Z}_t \Sigma_v^{-1} \tilde{Z}_t' + \Sigma_\delta^{-1} \right)^{-1} \left(\sum_{t=1}^{T} \tilde{Z}_t \Sigma_v^{-1} x_t + \Sigma_\delta^{-1} \mu_\delta \right),$$

$$h_\delta^2 = \left(\sum_{t=1}^{T} \tilde{Z}_t \Sigma_v^{-1} \tilde{Z}_t' + \Sigma_\delta^{-1} \right)^{-1},$$

从 — Uniform $[0, 1]$ 中抽取随机数 u ,并更新

$$\delta^{(s)} = \begin{cases} \delta^*, & \text{如果 } u \leqslant r(\delta^{(s-1)}, \delta^*) \\ \delta^{(s-1)}, & \text{如果 } u > r(\delta^{(s-1)}, \delta^*) \end{cases},$$

其中,

$$r(\delta^{(s-1)}, \delta^*) = \min\left\{ 1, \frac{\prod_{t=1}^{T} p(\tilde{y}_t \mid x_t, z_t, \tilde{z}_t, \gamma_t, \Theta^*)}{\prod_{t=1}^{T} p(\tilde{y}_t \mid x_t, z_t, \tilde{z}_t, \gamma_t, \Theta^{(s-1)})} \right\},$$

$$\Theta^* = (b_1, b_2, \tilde{\sigma}_1^2, \tilde{\sigma}_2^2, \nu, \varphi, \sigma_u^2, \delta^*, \Sigma_v),$$

$$\Theta^{(s-1)} = (b_1, b_2, \tilde{\sigma}_1^2, \tilde{\sigma}_2^2, \nu, \varphi, \sigma_u^2, \delta^{(s-1)}, \Sigma_v).$$

8. 按照如下步骤逐步迭代更新 $\Sigma_v^{(s)}$,

— 从逆 Wishart 分布 $q(\Sigma_v \mid rest) \sim W^{-1}(\widetilde{\Psi}_v, \tilde{n}_v)$ 中抽取得到随机
样本 Σ_v^* ,其中,

$$\widetilde{\Psi}_v = \Psi_v + \sum_{t=1}^{T} (x_t - \tilde{Z}_t'\delta)(x_t - \tilde{Z}_t'\delta)',$$

$$\tilde{n}_v = n_v + T,$$

— 从 Uniform $[0, 1]$ 中抽取随机数 u ,并更新

$$\Sigma_v^{(s)} = \begin{cases} \Sigma_v^*, & \text{如果 } u \leqslant r(\Sigma_v^{(s-1)}, \Sigma_v^*); \\ \Sigma_v^{(s-1)}, & \text{如果 } u > r(\Sigma_v^{(s-1)}, \Sigma_v^*). \end{cases},$$

其中，

$$r(\Sigma_v^{(s-1)}, \Sigma_v^*) = \min\left\{1, \frac{\prod_{t=1}^{T} p(\tilde{y}_t \mid x_t, z_t, \tilde{z}_t, \gamma_t, \Theta^*)}{\prod_{t=1}^{T} p(\tilde{y}_t \mid x_t, z_t, \tilde{z}_t, \gamma_t, \Theta^{(s-1)})}\right\},$$

$$\Theta^* = (b_1, b_2, \tilde{\sigma}_1^2, \tilde{\sigma}_2^2, \nu, \varphi, \sigma_u^2, \delta, \Sigma_v^*),$$

$$\Theta^{(s-1)} = (b_1, b_2, \tilde{\sigma}_1^2, \tilde{\sigma}_2^2, \nu, \varphi, \sigma_u^2, \delta, \Sigma_v^{(s-1)}).$$

9. 对于 $j = 1, 2$ ，$\sigma_j^2 = \tilde{\sigma}_j^2 + \varphi_j' \varphi_j$ 和 $\tilde{\rho}_j = \varphi_j / \sigma_j \sigma_j^2$ 。

第五章

具有非参数区制概率函数的门限模型

第一节 引 言

在传统门限模型中，模型所在区制由门限变量和常数阈值的相对大小所决定。给定阈值，传统门限模型可以确切地知道所研究的时间序列在每个时期所处的具体区制。在传统门限模型的基础上，本书第二章列举了几种门限模型的扩展模型，并在第三章和第四章构建并深入探讨了具有时变阈值的门限模型和具有时变阈值的门限泰勒规则模型。尽管这些模型的提出为研究人员提供了更贴近现实经济的建模工具和分析框架，但是现有研究对门限模型中区制转换机制的探讨依然不够充分，并且尚存一定的局限性。具体而言，在某些情形下，比如阈值具有时变性或者门限变量存在测量误差，模型区制随机性地依赖于门限变量的取值，即模型处于特定区制的概率是关于门限变量的函数。在不同的模型假定下，区制概率函数具有不同的参数形式。区制概率函数设定不合理会导致模型误设问题的出现。

在门限模型中，区制概率函数决定着时间序列的区制转换行为，在区制转换方面扮演着重要角色。从区制概率函数的设定中可以看出，门限变量是决定区制分类的关键变量。在非线性时间序列分析中，学者一般选取失业率、通货膨胀率、工业生产指数、GDP 增长率等经济指标作为衡量宏观经济形势的门限变量。显然，只有获取了准确性好、可靠性高的经济指标数据后，学者才能做出严密科学的判断与决策。在现实经济中，这些经济指标数据基本都是由基层个体单元的统计调查数据经由（加权）汇总得到的，其准确性和可靠性在很大程度上取决于国家统计局合理的基础数据采集和严谨的数据分析处理等工作。然而，通过烦琐复杂的数据采集和处理工作后所得到的经济指标数据往往会存在或多或少的测量误差。当门限变量的统计数据和真实数据之间存在大幅度的偏离时，测量误差的影响将不可忽略。在现实经济中，真实门限变量和测量误差的分布通常都是未知的。在这种情形下，门限模型的区制概率函数并没有一个显性的函数表达形式。事实上，在很多实证应用中，时间序列的真实区制转换行为往往都是未知的和复杂的。如果简单使用参数形式的区制概率函数去拟合真实的区制转换机制将有可能因为模型中参数过多或者过少而出现拟合过度或者拟合不足的现象。

　　为了避免模型误设，本章在第三章和第四章的基础上，进一步放宽了对区制概率函数的设定形式，构建并深入探讨了具有非参数区制概率函数的门限模型，以期在更宽松的研究框架下来刻画和反映时间序列的真实区制转换行为。相比已有研究，本章所提出的具有非参数区制概率函数的门限模型的创新之处在于将区制概率函数设定为关于门限变量的非参数函数。区制概率函数的非参数设定放宽了对区制概率函数的形式约束，具有随机性和一般性。此外，为了解决不同区制出现混淆的问题，本章还假定区制概率函数是关于门限变量的单调函数。相比已有文献中通过对门限模型的回归系数或者扰动项标准差施加约束来避免区制混淆的处理方法（Wu and Chen，2007；Henkel et al.，2011），区制概率函数的单调性设定具有简单易操作的优势。非参数性和单调性的结合使得本章提出的具有非参数区制概率函数的门限模型能够在保证不同区制不会出现混淆的前提下，准确地刻画和反映时间序列的真实区制转换行为。然而，区制概率函数形式的放宽也为模型的估计带来了一定的困难。具体而言，本章所提出的模型所对应的似然函数形式复杂，并且未知参数的维数偏高，因而传统计量经济学方法不再有效。如本书第三章所述，相比传统计量经济学方法，贝叶斯计量经济学方法在处理复杂模型上具有相对优势，因此本章在贝叶斯计量经济学分析框架下采用 MCMC 方法（West and Harison，1997）对模型进行估计。此外，在门限模型的研究中，门限效应的检验问题备受学者关注。考虑到门限效应检验的重要性，本章提出使用 MCMC 方法产生的样本对门限效应的存在性进行贝叶斯检验，为研究人员是否应该使用门限模型提供了严格的理论证据。随后，本章采用蒙特卡洛模拟考察了贝叶斯估计方法和门限效应检验的有效性，并通过与具有常数阈值的门限模型、具有 Logistic 区制概率函数的门限模型和具有正态区制概率函数的门限模型作对比，阐明了具有非参数区制概率函数的门限模型的相对优势。最后，本章运用具有非参数区制概率函数的门限模型对基于股息率的美国股票收益率的预测问题进行了重新探讨和评估，揭示了美国股票收益率预测具有反经济周期的特征，并且相比历史平均预测模型、线性预测回归模型、具有常数阈值的门限模型、具有 Logistic 区制概率函数的门限模型和具有正态区制概率函数的门限模型，具有非参数区制概率函数的门限模型在样本外预测方面表现最优。

本章剩余部分内容安排如下：第二节给出具体的理论模型设定、贝叶斯估计方法以及门限效应的贝叶斯检验方法；第三节通过蒙特卡洛模拟考察了贝叶斯估计方法和门限效应的贝叶斯检验方法的有效性，并且通过与具有常数阈值的门限模型、具有 Logistic 区制概率函数的门限模型和具有正态区制概率函数的门限模型作对比，进一步凸显出具有非参数区制概率函数的门限模型的相对优势；第四节是实证分析部分；第五节是本章结语部分。本章所有的推导均在第六节附录部分给出。

第二节　模型设定和推断

本节在介绍具有非参数区制概率函数的门限模型之前，首先考虑如下一般的区制转换模型，

$$y_t = x_t' \beta_{I_t} + \varepsilon_{I_t}, \quad t = 1, \cdots, T \tag{5.1}$$

其中，y_t 表示被解释变量；x_t 表示 $p \times 1$ 的外生解释变量；$I_t \in \{1, \cdots, J\}$ 表示区制指示变量；ε_{I_t} 是服从 $N(0, \sigma_{I_t}^2)$ 的独立序列；β_{I_t} 表示 $p \times 1$ 的回归系数向量。简单起见，笔者假定 $J = 2$，

$$P(I_t = 1) = g(z_t), P(I_t = 2) = 1 - g(z_t)$$

其中，z_t 表示门限变量，$g(z_t)$ 表示区制概率函数。

非参数性

$g(z_t)$ 的函数设定形式非常灵活。在某些特殊的设定下，上述模型可以囊括已有文献中的经典区制转换模型。例如，当区制概率函数 $g(z_t) = I(z_t > c)$ 时，式（5.1）即退化为最简单的基础门限模型（Tong, 1978）。此外，为了能够将门限变量时间序列的样本信息和区制转换的随机性同时纳入区制转换机制中，Wu and Chen（2007）结合了门限模型和随机区制转换模型的共同特征，提出了门限变量驱动的随机区制转换模型。在 Wu and Chen（2007）的模型中，区制概率

函数 $g(z_t)$ 是关于门限变量的 Logistic 函数，即 $g(z_t) = \dfrac{e^{\theta_0 + \theta_1 z_t}}{1 + e^{\theta_0 + \theta_1 z_t}}$，其中，$\theta_0, \theta_1$ 表示区制概率函数 $g(z_t)$ 中的未知参数。事实上，文献中很多其他区制转换模型也可以被统一写成式（5.1）的形式。接下来，笔者将列举两个例子来说明式（5.1）的一般性和普遍性。

例1：具有异质性阈值的门限模型

正如本书第三章所述，阈值的时变性是现实经济中普遍存在的现象。例如，在市场营销学、行为金融学以及货币经济学中，作为阈值的消费者意愿支付价格、投资者参考价格以及通胀目标等变量都可能会因条件变化而呈现出时变性。在现实经济中，阈值不仅会随时间而变化，而且会因个体不同而不同。阈值的这两类特征都可以被统称为异质性。具体而言，具有异质性阈值的门限模型可以被简写为如下形式：

$$y_t = \begin{cases} x_t'\beta_1 + \varepsilon_{1t} & z_t > \gamma_t \\ x_t'\beta_2 + \varepsilon_{2t} & z_t \leq \gamma_t \end{cases} \quad t = 1, \cdots, T, \tag{5.2}$$

其中，阈值 $\gamma_t = \gamma + u_t$。区制概率函数 $g(z_t)$ 的形式为

$$g(z_t) = P(z_t > \gamma + u_t | z_t) = P(u_t < z_t - \gamma | z_t).$$

例2：具有测量误差的门限模型

在现实经济中，测量误差是实证研究中普遍存在的问题。然而，大量研究人员关注的是存在于解释变量中的测量误差，相关文献可以参见 Madansky（1959），Amemiya（1985，1990），Lewbel（1997），和 Carroll et al.（2006）等。当解释变量中存在测量误差时，观测到的解释变量通常被假定为真实解释变量和测量误差之和。类似的，当门限变量中存在测量误差时，笔者假定观测到的门限变量是真实门限变量和测量误差之和。在此假定下，具有测量误差的门限模型的表达式为：

$$y_t = \begin{cases} x_t'\beta_1 + \varepsilon_{1t}, & z_t^* > \gamma; \\ x_t'\beta_2 + \varepsilon_{2t}, & z_t^* \leqslant \gamma, \end{cases}$$

$$z_t = z_t^* + v_t$$

其中，z_t^* 表示真实门限变量，z_t 表示观测到的门限变量，v_t 表示测量误差。区制概率函数 $g(z_t)$ 的形式为

$$g(z_t) = P(z_t^* > \gamma | z_t).$$

在上述两个例子中，如果已知 u_t 和 v_t 的分布，那么模型中的区制概率函数皆为具有特定参数形式的函数。在不同的模型假定下，区制概率函数具有不同的参数形式。为了避免模型误设，本书将区制概率函数设定为关于门限变量的非参数函数具有一定的必要性和重要性。

单调性

考虑如下两个区制转换模型，

模型 I：

$$y_t = \begin{cases} x_t'\beta_1 + \varepsilon_{1t}, & \text{概率 } g(z_t); \\ x_t'\beta_2 + \varepsilon_{2t}, & \text{概率 } 1 - g(z_t), \end{cases}$$

模型 II

$$y_t = \begin{cases} x_t'\tilde{\beta}_1 + \tilde{\varepsilon}_{1t}, & \text{概率 } \tilde{g}(z_t); \\ x_t'\tilde{\beta}_2 + \tilde{\varepsilon}_{2t}, & \text{概率 } 1 - \tilde{g}(z_t), \end{cases}$$

其中，对于 $j = 1,2$，ε_{jt} 是服从 $N(0,\sigma_j^2)$ 的独立序列，$\tilde{\varepsilon}_{jt}$ 是服从 $N(0,\tilde{\sigma}_j^2)$ 的独立序列。如果 $\tilde{\beta}_j = \beta_{3-j}$，$\tilde{\sigma}_j^2 = \sigma_{3-j}^2$，$\tilde{g}(z_t) = 1 - g(z_t)$，那么模型 I 和 II 本质上是两个完全等价的区制转换模型，无法被唯一地识别。这类问题被称为区制识别问题。

为了解决区制识别问题，Wu and Chen（2007）通过对门限模型的回归系数施加约束来避免区制混淆，如 $\beta_{1,0} < \beta_{2,0}$。Henkel et al.

（2011）通过对扰动项标准差施加约束来避免区制混淆，如 $\sigma_1 < \sigma_2$。然而，这种通过对门限模型的回归系数或者扰动项标准差施加约束来避免区制混淆的处理方法存在三大缺陷：首先，施加的约束意味着区制转换模型中存在两个区制，即存在门限效应；其次，当区制转换模型中的区制个数多于两个时，研究人员需要施加更加复杂的约束条件；最后，通过施加约束会带来计算问题，并增加计算负担。

本书将区制概率函数 $g(z_t)$ 设定为关于门限变量 z_t 的单调函数，可以解决不同区制出现混淆的问题。相比已有文献中通过对门限模型的回归系数或者扰动项标准差施加约束来避免区制混淆的处理方法（Wu and Chen, 2007；Henkel et al, 2011），区制概率函数 $g(z_t)$ 的单调性设定具有简单易操作的优势。值得一提的是，上文所列出的两个例子也在一定程度上为区制概率函数 $g(z_t)$ 的单调性假定提供了充足的依据。具体而言，在例 1 中，不需施加任何额外条件，区制概率函数 $g(z_t)$ 本身就是关于门限变量 z_t 的单调递增函数。在例 2 中，容易证明，当测量误差 v_t 服从正态分布时，区制概率函数 $g(z_t)$ 是关于门限变量 z_t 的单调递增函数。为了节省空间，笔者将具体证明过程置于本章末的附录一中。

一、模型设定

基于以上分析，本小节提出如下具有非参数区制概率函数的门限模型：

$$y_t = \begin{cases} x_t^{'}\beta_1 + \varepsilon_{1t}, & I_t = 1; \\ x_t^{'}\beta_2 + \varepsilon_{2t}, & I_t = 2, \end{cases} \quad t = 1, \cdots, T, \tag{5.3}$$

$$P(I_t = 1) = g(z_t) = \frac{\displaystyle\int_{-\infty}^{z_t} e^{f(u)\,du}}{1 + \displaystyle\int_{-\infty}^{z_t} e^{f(u)\,du}},$$

(5.4)

$$f(u) = \alpha_0 + \alpha_1 u + \sum_{k=1}^{K} b_k (u - \tau_k)_+, \alpha_1 > 0,$$

其中，$\{y_t, x_t, z_t\}$ 表示独立同分布的时间序列；$\alpha_0, \alpha_1, b_1, \cdots, b_K$ 表示区制概率函数中的未知参数；$f(u)$ 表示线性样条函数；K 表示样条函数所对应的节点个数；如果 $u > 0$，那么 $(u)_+ = u$，否则，$(u)_+ = 0$；$(u - \tau_k)_+$ 表示节点 τ_k 所对应的线性样条基函数。$\lim\limits_{z_t \to -\infty} g(z_t) = 0$，$\lim\limits_{z_t \to \infty} g(z_t) = 1$。简便起见，笔者在下文中将具有非参数区制概率函数的门限模型简称为 T – NP 模型。

上述关于 $g(z_t)$ 的设定形式可以保证 T – NP 模型中的区制概率函数具有两个重要的特性：一方面，区制概率函数 $g(z_t)$ 是关于门限变量 z_t 的非参数函数，放宽了对区制概率函数的形式约束，具有随机性和一般性，从而可以有效地避免模型误设问题的出现；另一方面，区制概率函数 $g(z_t)$ 是关于门限变量 z_t 的单调函数，解决了不同区制出现混淆的问题。

注释1：在区制概率函数 $g(z_t)$ 中，

$$\int_{-\infty}^{z_t} e^{f(u)}\,du = \int_{-\infty}^{z_t} e^{\alpha_0 + \alpha_1 u + \sum_{k=1}^{K} b_k(u - \tau_k)} \cdot du.$$

为了保证积分项的有限性，笔者假定 $\alpha_1 > 0$。

注释2：令 n 表示 $z_1, \cdots, z_T$ 中数值不同的样本个数。在实际操作中，$\tau_1, \cdots, \tau_K$ 一般设定为 $z_1, \cdots, z_T$ 中数值不同的样本所对应的分位数（$\frac{i}{K+1} \times 100\%$，$i = 1, 2, \cdots, K$）。在本章中，节点个数 K 被设定为 $\min\{4/n, 35\}$。

二、模型估计

本小节主要讨论如何对 T – NP 模型中的未知参数向量 $\Theta = (\beta_1, \beta_2, \sigma_1^2, \sigma_2^2, \alpha_0, \alpha_1, b_{1:K})$ 和区制指示变量 $\{I_t\}$ 进行估计。由于未知参数向量 Θ 维度较高且区制指示变量 $\{I_t\}$ 不可观测，因此本小节在贝叶斯计量经济学的分析框架下，采用 MCMC 方法对其进行估计（Robert and Casella，1999；Liu，2001；West and Harrison，1997）。

沿用第三章的表示方法，笔者统一采用 $p(\cdot)$ 表示概率函数。令

$$y_{1:T} = (y_1, \cdots, y_T), x_{1:T} = (x_1, \cdots, x_T),$$

$$z_{1:T} = (z_1, \cdots, z_T), I_{1:T} = (I_1, \cdots, I_T).$$

给定 $y_{1:T}, x_{1:T}$ 和 $z_{1:T}$，$(\Theta, I_{1:T})$ 的后验分布为

$$p(\Theta, I_{1:T} \mid y_{1:T}, x_{1:T}, z_{1:T})$$

$$\propto p(\Theta)p(y_{1:T} \mid \Theta, I_{1:T}, x_{1:T})p(I_{1:T} \mid \Theta, z_{1:T})$$

$$= p(\Theta) \prod_{t=1}^{T} p(y_t \mid \Theta, I_t, x_t)p(I_t \mid \Theta, z_t)$$

其中，

$$p(y_t \mid \Theta, I_t, x_t) = \begin{cases} \dfrac{1}{\sqrt{2\pi\sigma_1^2}}\exp\left(-\dfrac{(y_t - x_t'\beta_1)^2}{2\sigma_1^2}\right), & I_t = 1; \\[3mm] \dfrac{1}{\sqrt{2\pi\sigma_2^2}}\exp\left(-\dfrac{(y_t - x_t'\beta_2)^2}{2\sigma_2^2}\right), & I_t = 2, \end{cases}$$

$$p(I_t \mid \Theta, z_t) = \frac{\displaystyle\int_{-\infty}^{z_t} e^{f(u)} du}{1 + \displaystyle\int_{-\infty}^{z_t} e^{f(u)} du},$$

$$f(u) = \alpha_0 + \alpha_1 u + \sum_{k=1}^{K} b_k(u - \tau_k)_+, \alpha_1 > 0,$$

$p(\Theta)$ 是未知参数 Θ 的先验分布。

遵循文献中的做法，笔者令未知参数向量 Θ 的先验分布为所有未知参数 $\beta_1,\beta_2,\sigma_1^2,\sigma_2^2,\alpha_0,\alpha_1,b_{1:K}$ 先验分布的乘积，即

$$p(\Theta) = p(\beta_1)p(\beta_2)p(\sigma_1^2)p(\sigma_2^2)p(\alpha_0)p(\alpha_1)p(b_{1:K}).$$

其中，$\beta_1,\beta_2,\sigma_1^2,\sigma_2^2$ 的先验分布为标准的共轭先验分布。具体而言，笔者设定 $\beta_1,\beta_2 \sim N(\mu_\beta,\Sigma_\beta),\sigma_1^2,\sigma_2^2 \sim IG(A_\sigma/2,B_\sigma/2),\alpha_0 \sim N(\mu_0,\sigma_0^2),$ $\alpha_1 \sim G(A_1,B_1)$，特别地，对于向量 $b_{1:K}$，本小节将其先验分布设定为分层先验，即 $b_K(k = 1,2,\cdots,K) \sim N(0,\sigma_b^2)$，其中，$\sigma_b^2 \sim IG(A_b/2,B_b/2)$。上述先验分布中的超参数 $(\mu_\beta,\Sigma_\beta,A_\sigma,B_\sigma,\mu_0,\sigma_0^2,A_1,B_1,A_b,B_b)$。本章末的附录二中给出了本章所涉及的几种重要分布的概率密度函数。

基于 $(\Theta,I_{1:T})$ 的后验分布 $p(\Theta,I_{1:T}|y_{1:T},x_{1:T},z_{1:T})$，本小节即可采用 MCMC 方法从中抽样得到其相应的随机样本。为了节省空间，笔者将具体的 MCMC 抽样方法置于本章末的附录三中。章末的附录三中。如第三章所述，基于所得到的 MCMC 样本，可以对未知参数 Θ 进行一系列的贝叶斯推断，如计算后验均值、后验标准差、置信区间以及参数 $\theta_i = \theta_i^*$ 的后验机率。

三、门限效应检验

在门限模型的研究中，门限效应的检验问题备受学者关注。具体而言，对于 T – NP 模型，门限效应的检验原假设为 $H_0:\beta_1 = \beta_2,\sigma_1^2 = \sigma_2^2$。在原假设成立的条件下，区制概率函数 $g(z_t)$ 中的未知参数 $\alpha_0,$ $\alpha_1,b_1,\cdots,b_K$ 成为无法识别的冗余参数。这种参数无法识别的现象被称为 Davies' Problem，参见 Davies（1977，1987）。在 Davies' Problem 存在的前提下，门限效应检验统计量的渐进分布不再是标准分布。Lindley（1971）指出，在贝叶斯计量经济学的分析框架下，如果先验分布

设定合理，那么即使部分参数无法识别也不会对分析结果产生影响。

考虑到门限效应检验的重要性，本小节提出使用 MCMC 方法产生的样本对门限效应的存在性进行贝叶斯检验，为研究人员是否应该使用门限模型提供了严格的理论证据。此外，为了保证贝叶斯检验方法的有效性，本小节还通过简单的数值例子深入讨论了 Davies' Problem 对门限效应检验结果的影响。

检验统计量

本小节讨论了门限效应的贝叶斯检验方法。简便起见，笔者将门限效应的检验原假设和备则假设表示如下：

$$H_0 : \begin{pmatrix} \beta_1 - \beta_2 \\ \log\sigma_1^2 - \log\sigma_2^2 \end{pmatrix} = \begin{pmatrix} 0 \\ 0 \end{pmatrix} \leftrightarrow H_1 : \begin{pmatrix} \beta_1 - \beta_2 \\ \log\sigma_1^2 - \log\sigma_2^2 \end{pmatrix} \neq \begin{pmatrix} 0 \\ 0 \end{pmatrix}.$$

假定 S_0 为马尔科夫链燃烧期（Burn-in Period）的长度，S 为马尔科夫链的总长度，基于原假设 H_0 和备则假设 H_1，门限效应的检验方法可以被概括为如下三个步骤：

1. 计算 $\Delta^{(s)} = \begin{pmatrix} \beta_1^{(s)} - \beta_2^{(s)} \\ \log[\sigma_1^2]^{(s)} - \log[\sigma_2^2]^{(s)} \end{pmatrix}, s = S_0 + 1, \cdots, S.$

2. 计算

$$D^{(s)} = (\Delta^{(s)} - \mu)' \Sigma^{-1} (\Delta^{(s)} - \mu),$$

其中，μ 和 Σ 分别表示 $\Delta^{(s)} (s = S_0 + 1, \cdots, S)$ 的样本均值和样本方差。笔者定义

$$D^0 = (0 - \mu)' \Sigma^{-1} (0 - \mu),$$

其中，0 表示原点。

3. 如果 D^0 大于 $D^{(s)} (s = S_0 + 1, \cdots, S)$ 的 $1 - \alpha$ 分位数，那么拒绝 H_0。

数值例子

本小节在贝叶斯计量经济学的分析框架下，通过简单的数值例子来深入讨论 Davies' Problem 对门限效应检验结果的影响。以如下两类模型为例：

（A）均值漂移门限模型

$$
y_t = \begin{cases} \beta_1 + \varepsilon_{1t}, & I_t = 1, \\ \beta_2 + \varepsilon_{2t}, & I_t = 2. \end{cases}
$$

对于均值漂移门限模型，笔者分别考虑了不存在门限效应和存在门限效应的两种情形下的参数设定：

$S1: \beta_1 = \beta_2 = 0.8, \varepsilon_{1t} \sim N(0,1), \varepsilon_{2t} \sim N(0,1)$；

$S2: \beta_1 = 0.8, \beta_2 = -0.8, \varepsilon_{1t} \sim N(0,1), \varepsilon_{2t} \sim N(0,1), I_t = I(z_t \le 0)$ $+ 1, z_t \sim N(0.2,1)$．

（B）单变量门限模型

$$
y_t = \begin{cases} \beta_{1,0} + \beta_{1,1} x_{1t} + \varepsilon_{1t}, & I_t = 1, \\ \beta_{2,0} + \beta_{2,1} x_{1t} + \varepsilon_{2t}, & I_t = 2. \end{cases} \quad x_{1t} \sim N(0,1)
$$

同样，对于单变量门限模型，笔者也分别考虑了不存在门限效应和存在门限效应两种情形下的参数设定：

$S1': \beta_{1,0} = \beta_{2,0} = 0.8, \beta_{1,1} = \beta_{2,1} = 0.4, \varepsilon_{1t} \sim N(0,1), \varepsilon_{2t} \sim N(0,$ $1)$；

$S2': \beta_{1,0} = 0.8, \beta_{1,1} = 0.4, \beta_{2,0} = -0.8, \beta_{2,1} = -0.4, \varepsilon_{1t} \sim N(0,1),$ $\varepsilon_{2t} \sim N(0,1), I_t = I(z_t \le 0) + 1, z_t \sim N(0.2,1)$．

在上述参数设定下，本小节所采用的估计模型为 T－NP 模型。基于 T－NP 模型的估计结果，本小节分别考察了不存在门限效应和存在门限效应两种情形下门限效应的贝叶斯检验方法的有效性。

在 MCMC 抽样方法中，未知参数的先验分布被设定为：

$$\beta_1, \beta_2 \sim N(0, 100 I_p), \sigma_1^2, \sigma_2^2 \sim IG(1, 1),$$
$$\alpha_0 \sim N(0, 100), \alpha_1 \sim G(1, 1), \sigma_b^2 \sim IG(1, 1). \tag{5.5}$$

其中，I_p 表示 $p \times p$ 的单位矩阵。马尔科夫链的总长度为 10000，其中燃烧期的长度为 3000。在蒙特卡洛模拟中，样本容量 T 为 500。

对于（A）均值漂移门限模型，为了对比不存在门限效应和存在门限效应的两种情形下 T – NP 模型的估计结果，图 5.1 给出了在 S1 和 S2 的参数设定下 $\beta_1, \beta_2, \log(\sigma_1^2), \log(\sigma_2^2)$ 的迭代图。具体而言，在 S1 的参数设定下，β_1 和 β_2，以及 $\log(\sigma_1^2)$ 和 $\log(\sigma_2^2)$ 之间不存在显著的大小差别；而在 S2 的参数设定下，β_1 和 β_2，以及 $\log(\sigma_1^2)$ 和 $\log(\sigma_2^2)$ 都能够被准确地识别，并且可以很容易地观测到区制间的门限效应。此外，图 5.2 给出了在 S1 和 S2 的参数设定下 $\beta_1 - \beta_2$ 和 $\log(\sigma_1^2) -$ $\log(\sigma_2^2)$ 的分布图。结果表明，在这两种参数设定下，$\beta_1 - \beta_2$ 和 $\log(\sigma_1^2) - \log(\sigma_2^2)$ 的分布均集中在真实值的附近，表明不论是否存在门限效应，T – NP 模型均可以准确地对参数进行估计。

为了更进一步地说明 T – NP 模型的有效性，笔者还在图 5.3 和图 5.4 中分别给出了在 S1 和 S2 两种参数设定下区制概率函数 $g(z)$ 在不同迭代位置的估计图。（B）单变量门限模型在 S1′ 和 S2′ 的参数设定下的类似结果在图 5.5—图 5.8 中给出，笔者不再逐一介绍。这些结果皆表明，尽管模型中不存在门限效应会导致区制概率函数中的部分参数无法识别（Davies' Problem），门限效应的贝叶斯检验结果仍然是准确和有效的。

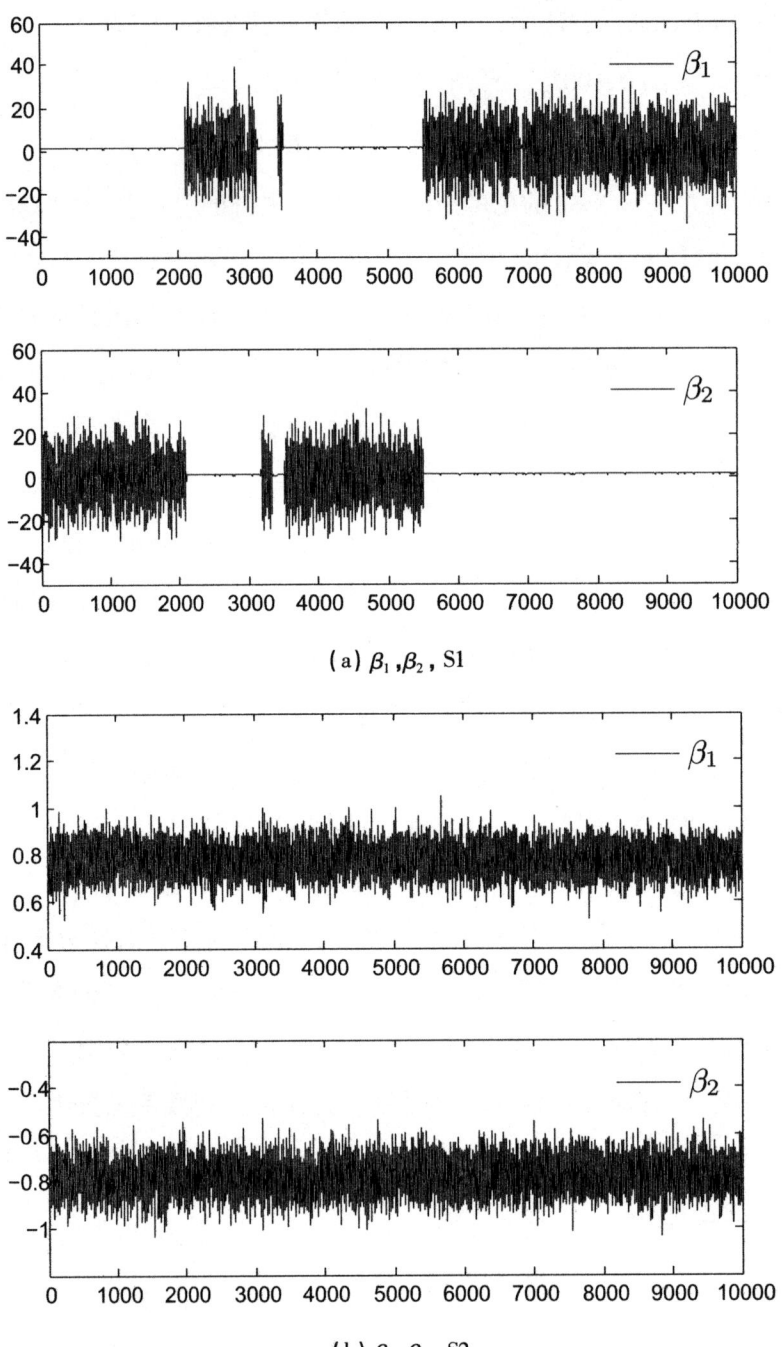

(a) β_1, β_2, S1

(b) β_1, β_2, S2

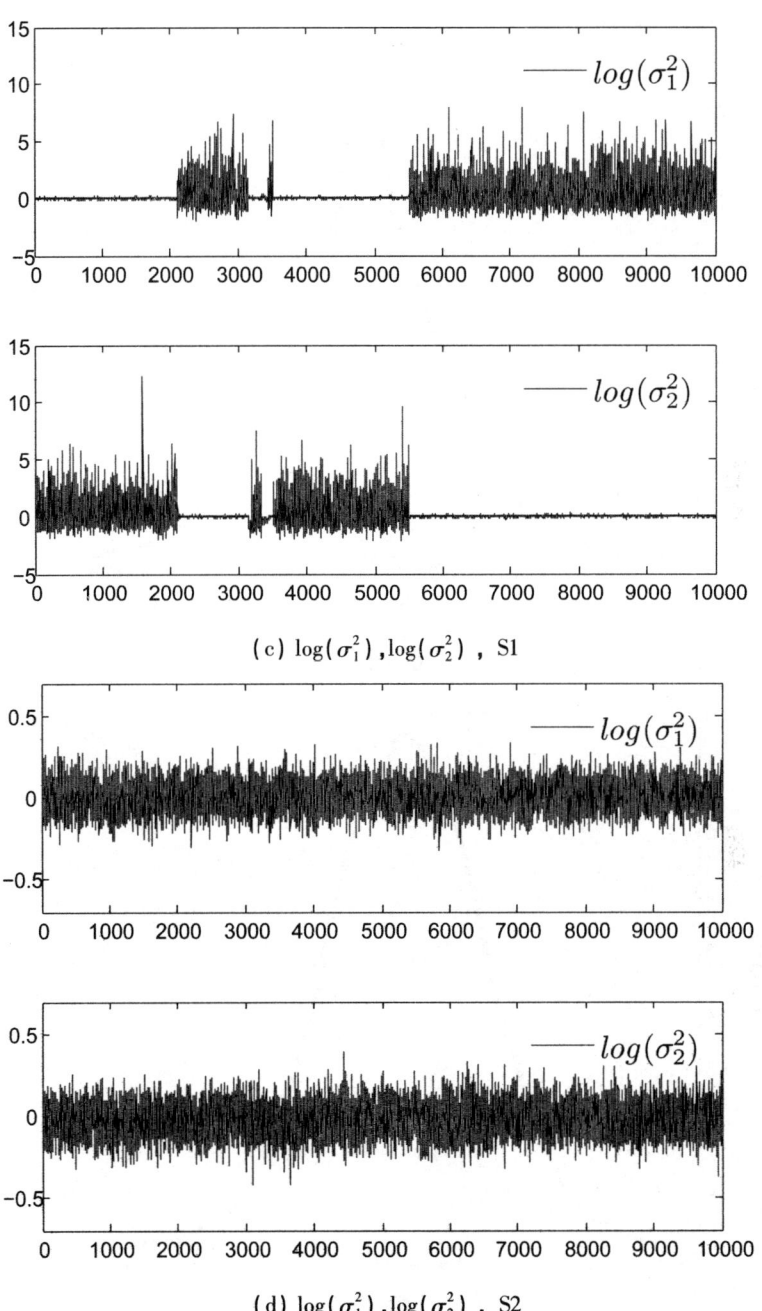

（c）$\log(\sigma_1^2)$, $\log(\sigma_2^2)$，S1

（d）$\log(\sigma_1^2)$, $\log(\sigma_2^2)$，S2

图5.1 在 S1 和 S2 的参数设定下 β_1, β_2, $\log(\sigma_1^2)$，$\log(\sigma_2^2)$ 的迭代图

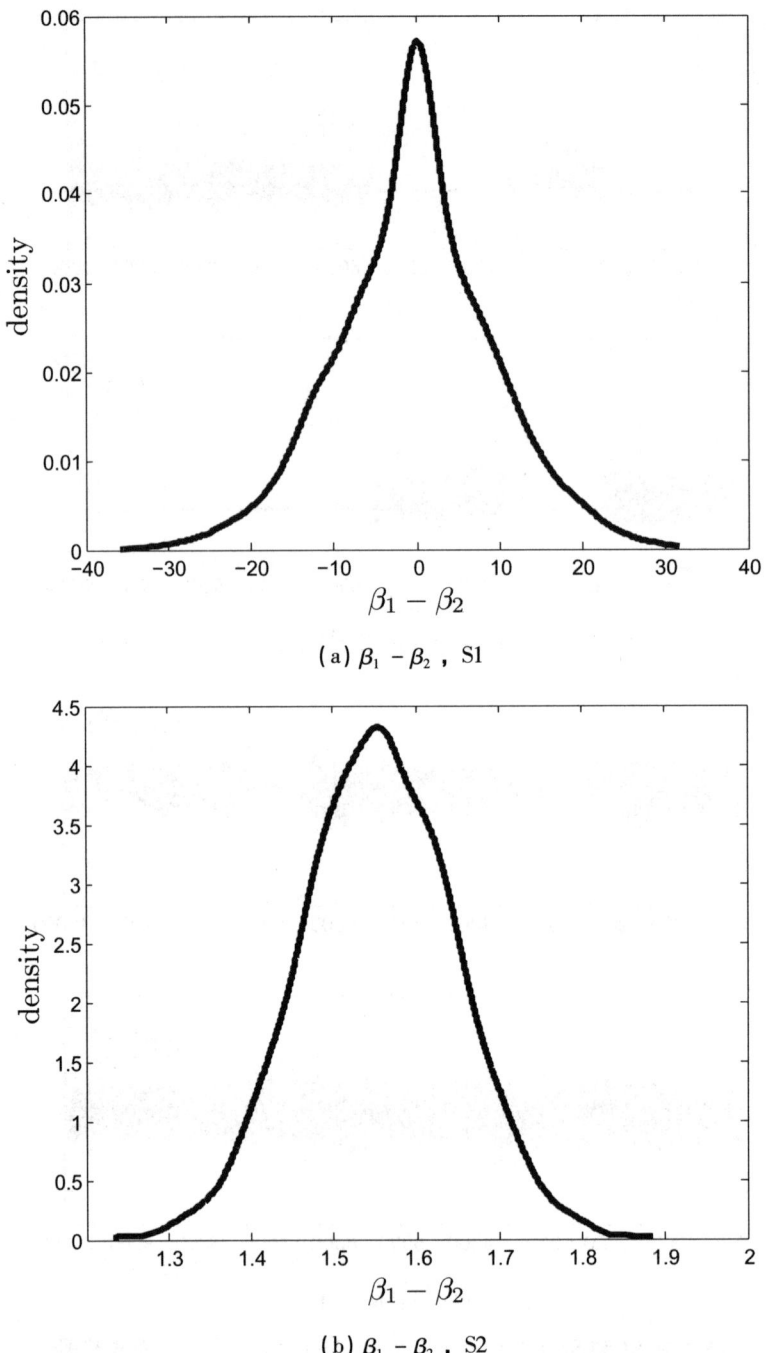

(a) $\beta_1 - \beta_2$, S1

(b) $\beta_1 - \beta_2$, S2

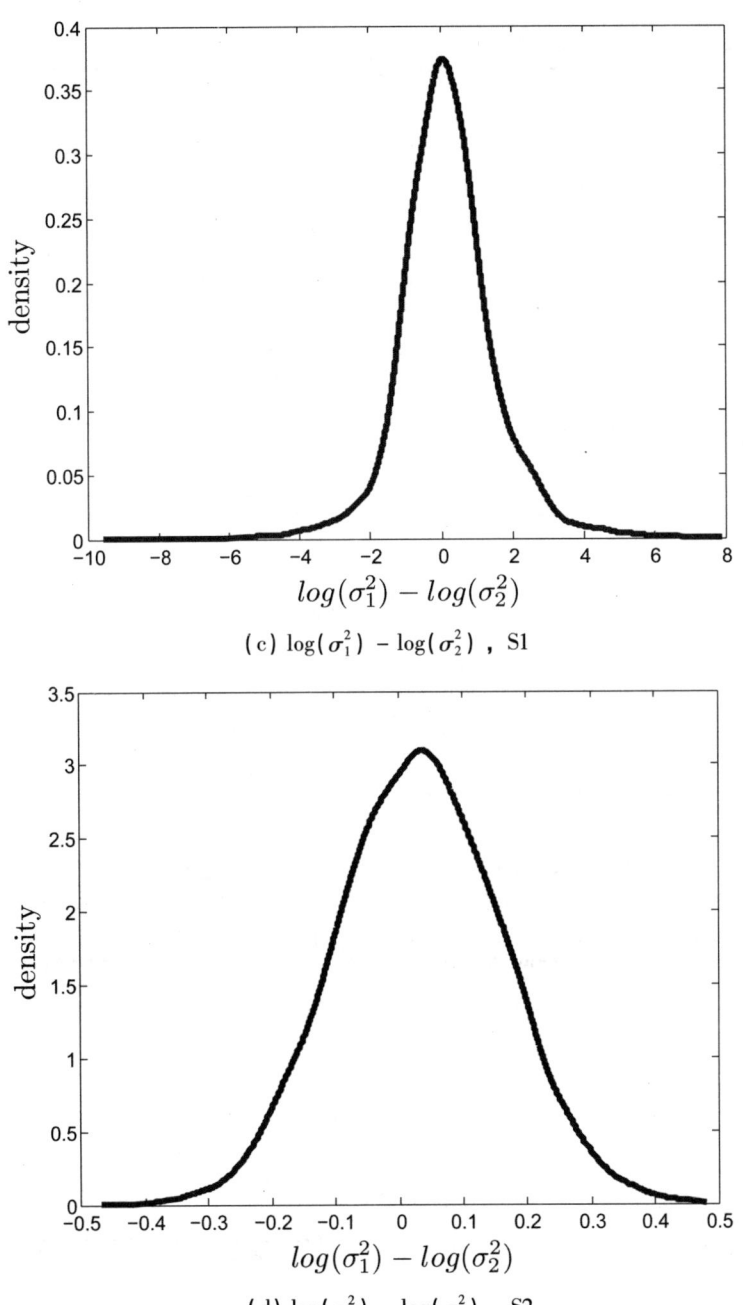

（c）$\log(\sigma_1^2) - \log(\sigma_2^2)$，S1

（d）$\log(\sigma_1^2) - \log(\sigma_2^2)$，S2

图5.2 在 S1 和 S2 的参数设定下 $\beta_1 - \beta_2$，$\log(\sigma_1^2) - \log(\sigma_2^2)$ 的分布图

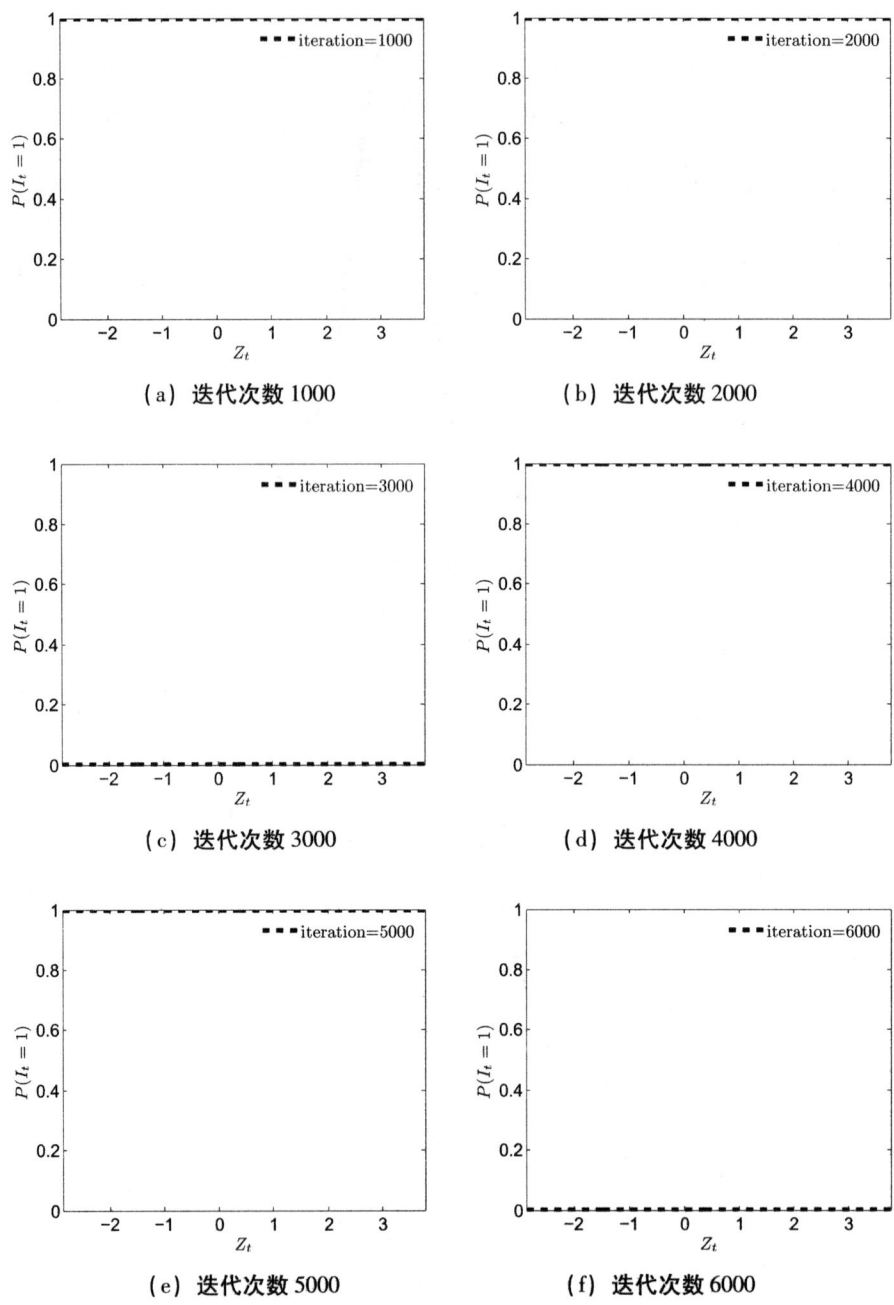

（a）迭代次数 1000

（b）迭代次数 2000

（c）迭代次数 3000

（d）迭代次数 4000

（e）迭代次数 5000

（f）迭代次数 6000

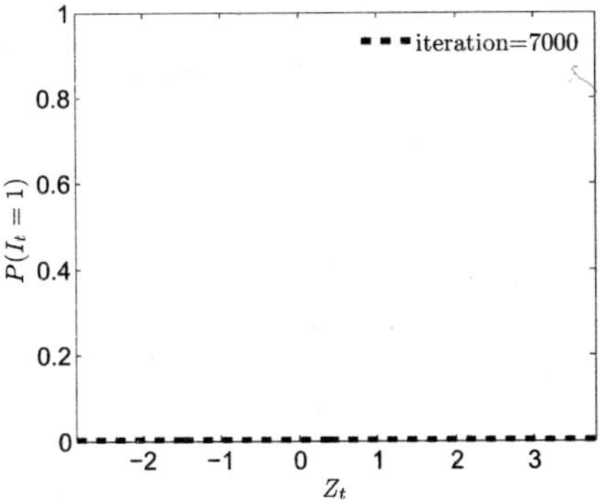

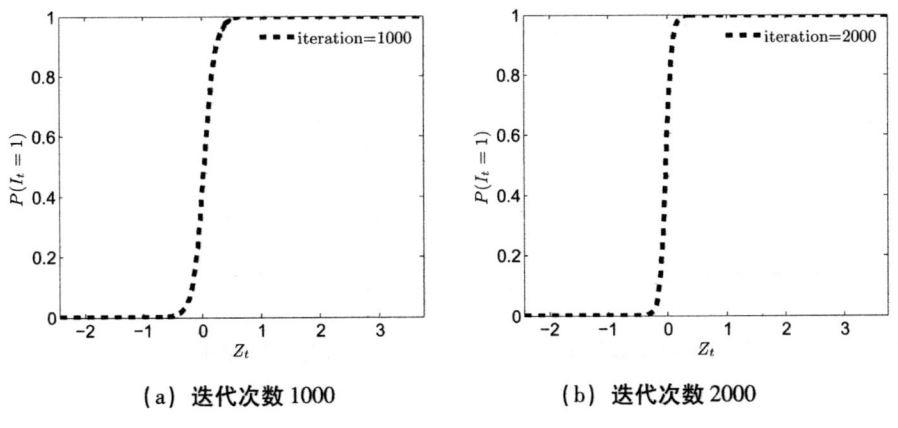

（g）迭代次数 7000 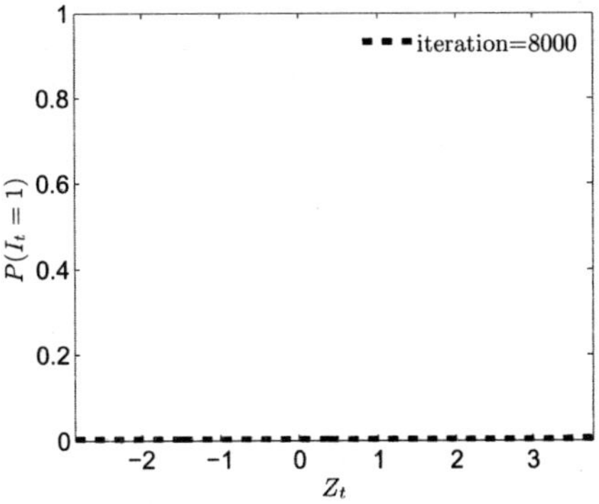　　　　　　　（h）迭代次数 8000

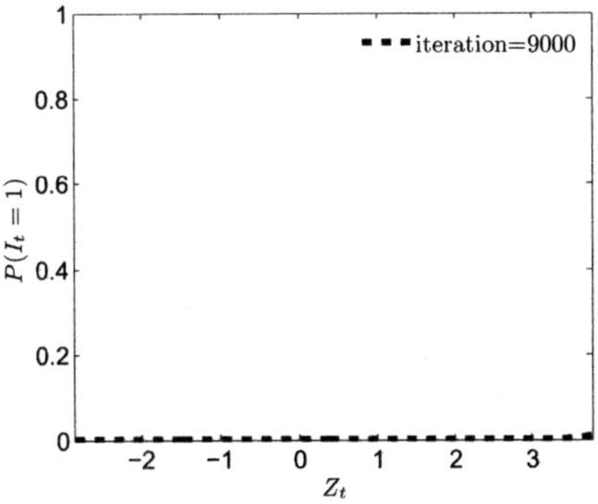

（i）迭代次数 9000

图 5.3　在 S1 的参数设定下区制概率函数 $g(z)$ 在不同迭代位置的估计图

（a）迭代次数 1000　　　　　　　（b）迭代次数 2000

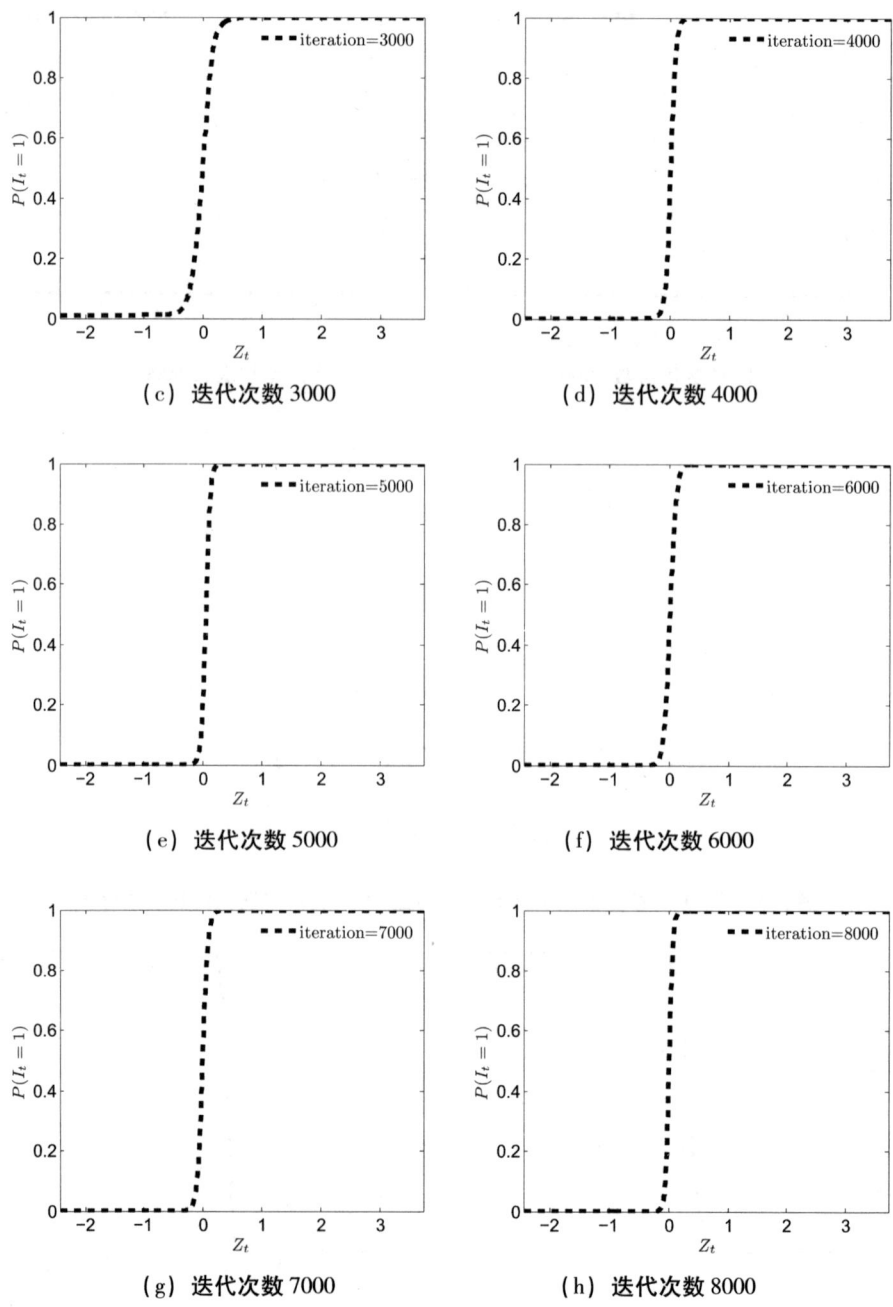

（c）迭代次数 3000　　　　　　　　（d）迭代次数 4000

（e）迭代次数 5000　　　　　　　　（f）迭代次数 6000

（g）迭代次数 7000　　　　　　　　（h）迭代次数 8000

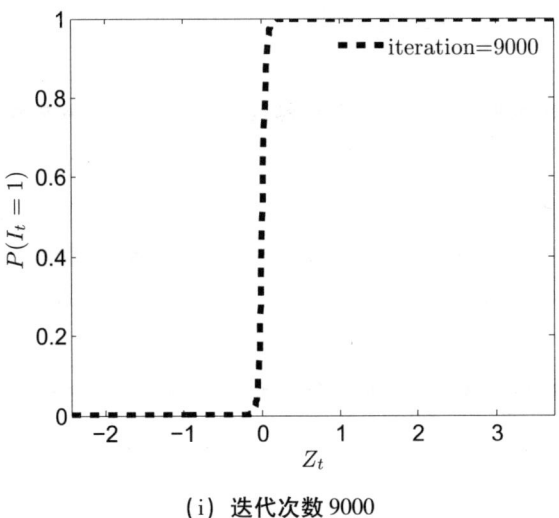

（ⅰ）迭代次数 9000

图 5.3　在 S2 的参数设定下区制概率函数 $g(z)$ 在不同迭代位置的估计图

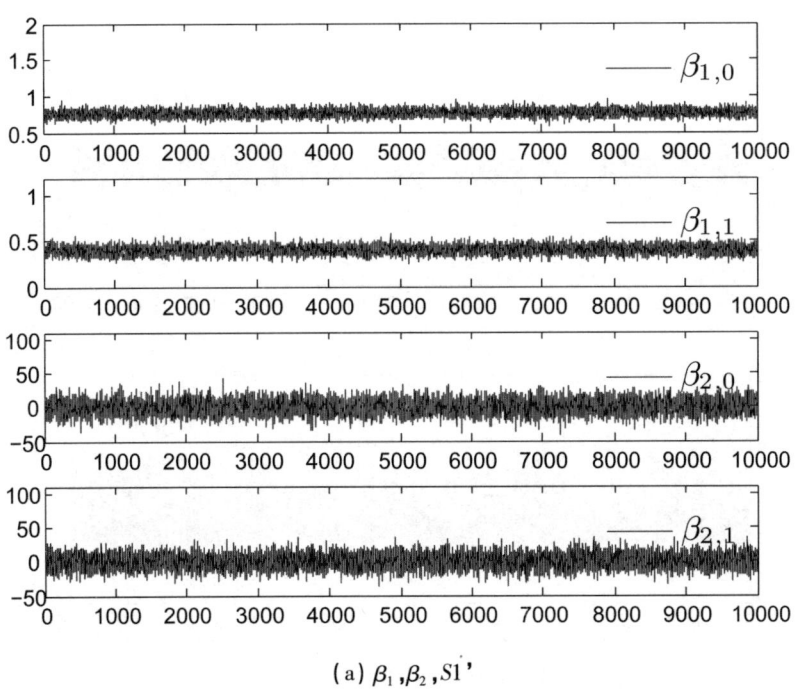

（ a ）$\beta_1,\beta_2,$S1'

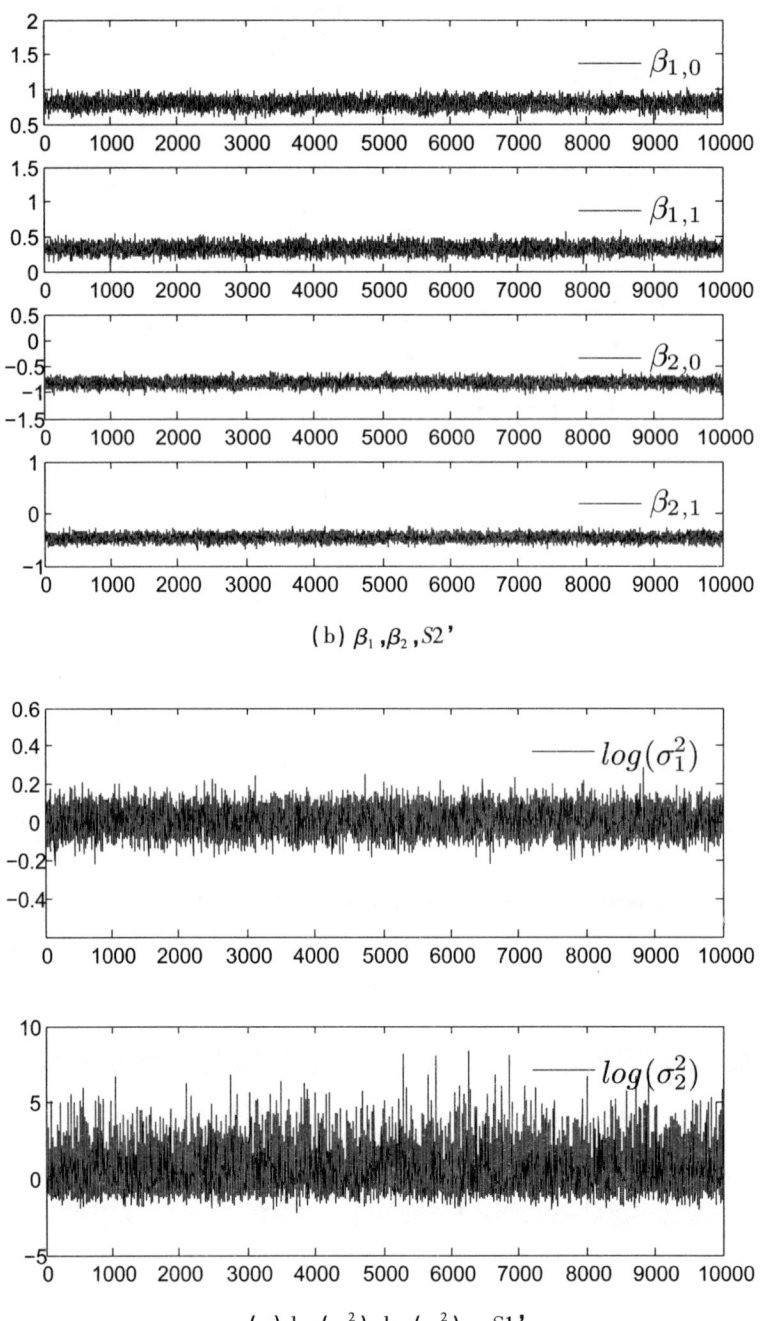

(b) $\beta_1, \beta_2, S2$'

(c) $log(\sigma_1^2), log(\sigma_2^2)$, S1'

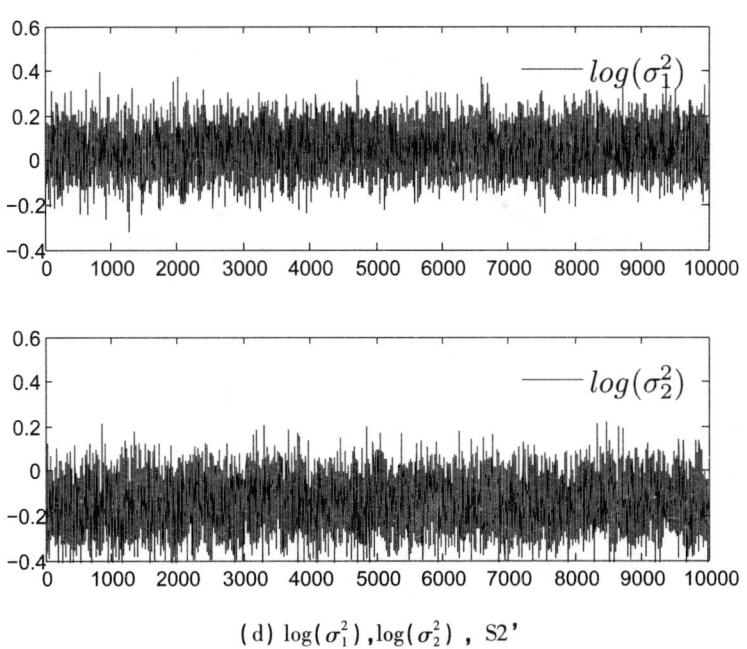

（d）$\log(\sigma_1^2)$，$\log(\sigma_2^2)$，S2'

图 5.5 在 S1' 和 S2' 的参数设定下 β_1，β_2，$\log(\sigma_1^2)$，$\log(\sigma_2^2)$ 的迭代图

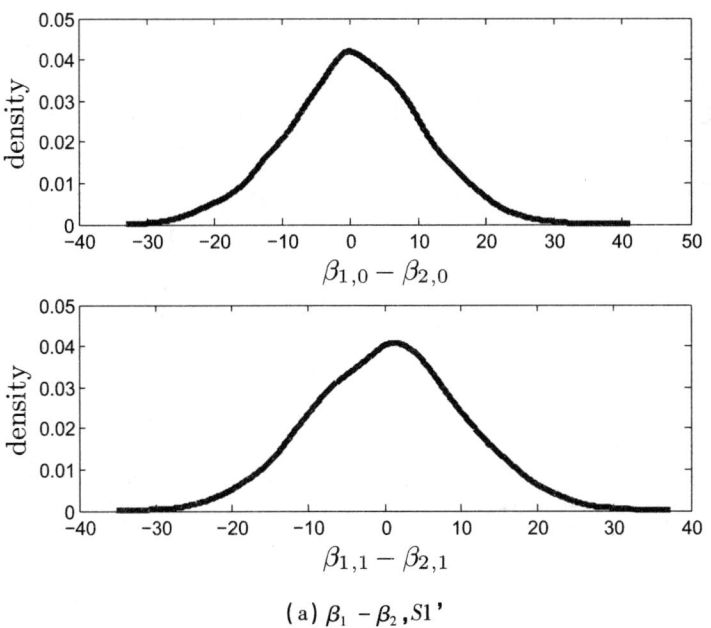

（a）$\beta_1 - \beta_2$，S1'

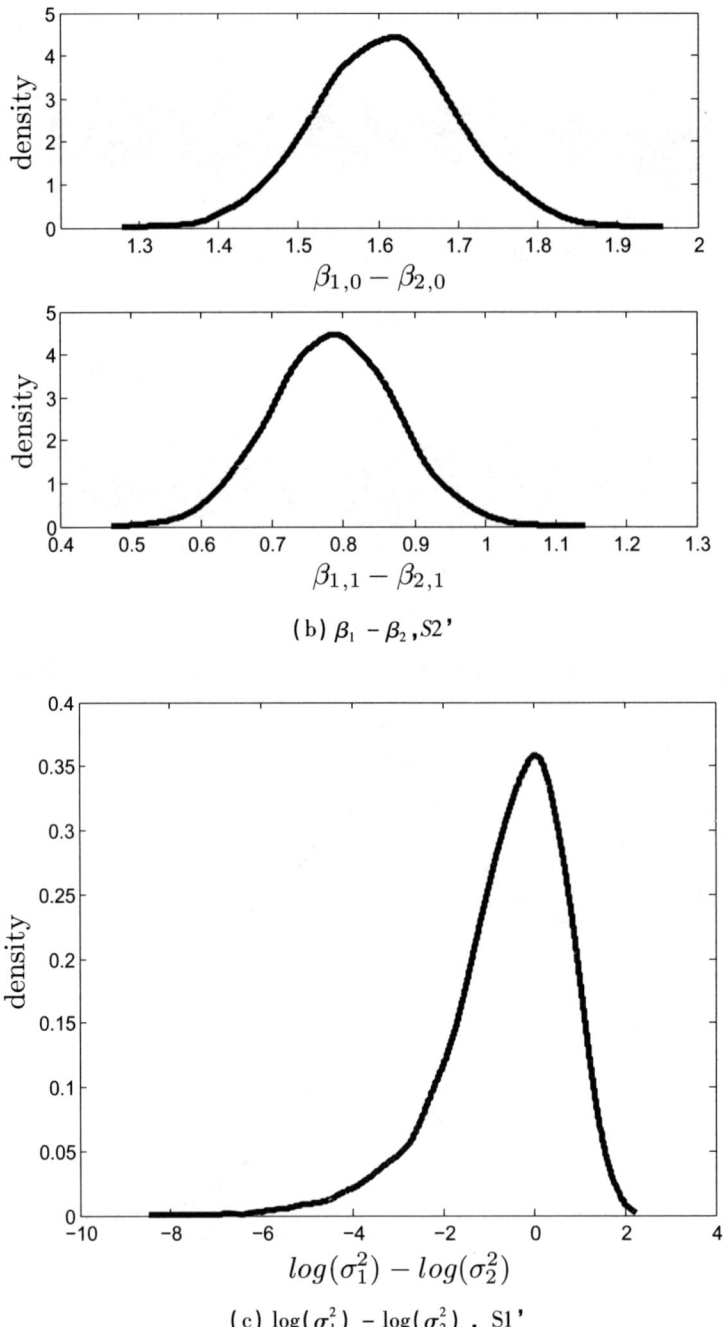

(b) $\beta_1 - \beta_2$, $S2$'

(c) $\log(\sigma_1^2) - \log(\sigma_2^2)$，$S1$'

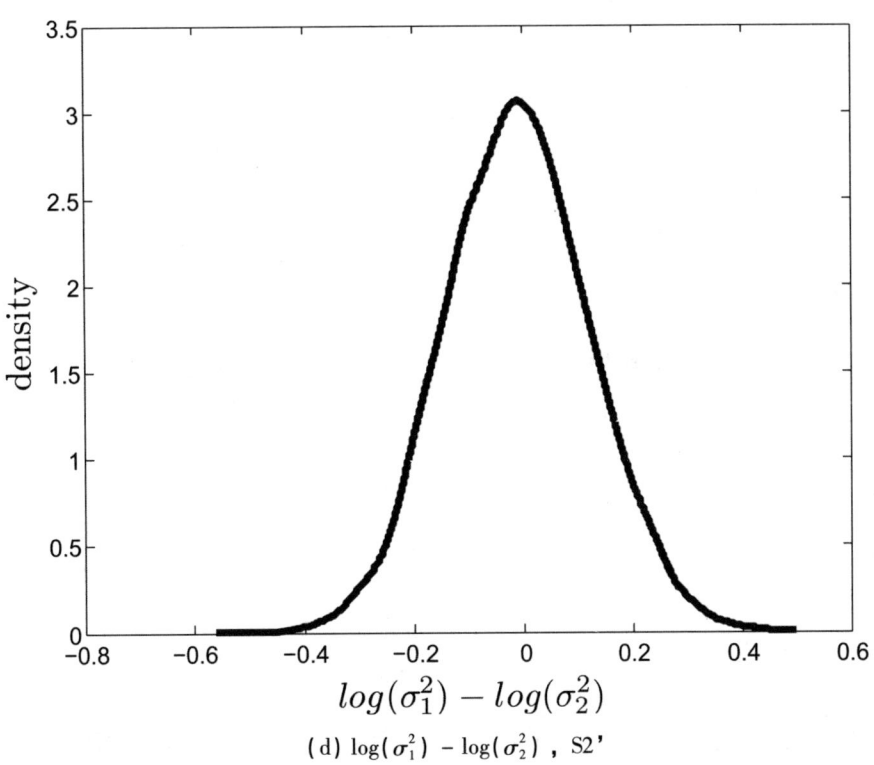

(d) $\log(\sigma_1^2) - \log(\sigma_2^2)$，S2'

图 5.6　在 S1' 和 S2' 的参数设定下 $\beta_1 - \beta_2$，$\log(\sigma_1^2) - \log(\sigma_2^2)$ 的分布图

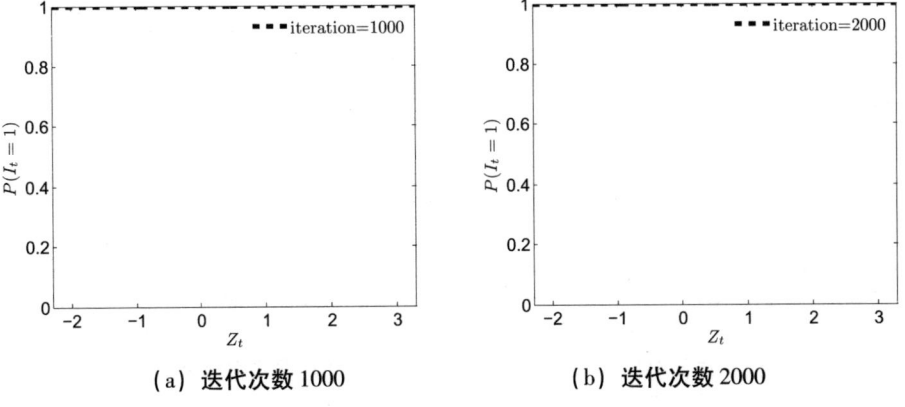

（a）迭代次数 1000　　　　　　　　（b）迭代次数 2000

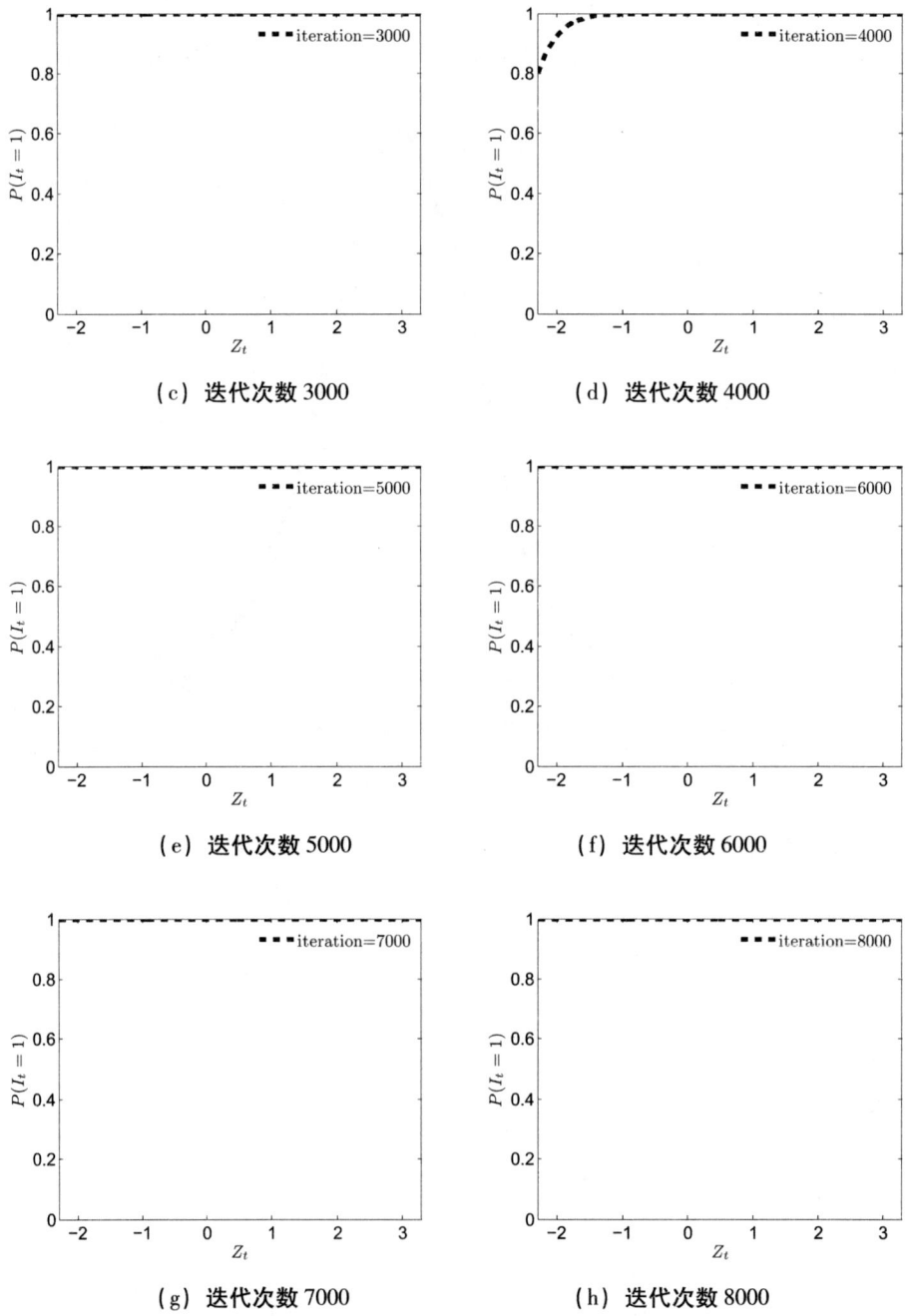

（c）迭代次数 3000

（d）迭代次数 4000

（e）迭代次数 5000

（f）迭代次数 6000

（g）迭代次数 7000

（h）迭代次数 8000

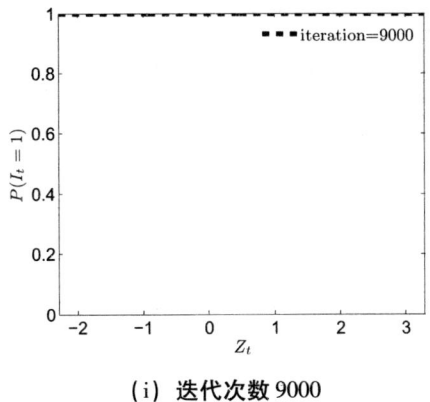

（ i ） 迭代次数 9000

图 5.7 在 **S1'** 的参数设定下区制概率函数 $g(z)$ 在不同迭代位置的估计图

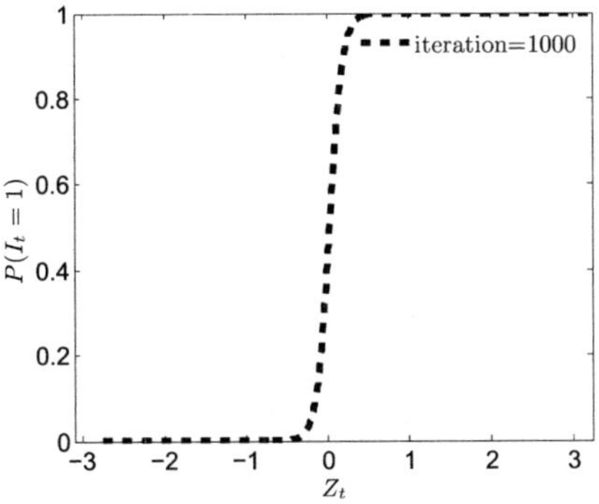

（ a ） 迭代次数 1000

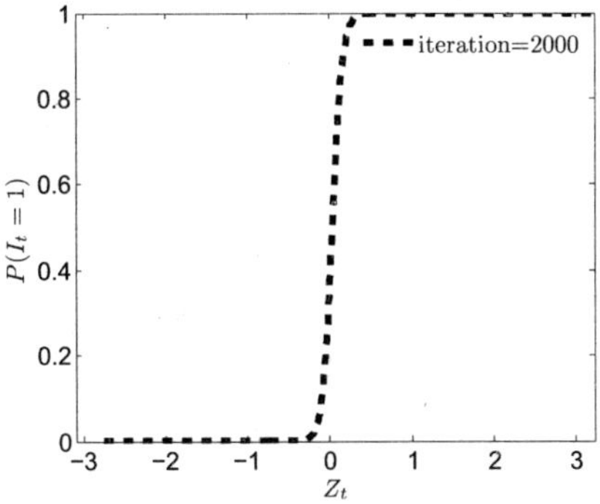

（ b ） 迭代次数 2000

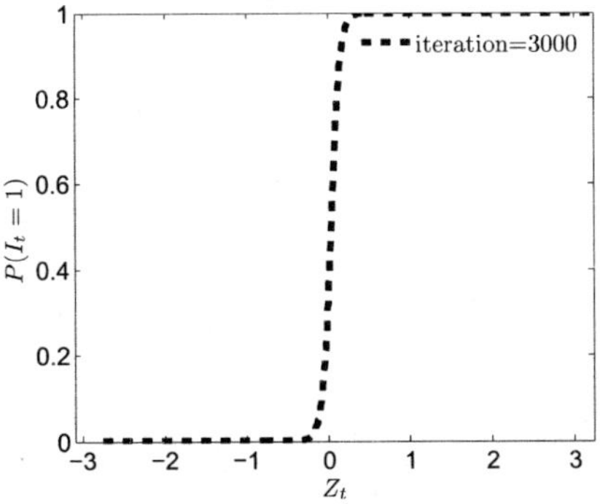

（ c ） 迭代次数 3000

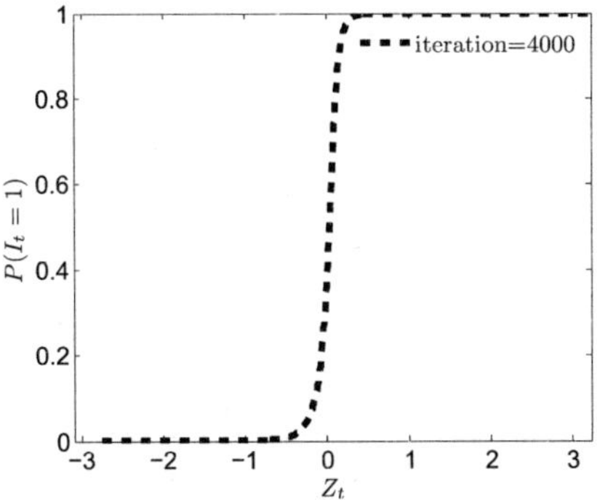

（ d ） 迭代次数 4000

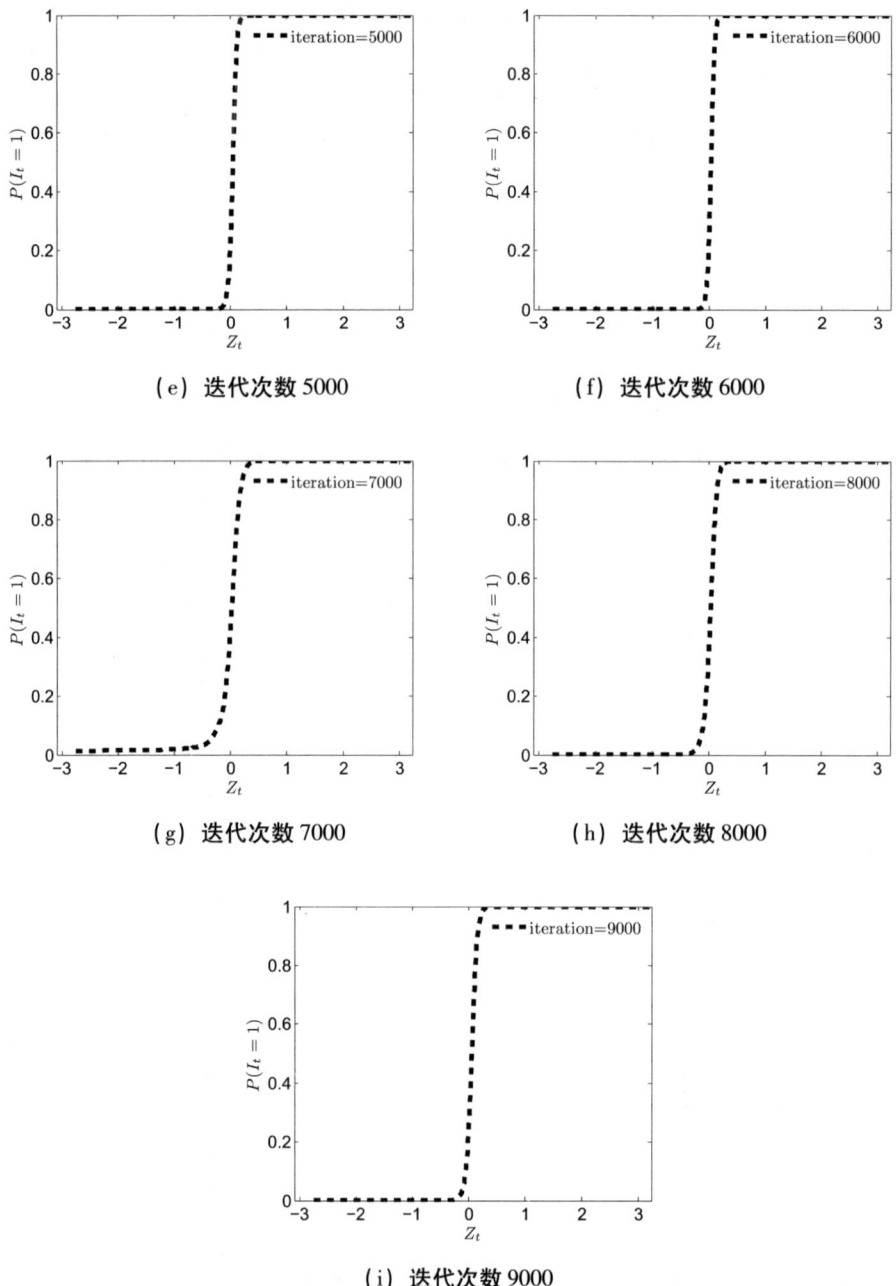

（e）迭代次数 5000　　　　　　　　（f）迭代次数 6000

（g）迭代次数 7000　　　　　　　　（h）迭代次数 8000

（i）迭代次数 9000

图 5.8　在 S2' 的参数设定下区制概率函数 $g(z)$ 在不同迭代位置的估计图

表 5.1 报告了（A）均值漂移门限模型在 S1 和 S2 两种参数设定下，以及（B）单变量门限模型在 S1' 和 S2' 两种参数设定下门限效应的贝叶斯检验结果。结果表明，在上述所有设定下，本小节提出的贝叶斯检验统计量皆能对门限效应的存在与否给出准确判断。具体而言，当门限效应不存在时（S1 和 S1'），T–NP 模型通过 MCMC 抽样方法得到的 $\beta_1, \beta_2, \sigma_1^2, \sigma_2^2$ 的随机样本可以保证检验统计量接受不存在门限效应的原假设，从而不受 Davies' Problem 的影响；当门限效应存在时（S2 和 S2'），T–NP 模型能够准确区分两个区制，并成功捕获门限效应，进而保证检验统计量拒绝不存在门限效应的原假设。概言之，在贝叶斯计量经济学的分析框架下，Davies' Problem 的存在不会对本书关于门限效应的检验结果产生太大影响。

表5.1 门限效应的贝叶斯检验结果

	（A）均值漂移门限模型			（B）单变量门限模型	
	检验统计量	拒绝或者接受		检验统计量	拒绝或者接受
S1	0.9763	接受	S1'	0.9726	接受
S2	0	拒绝	S2'	0	拒绝

注：S1：$\beta_1 = \beta_2 = 0.8$，$\varepsilon_{1t} \sim N(0,1)$；$\varepsilon_{2t} \sim N(0,1)$；

　　S2：$\beta_1 = 0.8, \beta_2 = -0.8$，$\varepsilon_{1t} \sim N(0,1)$，$\varepsilon_{2t} \sim N(0,1)$，$I_t = I(z_t \leq 0) + 1$，$z_t \sim N(0.2,1)$；

　　S1'：$\beta_{1,0} = \beta_{2,0} = 0.8$，$\beta_{1,1} = \beta_{2,1} = 0.4$，$\varepsilon_{1t} \sim N(0,1)$；$\varepsilon_{2t} \sim N(0,1)$；

　　S2'：$\beta_{1,0} = 0.8, \beta_{1,1} = 0.4, \beta_{1,1} = -0.8, \beta_{2,1} = -0.4$，$\varepsilon_{1t} \sim N(0,1)$，$\varepsilon_{2t} \sim N(0,1)$，$I_t = I(z_t \leq 0) + 1$，$z_t \sim N(0.2,1)$.

第三节 蒙特卡洛模拟

本节通过两组蒙特卡洛模拟来分别考察上节所提出的贝叶斯估计方法和门限效应的贝叶斯检验方法的表现。

一、模拟 1

本小节主要通过蒙特卡洛模拟考察在贝叶斯计量经济学分析框架下针对 T-NP 模型的贝叶斯估计方法的表现。考虑如下三种数据生成过程：

DGP1：均值漂移门限模型

$$y_t = \begin{cases} 0.8 + \varepsilon_{1t}, & \text{概率 } g(z_t); \\ -0.8 + \varepsilon_{2t}, & \text{概率 } 1 - g(z_t), \end{cases}$$

其中，$\varepsilon_{1t} = N(0,1)$，$\varepsilon_{2t} = N(0,1)$，$z_t = N(0.2,1)$。

DGP2：单变量门限模型

$$y_t = \begin{cases} 0.8 + 0.4x_{1t} + \varepsilon_{1t}, & \text{概率 } g(z_t); \\ -0.8 - 0.4x_{1t} + \varepsilon_{2t}, & \text{概率 } 1 - g(z_t), \end{cases}$$

其中，$\varepsilon_{1t} \sim N(0,1)$，$\varepsilon_{2t} \sim N(0,1)$，$x_{1t} \sim N(0,1)$，$z_t \sim N(0.2,1)$。

DGP3：自激励门限自回归（SETAR）模型

$$y_t = \begin{cases} 0.8 + 0.2y_{t-1} - 0.2y_{t-2} + \varepsilon_{1t}, & \text{概率 } g(z_t); \\ -0.8 - 0.2y_{t-1} + 0.2y_{t-2} + \varepsilon_{2t}, & \text{概率 } 1 - g(z_t), \end{cases}$$

其中，$\varepsilon_{1t} \sim N(0,0.5)$，$\varepsilon_{2t} \sim N(0,1.5)$，$z_t = y_{t-1}$。

对于以上三种数据生成过程，本书考虑了如下五种区制概率函数：

SF1：二元区制概率函数

$$g(z_t) = I(z_t > 0)$$

SF2：Logistic 区制概率函数

$$g(z_t) = \frac{e^{z_t}}{1 + e^{z_t}}$$

SF3：正态区制概率函数

$$g(z_t) = \Phi(z_t)$$

其中，$\Phi(.)$ 表示标准正态累积分布函数。

SF4：Gamma 区制概率函数

$$g(z_t) = F_G(z_t + 1.5, 1.5, 1)$$

其中，$F_G(\cdot, k, \theta)$ 表示形状参数为 k ，尺度参数为 θ 的 Gamma 累积分布函数。

SF5：分段线性概率函数

$$y_t = \begin{cases} 0.01, & z_t \leq -1; \\ 0.5, & -1 < z_t \leq 1; \\ 0.99, & z_t > 1, \end{cases}$$

为了对比起见，除了 T－NP 模型，本小节还考虑了具有常数阈值的门限模型（Tong，1978，以下简称 T－CT 模型）、具有 Logistic 区制概率函数的门限模型（Wu and Chen，2007，以下简称 T－LG 模型）和具有正态区制概率函数的门限模型（在第二节例 1 中假定 $\mu_t \sim N(0, \sigma_u^2)$ ，以下简称 T－NM 模型）。对于不同的数据设定，笔者比较了 T－CT、T－LG、T－NM 和 T－NP 四种模型的表现。对于 T－LG、T－NM 和 T－NP 模型，笔者采用 MCMC 抽样方法对其进行估计，未知参数的先验分布被设定为：

$$\beta_1,\ \beta_2\ \sim\ N(0,100I_p)\,,\ \sigma_1^2\,,\ \sigma_2^2\ \sim\ IG(1,1)\,,$$

$$\theta_0\ \sim\ N(0,100)\,,\ \theta_1\ \sim\ G(1,1)\,,$$

$$\gamma\ \sim\ N(0,100)\,,\ \sigma_u^2\ \sim\ IG(1,1)\,,$$

$$\alpha_0\ \sim\ N(0,100)\,,\ \alpha_1\ \sim\ G(1,1)\,,\ \sigma_b^2\ \sim\ IG(1,1)\,,$$

(5.6)

其中，I_p 表示 $p\times p$ 的单位矩阵。马尔科夫链的总长度为10000，其中燃烧期的长度为3000。蒙特卡洛模拟总次数为1000。

表5.2—5.6 分别报告了在不同区制概率函数的设定下，回归系数估计量 $\hat{\beta}_1$ 和 $\hat{\beta}_2$ 的 RMSE 和 MAE。结果显示，当区制概率函数为 SF1 时，相比 T–LG 和 T–NM 模型，T–NP 模型所对应的 RMSE 和 MAE 与 T–CT 模型的对应值更为接近。当区制概率函数为 SF2 和 SF3 时，T–CT 模型所对应的 RMSE 和 MAE 显著大于 T–LG 和 T–NM 的对应值，而 T–NP 模型所对应的 RMSE 和 MAE 与 T–LG 和 T–NM 模型的对应值则非常接近。当区制概率函数为 SF4 和 SF5 时，T–NP 模型所对应的 RMSE 和 MAE 在四种模型中最小，且随着样本量的不断增加，这种优势愈加明显。图 5.9—5.13 给出了在不同区制概率函数的设定下（DGP1），回归系数估计量 $\hat{\beta}_1$ 和 $\hat{\beta}_2$ 所对应偏差（Bias）的箱线图，结果表明，在不同区制概率函数的设定下，T–NP 模型的表现都很准确和稳定，并且其所对应的偏差随着样本量的不断增加与 0 越来越接近。

表 5.2　估计量 $\hat{\beta}_1$ 和 $\hat{\beta}_2$ 在区制概率函数 SF1 情形下的表现

	$T=500$	RMSE（$\hat{\beta}_1$）	RMSE（$\hat{\beta}_2$）	MAE（$\hat{\beta}_1$）	MAE（$\hat{\beta}_2$）
DGP1	T–CT	0.0582	0.0707	0.0465	0.0558
	T–LG	0.0643	0.0779	0.0513	0.0605
	T–NM	0.0743	0.0929	0.0594	0.0739

续表

	$T = 500$	RMSE ($\hat{\beta}_1$)	RMSE ($\hat{\beta}_2$)	MAE ($\hat{\beta}_1$)	MAE ($\hat{\beta}_2$)
DGP1	T - NP	0.0606	0.0755	0.0487	0.0588
DGP2	T - CT	0.1205	0.1401	0.0963	0.1107
	T - LG	0.1254	0.1481	0.1004	0.1164
	T - NM	0.1337	0.1624	0.1069	0.1278
	T - NP	0.1234	0.1455	0.0986	0.1144
DGP3	T - CT	0.1794	0.3938	0.1432	0.3096
	T - LG	0.1857	0.4455	0.1479	0.3537
	T - NM	0.1954	0.5551	0.1551	0.4492
	T - NP	0.1830	0.4374	0.1460	0.3463
	$T = 1000$	RMSE ($\hat{\beta}_1$)	RMSE ($\hat{\beta}_2$)	MAE ($\hat{\beta}_1$)	MAE ($\hat{\beta}_2$)
DGP1	T - CT	0.0418	0.0515	0.0338	0.0406
	T - LG	0.0445	0.0561	0.0362	0.0445
	T - NM	0.0516	0.0685	0.0419	0.0553
	T - NP	0.0429	0.0543	0.0350	0.0430
DGP2	T - CT	0.0841	0.0980	0.0673	0.0782
	T - LG	0.0859	0.1011	0.0688	0.0804
	T - NM	0.0912	0.1105	0.0731	0.0882
	T - NP	0.0848	0.0995	0.0678	0.0791
DGP3	T - CT	0.1244	0.2631	0.0985	0.2086
	T - LG	0.1284	0.3001	0.1015	0.2374
	T - NM	0.1335	0.3955	0.1056	0.3224
	T - NP	0.1267	0.2929	0.1003	0.2321

续表

$T = 2000$		RMSE ($\hat{\beta}_1$)	RMSE ($\hat{\beta}_2$)	MAE ($\hat{\beta}_1$)	MAE ($\hat{\beta}_2$)
DGP1	T – CT	0.0281	0.0355	0.0225	0.0284
	T – LG	0.0296	0.0381	0.0238	0.0307
	T – NM	0.0354	0.0473	0.0285	0.0387
	T – NP	0.0285	0.0369	0.0229	0.0296
DGP2	T – CT	0.0587	0.0684	0.0466	0.0550
	T – LG	0.0601	0.0704	0.0477	0.0567
	T – NM	0.0642	0.0771	0.0514	0.0623
	T – NP	0.0594	0.0695	0.0472	0.0559
DGP3	T – CT	0.0895	0.1924	0.0707	0.1530
	T – LG	0.0915	0.2157	0.0721	0.1709
	T – NM	0.0936	0.2900	0.0735	0.2375
	T – NP	0.0905	0.2093	0.0714	0.1656

注：（1）T – CT 表示具有常数门限值的门限模型，T – LG 表示具有 Logistic 区制概率函数的门限模型，T – NM 表示具有正态区制概率函数的门限模型，T – NP 表示具有非参数区制概率函数的门限模型；

（2）SF1 表示二元区制概率函数；

（3）RMSE 表示均方根误差，MAE 表示平均绝对误差；

（4）表中计算结果根据 1000 次蒙特卡洛模拟得到。

表 5.3　估计量 $\hat{\beta}_1$ 和 $\hat{\beta}_2$ 在区制概率函数 SF2 情形下的表现

$T = 500$		RMSE ($\hat{\beta}_1$)	RMSE ($\hat{\beta}_2$)	MAE ($\hat{\beta}_1$)	MAE ($\hat{\beta}_2$)
DGP1	T – CT	0.4309	0.5189	0.4091	0.4957
	T – LG	0.1819	0.2143	0.1442	0.1708

续表

	$T = 500$	RMSE（$\hat{\beta}_1$）	RMSE（$\hat{\beta}_2$）	MAE（$\hat{\beta}_1$）	MAE（$\hat{\beta}_2$）
DGP1	T－NM	0.3375	0.3798	0.2465	0.2811
	T－NP	0.2189	0.2349	0.1786	0.1891
DGP2	T－CT	0.6472	0.7862	0.5996	0.7380
	T－LG	0.1956	0.2256	0.1550	0.1807
	T－NM	0.2854	0.3189	0.1969	0.2243
	T－NP	0.2011	0.2299	0.1591	0.1842
DGP3	T－CT	0.5263	1.2006	0.4590	1.0277
	T－LG	0.2250	0.7006	0.1536	0.5464
	T－NM	0.3686	0.9095	0.1888	0.7302
	T－NP	0.1874	0.7147	0.1494	0.5640
	$T = 1000$	RMSE（$\hat{\beta}_1$）	RMSE（$\hat{\beta}_2$）	MAE（$\hat{\beta}_1$）	MAE（$\hat{\beta}_2$）
DGP1	T－CT	0.4434	0.5285	0.4311	0.5146
	T－LG	0.1293	0.1550	0.1025	0.1236
	T－NM	0.1585	0.1761	0.1164	0.1281
	T－NP	0.1557	0.1657	0.1255	0.1332
DGP2	T－CT	0.6634	0.7947	0.6374	0.7660
	T－LG	0.1368	0.1549	0.1095	0.1224
	T－NM	0.1591	0.1755	0.1244	0.1388
	T－NP	0.1408	0.1570	0.1125	0.1247
DGP3	T－CT	0.5140	1.0818	0.4752	0.9463
	T－LG	0.1260	0.4498	0.1006	0.3513
	T－NM	0.1328	0.6395	0.1044	0.5270
	T－NP	0.1265	0.4629	0.1014	0.3612

续表

$T = 2000$		RMSE（$\hat{\beta_1}$）	RMSE（$\hat{\beta_2}$）	MAE（$\hat{\beta_1}$）	MAE（$\hat{\beta_2}$）
DGP1	T – CT	0.4563	0.5407	0.4497	0.5334
	T – LG	0.0901	0.1050	0.0717	0.0822
	T – NM	0.1009	0.1132	0.0778	0.0863
	T – NP	0.1082	0.1133	0.0867	0.0887
DGP2	T – CT	0.6757	0.8153	0.6610	0.8000
	T – LG	0.0964	0.1154	0.0770	0.0923
	T – NM	0.1253	0.1470	0.1029	0.1208
	T – NP	0.0984	0.1164	0.0785	0.0932
DGP3	T – CT	0.5191	1.0869	0.4948	0.9909
	T – LG	0.0888	0.3185	0.0706	0.2541
	T – NM	0.0931	0.5143	0.0744	0.4438
	T – NP	0.0896	0.3288	0.0713	0.2616

注：（1）T – CT 表示具有常数门限值的门限模型，T – LG 表示具有 Logistic 区制概率函数的门限模型，T – NM 表示具有正态区制概率函数的门限模型，T – NP 表示具有非参数区制概率函数的门限模型；

（2）SF2 表示 Logistic 区制概率函数；

（3）RMSE 表示均方根误差，MAE 表示平均绝对误差；

（4）表中计算结果根据 1000 次蒙特卡洛模拟得到。

表5.4　估计量 $\hat{\beta_1}$ 和 $\hat{\beta_2}$ 在区制概率函数 SF3 情形下的表现

$T = 500$		RMSE（$\hat{\beta_1}$）	RMSE（$\hat{\beta_2}$）	MAE（$\hat{\beta_1}$）	MAE（$\hat{\beta_2}$）
DGP1	T – CT	0.3251	0.4136	0.3020	0.3877

	$T = 500$	RMSE ($\hat{\beta_1}$)	RMSE ($\hat{\beta_2}$)	MAE ($\hat{\beta_1}$)	MAE ($\hat{\beta_2}$)
DGP1	T – LG	0.1110	0.1384	0.0881	0.1090
	T – NM	0.1197	0.1473	0.0938	0.1133
	T – NP	0.1252	0.1445	0.1009	0.1151
DGP2	T – CT	0.4929	0.6327	0.4491	0.5810
	T – LG	0.1686	0.2008	0.1334	0.1606
	T – NM	0.1778	0.2157	0.1413	0.1731
	T – NP	0.1711	0.2027	0.1353	0.1617
DGP3	T – CT	0.9731	0.9315	0.9124	0.7784
	T – LG	0.3003	0.4259	0.1877	0.3300
	T – NM	0.2578	0.4980	0.1849	0.3796
	T – NP	0.3237	0.4554	0.1939	0.3442
	$T = 1000$	RMSE ($\hat{\beta_1}$)	RMSE ($\hat{\beta_2}$)	MAE ($\hat{\beta_1}$)	MAE ($\hat{\beta_2}$)
DGP1	T – CT	0.3319	0.4291	0.3200	0.4147
	T – LG	0.0776	0.0978	0.0616	0.0775
	T – NM	0.0829	0.1102	0.0658	0.0884
	T – NP	0.0866	0.1025	0.0686	0.0818
DGP2	T – CT	0.4950	0.6501	0.4682	0.6220
	T – LG	0.1159	0.1367	0.0926	0.1083
	T – NM	0.1336	0.1606	0.1063	0.1281
	T – NP	0.1179	0.1379	0.0944	0.1094
DGP3	T – CT	1.0081	0.8028	0.9736	0.6964
	T – LG	0.1523	0.2815	0.1214	0.2238

	$T = 1000$	RMSE ($\hat{\beta}_1$)	RMSE ($\hat{\beta}_2$)	MAE ($\hat{\beta}_1$)	MAE ($\hat{\beta}_2$)
DGP3	T – NM	0.1551	0.3328	0.1234	0.2674
	T – NP	0.1836	0.3089	0.1264	0.2330
	$T = 2000$	RMSE ($\hat{\beta}_1$)	RMSE ($\hat{\beta}_2$)	MAE ($\hat{\beta}_1$)	MAE ($\hat{\beta}_2$)
DGP1	T – CT	0.3378	0.4349	0.3304	0.4270
	T – LG	0.0580	0.0716	0.0459	0.0565
	T – NM	0.0663	0.0946	0.0529	0.0781
	T – NP	0.0637	0.0750	0.0509	0.0598
DGP2	T – CT	0.5056	0.6521	0.4897	0.6351
	T – LG	0.0825	0.1010	0.0657	0.0799
	T – NM	0.1070	0.1354	0.0869	0.1115
	T – NP	0.0844	0.1020	0.0673	0.0806
DGP3	T – CT	1.0597	0.7149	1.0402	0.6339
	T – LG	0.1039	0.1988	0.0832	0.1580
	T – NM	0.1083	0.2495	0.0872	0.2038
	T – NP	0.1050	0.2015	0.0838	0.1603

注：（1）T – CT 表示具有常数门限值的门限模型，T – LG 表示具有 Logistic 区制概率函数的门限模型，T – NM 表示具有正态区制概率函数的门限模型，T – NP 表示具有非参数区制概率函数的门限模型；

（2）SF3 表示正态区制概率函数；

（3）RMSE 表示均方根误差，MAE 表示平均绝对误差；

（4）表中计算结果根据 1000 次蒙特卡洛模拟得到。

表 5.5 估计量 $\hat{\beta}_1$ 和 $\hat{\beta}_2$ 在区制概率函数 SF4 情形下的表现

	$T = 500$	RMSE ($\hat{\beta}_1$)	RMSE ($\hat{\beta}_2$)	MAE ($\hat{\beta}_1$)	MAE ($\hat{\beta}_2$)
DGP1	T – CT	0.3680	0.3788	0.3534	0.3325
	T – LG	0.1506	0.1580	0.1235	0.1246
	T – NM	0.1440	0.2075	0.1115	0.1628
	T – NP	0.1590	0.1572	0.1315	0.1237
DGP2	T – CT	0.5615	0.5820	0.5307	0.5054
	T – LG	0.1710	0.2217	0.1366	0.1767
	T – NM	0.1746	0.2468	0.1383	0.1985
	T – NP	0.1710	0.2206	0.1356	0.1753
DGP3	T – CT	0.8265	0.9816	0.7731	0.8005
	T – LG	0.3185	0.4979	0.1788	0.3771
	T – NM	0.3798	0.6178	0.2207	0.4784
	T – NP	0.2685	0.4749	0.1710	0.3686
	$T = 1000$	RMSE ($\hat{\beta}_1$)	RMSE ($\hat{\beta}_2$)	MAE ($\hat{\beta}_1$)	MAE ($\hat{\beta}_2$)
DGP1	T – CT	0.3835	0.3805	0.3758	0.3518
	T – LG	0.1299	0.1195	0.1088	0.0959
	T – NM	0.1015	0.1618	0.0827	0.1349
	T – NP	0.1149	0.1089	0.0951	0.0867
DGP2	T – CT	0.5792	0.5824	0.5603	0.5285
	T – LG	0.1283	0.1552	0.1018	0.1241
	T – NM	0.1346	0.1919	0.1078	0.1574
	T – NP	0.1221	0.1494	0.0968	0.1190

续表

	$T = 1000$	RMSE ($\hat{\beta}_1$)	RMSE ($\hat{\beta}_2$)	MAE ($\hat{\beta}_1$)	MAE ($\hat{\beta}_2$)
DGP3	T – CT	0.8445	0.7829	0.8144	0.6462
	T – LG	0.1593	0.3268	0.1145	0.2523
	T – NM	0.1434	0.3927	0.1136	0.3181
	T – NP	0.1414	0.3115	0.1125	0.2445
	$T = 2000$	RMSE ($\hat{\beta}_1$)	RMSE ($\hat{\beta}_2$)	MAE ($\hat{\beta}_1$)	MAE ($\hat{\beta}_2$)
DGP1	T – CT	0.3903	0.3890	0.3859	0.3703
	T – LG	0.1098	0.1015	0.0918	0.0838
	T – NM	0.0817	0.1483	0.0663	0.1308
	T – NP	0.0799	0.0806	0.0643	0.0646
DGP2	T – CT	0.5859	0.5819	0.5760	0.5467
	T – LG	0.0935	0.1138	0.0750	0.0911
	T – NM	0.1026	0.1637	0.0828	0.1392
	T – NP	0.0860	0.1056	0.0678	0.0845
DGP3	T – CT	0.8825	0.6665	0.8671	0.5598
	T – LG	0.1001	0.2240	0.0803	0.1798
	T – NM	0.1028	0.3024	0.0828	0.2513
	T – NP	0.0992	0.2136	0.0794	0.1713

注：（1）T – CT 表示具有常数门限值的门限模型，T – LG 表示具有 Logistic 区制概率函数的门限模型，T – NM 表示具有正态区制概率函数的门限模型，T – NP 表示具有非参数区制概率函数的门限模型；

（2）SF4 表示 Gamma 区制概率函数；

（3）RMSE 表示均方根误差，MAE 表示平均绝对误差；

（4）表中计算结果根据 1000 次蒙特卡洛模拟得到。

表5.6 估计量 $\hat{\beta}_1$ 和 $\hat{\beta}_2$ 在区制概率函数 SF5 情形下的表现

	$T = 500$	RMSE（$\hat{\beta}_1$）	RMSE（$\hat{\beta}_2$）	MAE（$\hat{\beta}_1$）	MAE（$\hat{\beta}_2$）
DGP1	T－CT	0.2746	0.6029	0.1849	0.5585
	T－LG	0.1530	0.2750	0.1206	0.2135
	T－NM	0.1981	0.2303	0.1458	0.1713
	T－NP	0.1177	0.2439	0.0916	0.1825
DGP2	T－CT	0.4282	0.9010	0.3083	0.8360
	T－LG	0.1884	0.2271	0.1499	0.1801
	T－NM	0.2086	0.2381	0.1615	0.1854
	T－NP	0.1729	0.2118	0.1366	0.1687
DGP3	T－CT	0.7108	1.1852	0.5510	1.1220
	T－LG	0.2838	0.4939	0.1957	0.3829
	T－NM	0.3318	0.5049	0.2173	0.3872
	T－NP	0.2640	0.4096	0.1798	0.3150
	$T = 1000$	RMSE（$\hat{\beta}_1$）	RMSE（$\hat{\beta}_2$）	MAE（$\hat{\beta}_1$）	MAE（$\hat{\beta}_2$）
DGP1	T－CT	0.2048	0.6389	0.1153	0.6108
	T－LG	0.1116	0.2287	0.0888	0.1616
	T－NM	0.1229	0.1375	0.0967	0.1051
	T－NP	0.0715	0.1209	0.0569	0.0893
DGP2	T－CT	0.2996	0.9697	0.1868	0.9336
	T－LG	0.1301	0.1498	0.1035	0.1198
	T－NM	0.1507	0.1676	0.1205	0.1342
	T－NP	0.1131	0.1362	0.0901	0.1092

	$T = 1000$	RMSE（$\hat{\beta}_1$）	RMSE（$\hat{\beta}_2$）	MAE（$\hat{\beta}_1$）	MAE（$\hat{\beta}_2$）
DGP3	T – CT	0.4700	1.1704	0.3331	1.1423
	T – LG	0.1652	0.3494	0.1314	0.2678
	T – NM	0.1622	0.3186	0.1291	0.2504
	T – NP	0.1504	0.2617	0.1201	0.2078
	$T = 2000$	RMSE（$\hat{\beta}_1$）	RMSE（$\hat{\beta}_2$）	MAE（$\hat{\beta}_1$）	MAE（$\hat{\beta}_2$）
DGP1	T – CT	0.1118	0.6739	0.0581	0.6649
	T – LG	0.0826	0.1695	0.0662	0.1051
	T – NM	0.0862	0.0945	0.0685	0.0750
	T – NP	0.0467	0.0721	0.0375	0.0581
DGP2	T – CT	0.1969	1.0063	0.1121	0.9898
	T – LG	0.0941	0.1112	0.0750	0.0888
	T – NM	0.1256	0.1492	0.1040	0.1231
	T – NP	0.0811	0.1019	0.0641	0.0808
DGP3	T – CT	0.2668	1.1998	0.1938	1.1882
	T – LG	0.1130	0.2576	0.0898	0.2033
	T – NM	0.1144	0.2407	0.0922	0.1916
	T – NP	0.1027	0.1893	0.0818	0.1505

注：（1）T – CT 表示具有常数门限值的门限模型，T – LG 表示具有 Logistic 区制概率函数的门限模型，T – NM 表示具有正态区制概率函数的门限模型，T – NP 表示具有非参数区制概率函数的门限模型；

（2）SF5 表示分段线性区制概率函数；

（3）RMSE 表示均方根误差，MAE 表示平均绝对误差；

（4）表中计算结果根据 1000 次蒙特卡洛模拟得到。

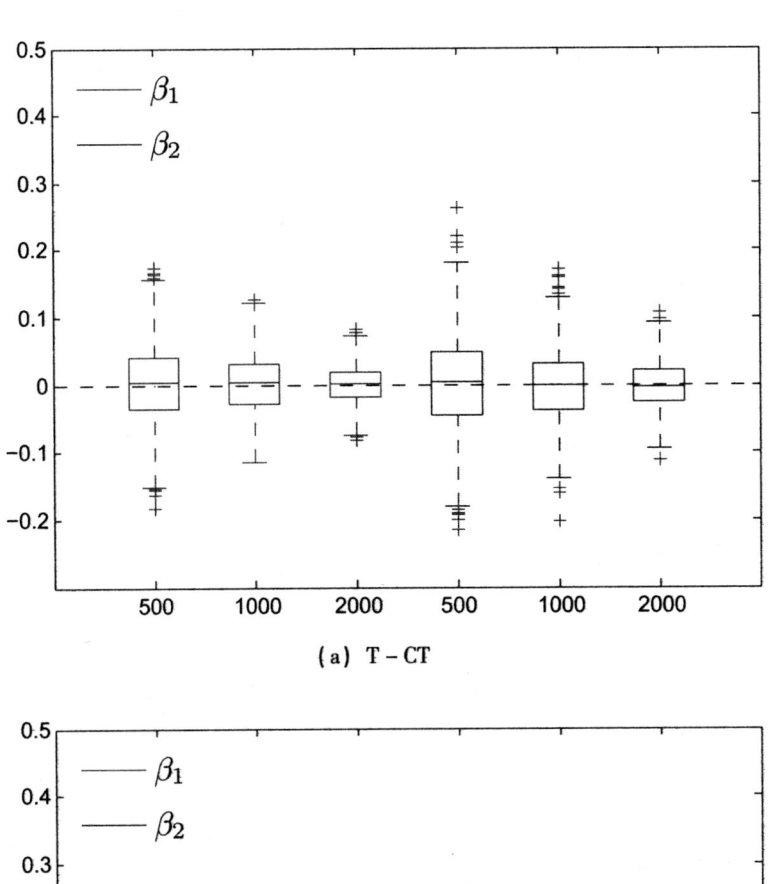

（a）T－CT

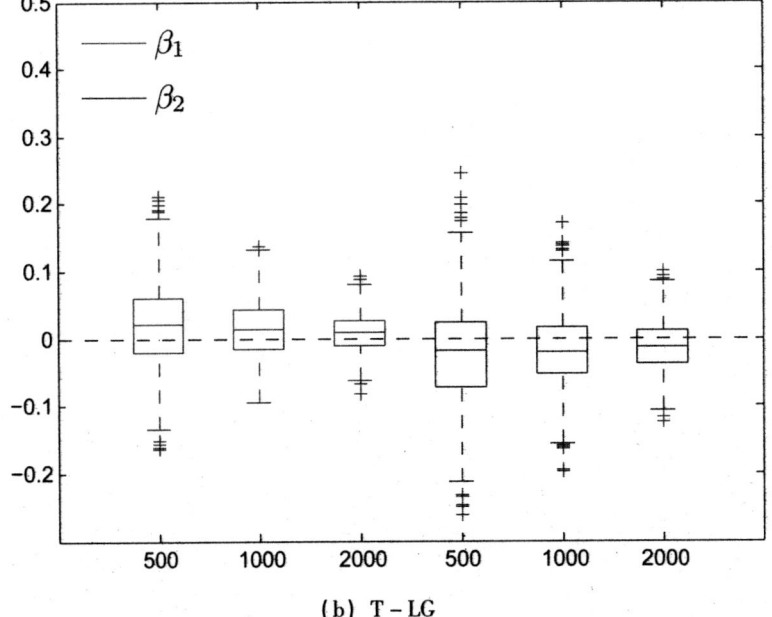

（b）T－LG

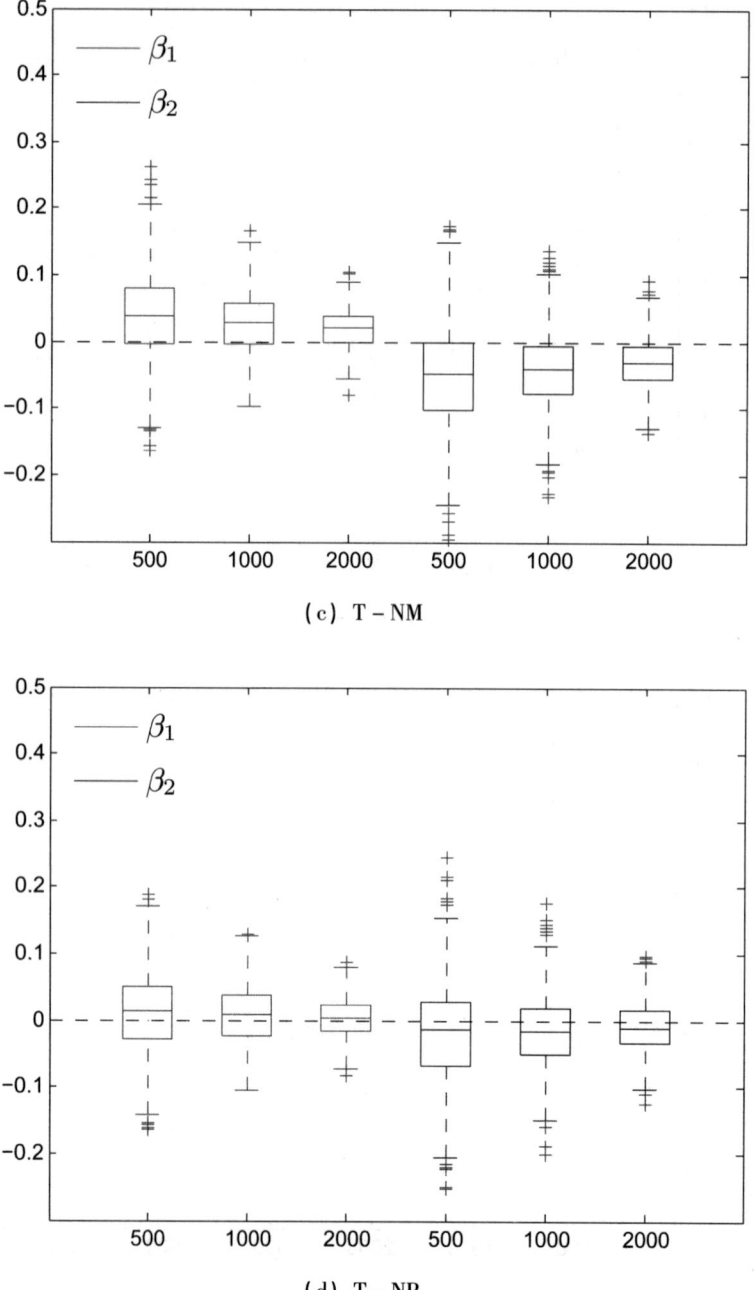

（c）T - NM

（d）T - NP

图 5.9　估计量 $\hat{\beta}_1$ 和 $\hat{\beta}_2$ 所对应偏差的箱线图（DGP1，SF1）

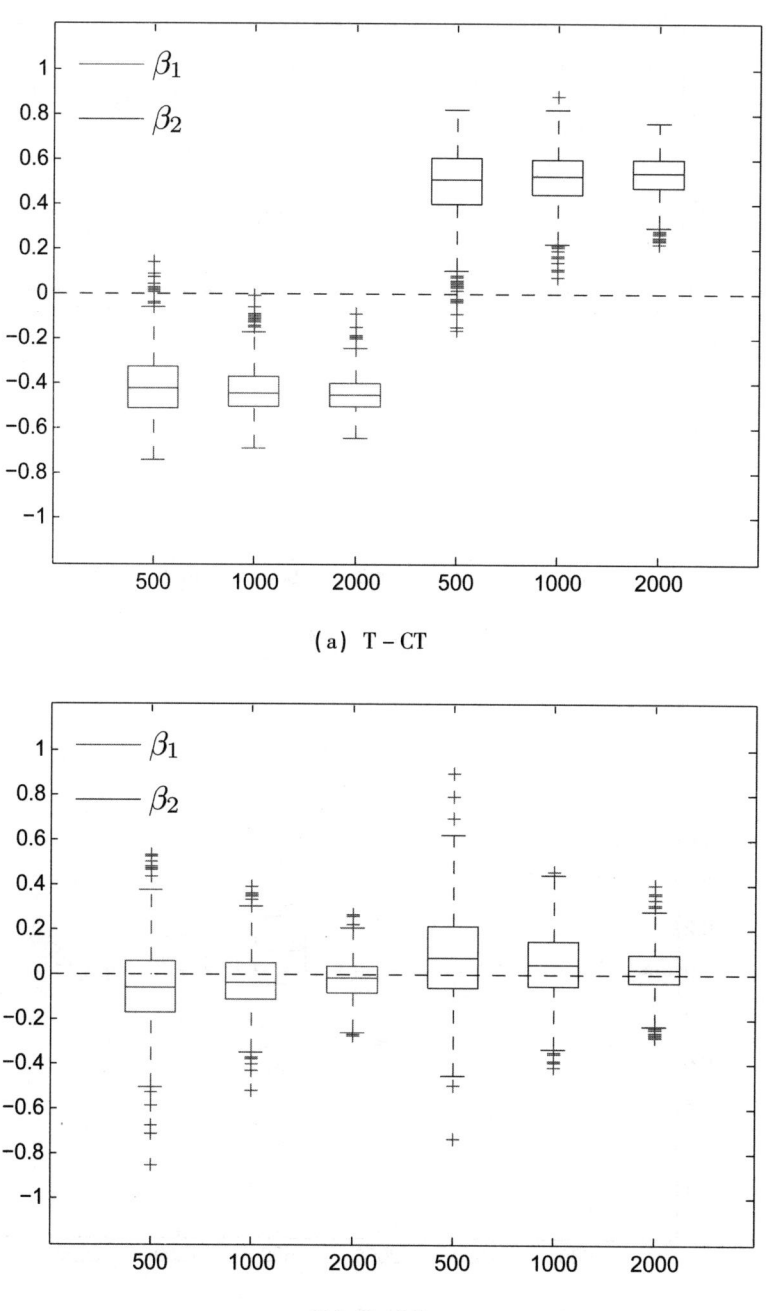

(a) T－CT

(b) T－LG

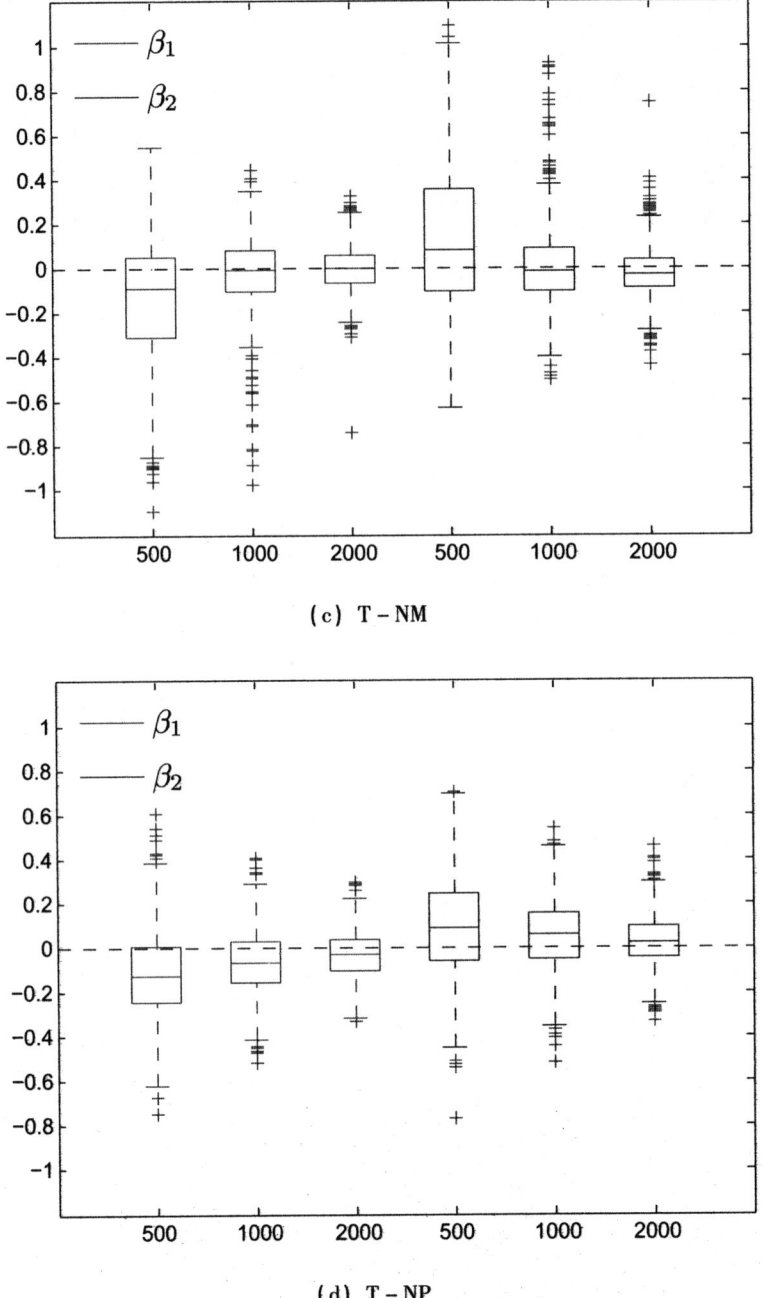

（c）T－NM

（d）T－NP

图 5.10　估计量 $\hat{\beta}_1$ 和 $\hat{\beta}_2$ 所对应偏差的箱线图（DGP1，SF2）

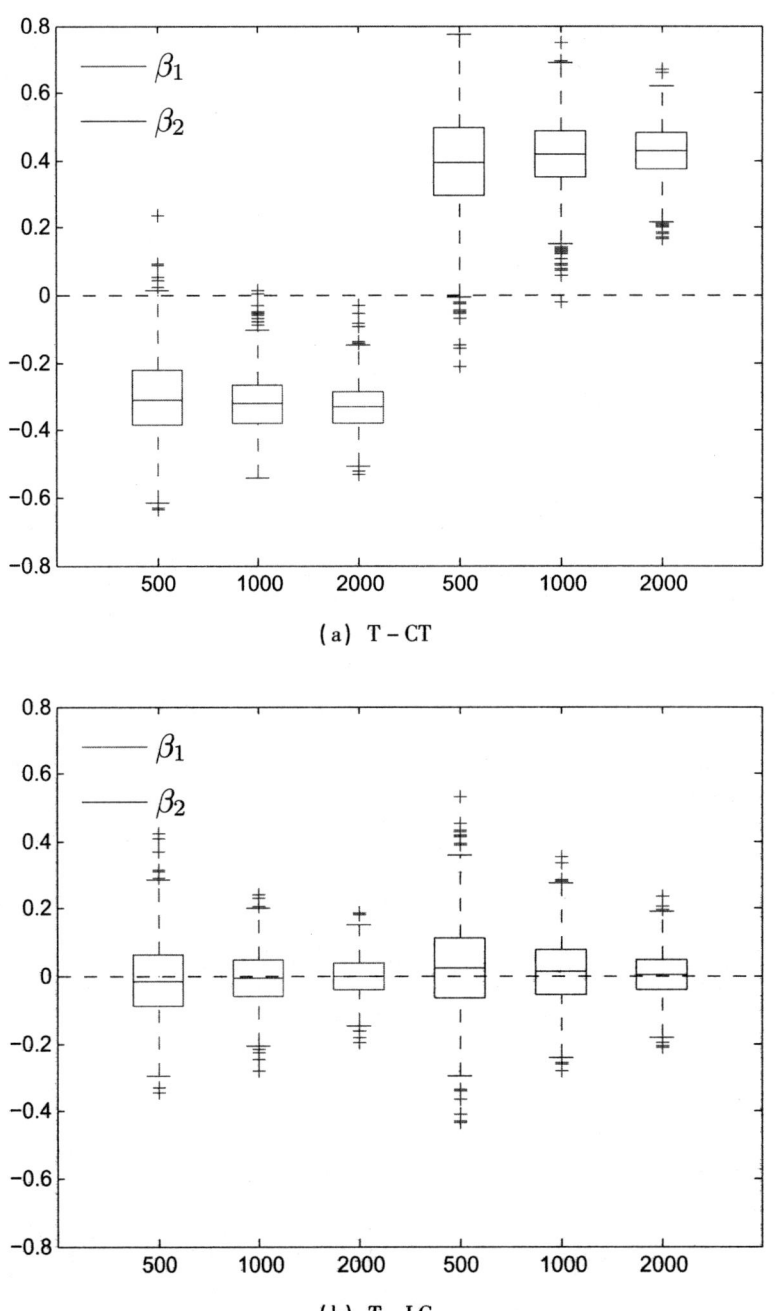

（a） T – CT

（b） T – LG

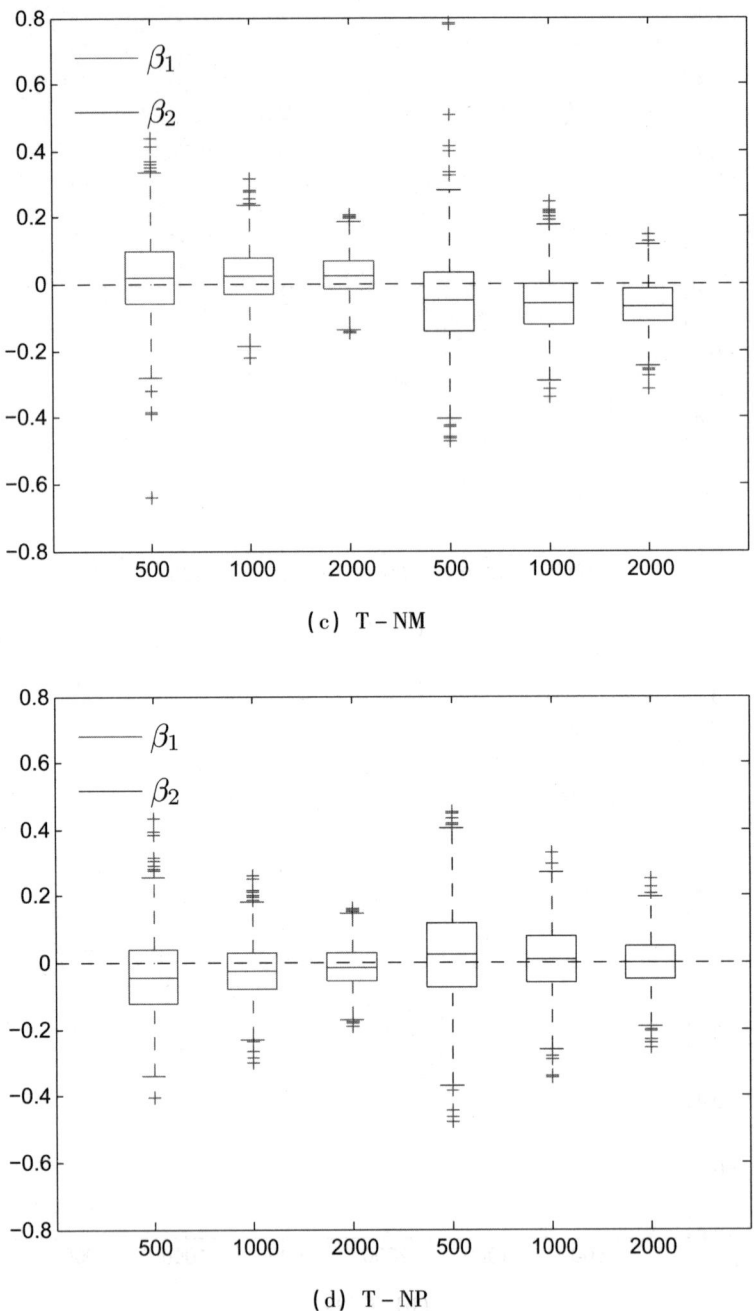

（c）T－NM

（d）T－NP

图5.11　估计量 $\hat{\beta}_1$ 和 $\hat{\beta}_2$ 所对应偏差的箱线图（DGP1，SF3）

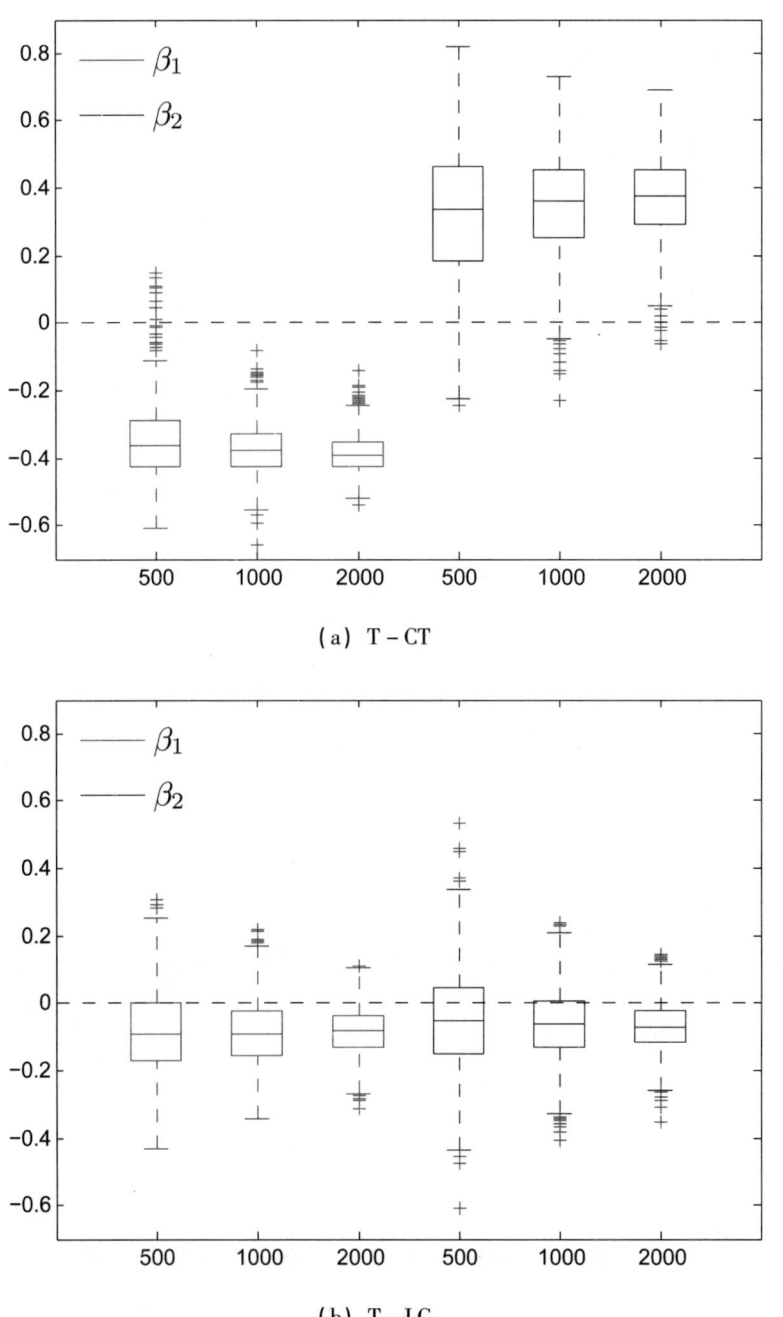

(a) T – CT

(b) T – LG

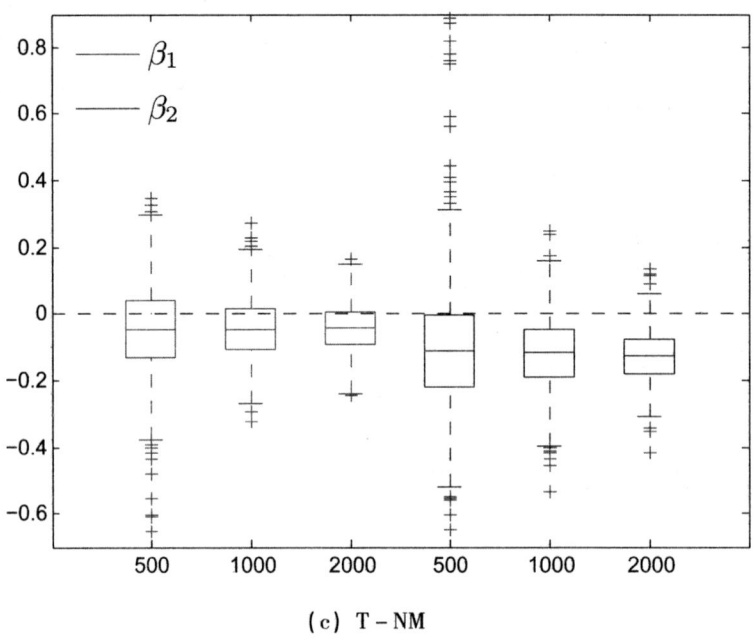

（c）T - NM

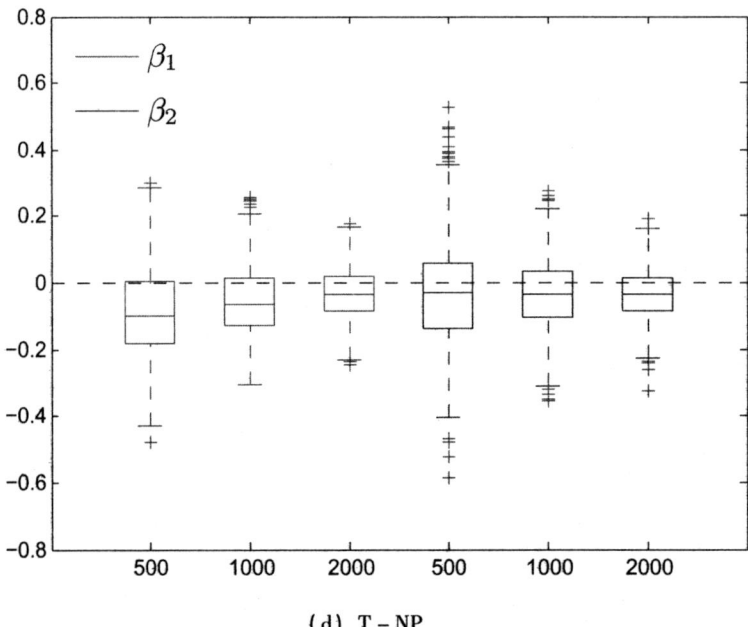

（d）T - NP

图 5.12 估计量 $\hat{\beta}_1$ 和 $\hat{\beta}_2$ 所对应偏差的箱线图（DGP1，SF4）

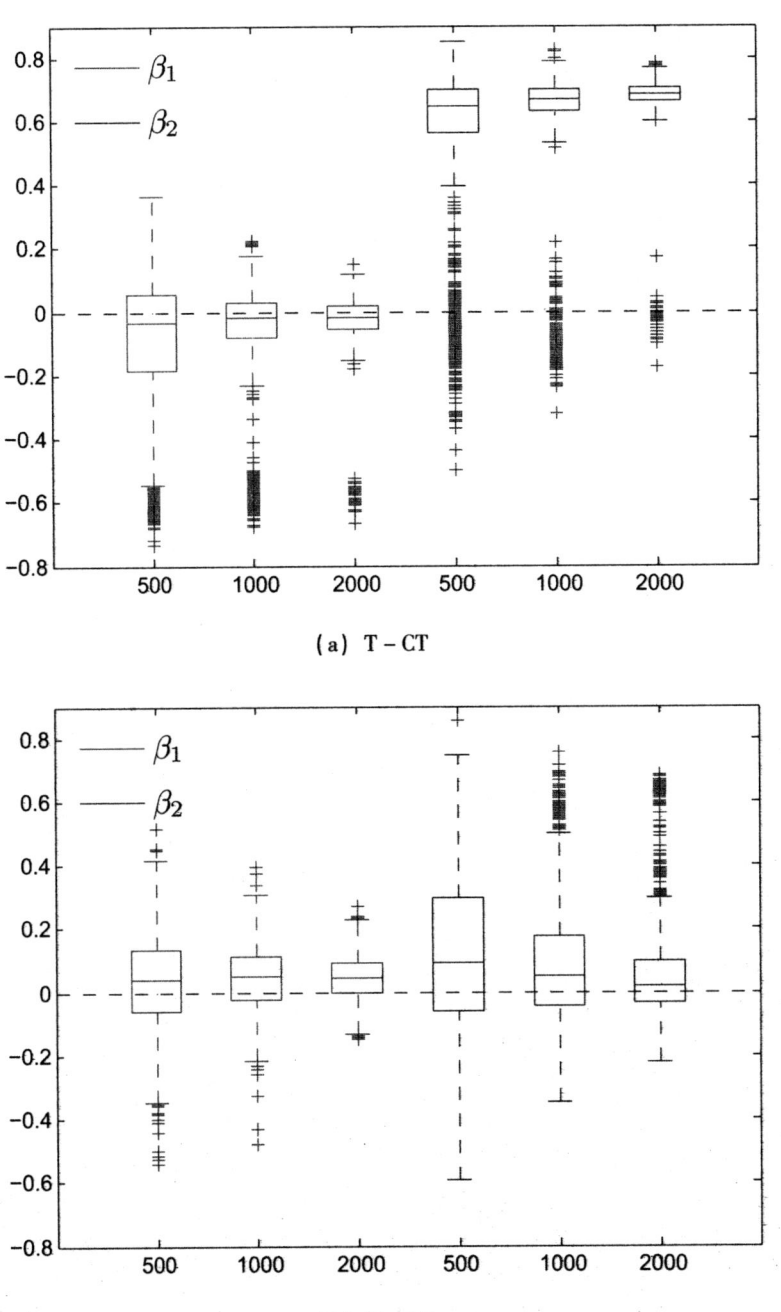

(a) T – CT

(b) T – LG

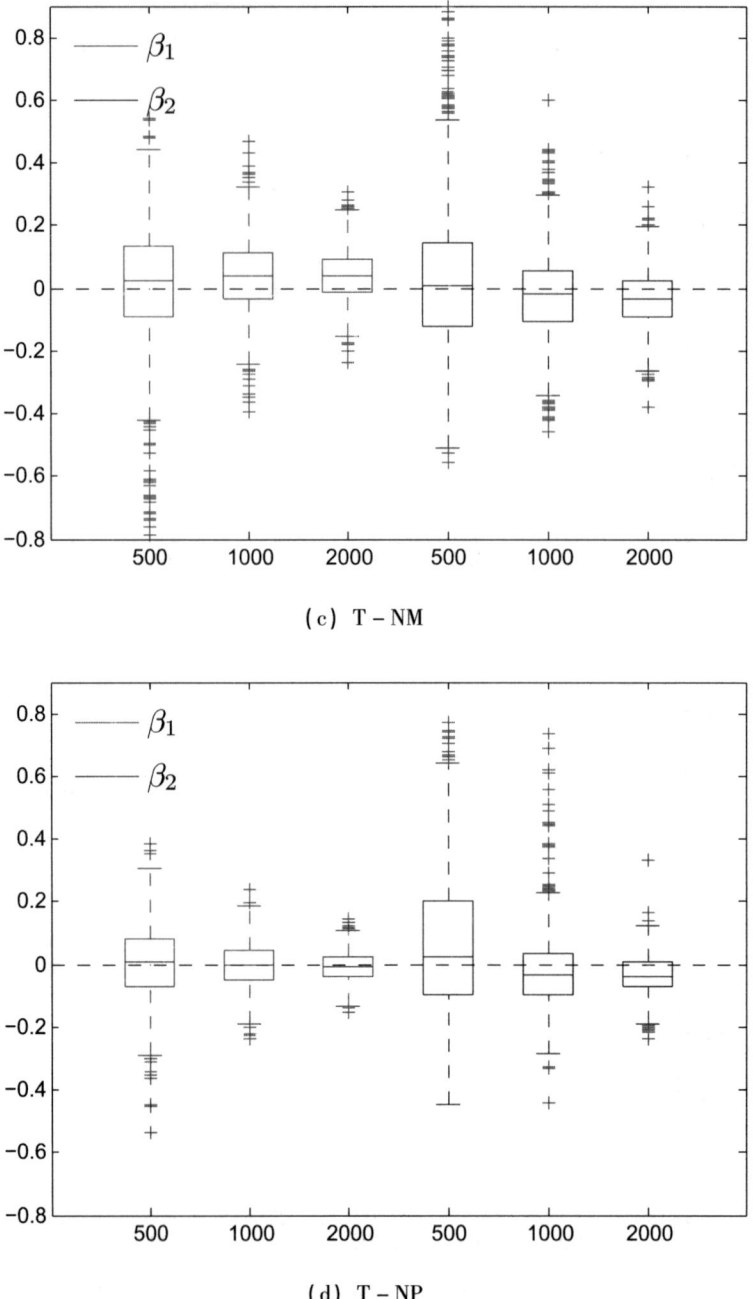

（c）T−NM

（d）T−NP

图5.13　估计量 $\hat{\beta}_1$ 和 $\hat{\beta}_2$ 所对应偏差的箱线图（DGP1，SF5）

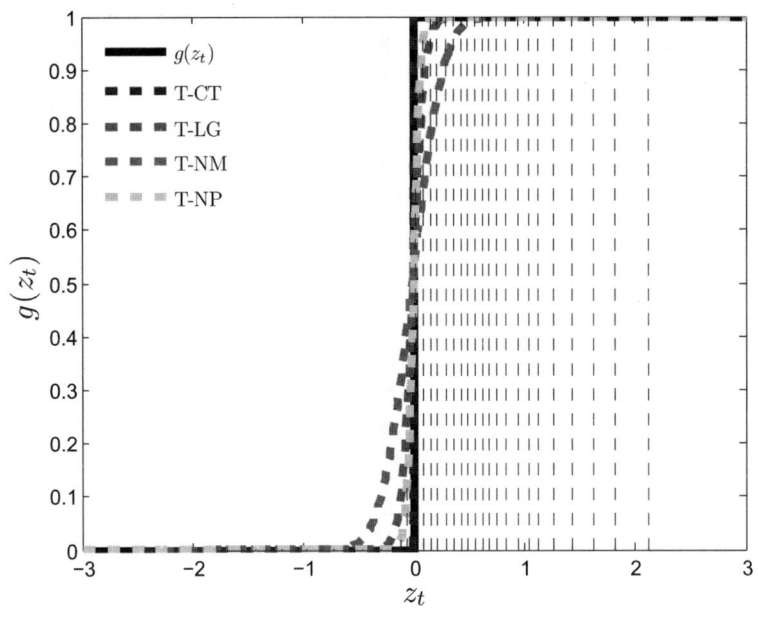

（a）DGP1 – SF1

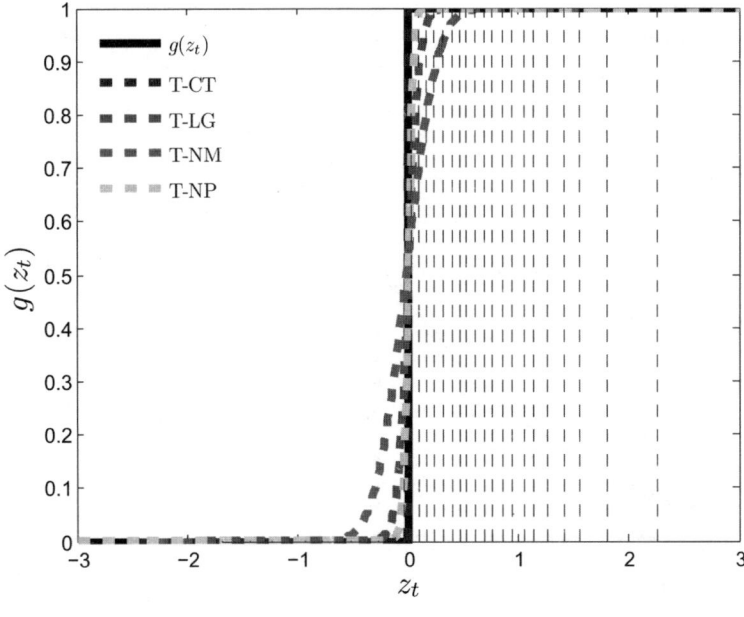

（b）DGP2 – SF1

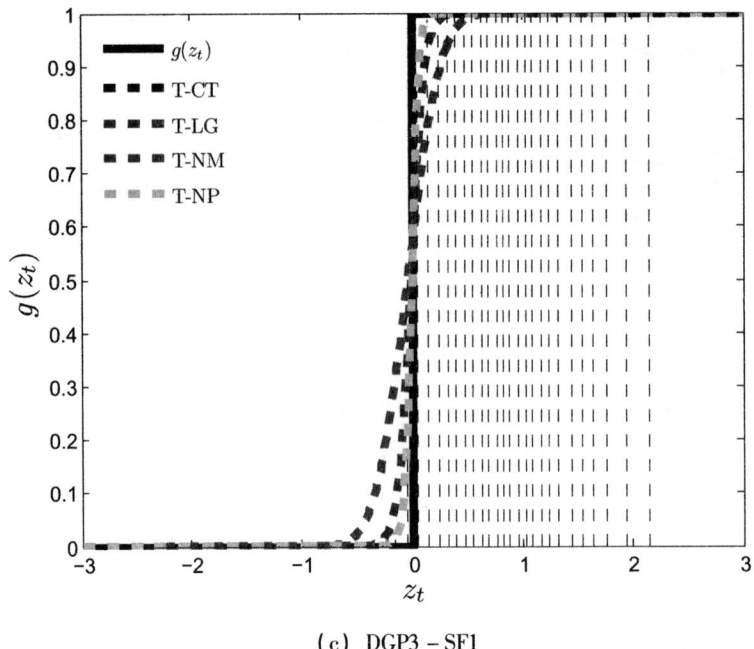

（c）DGP3 – SF1

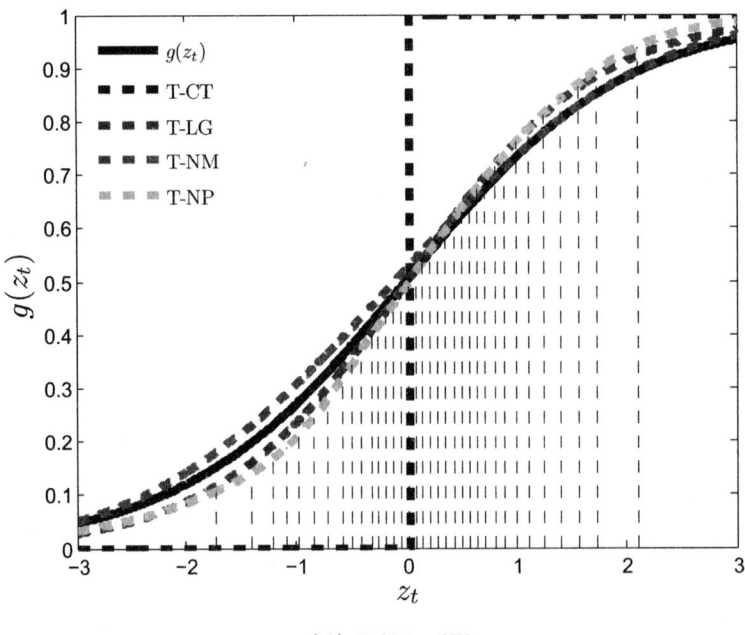

（d）DGP1 – SF2

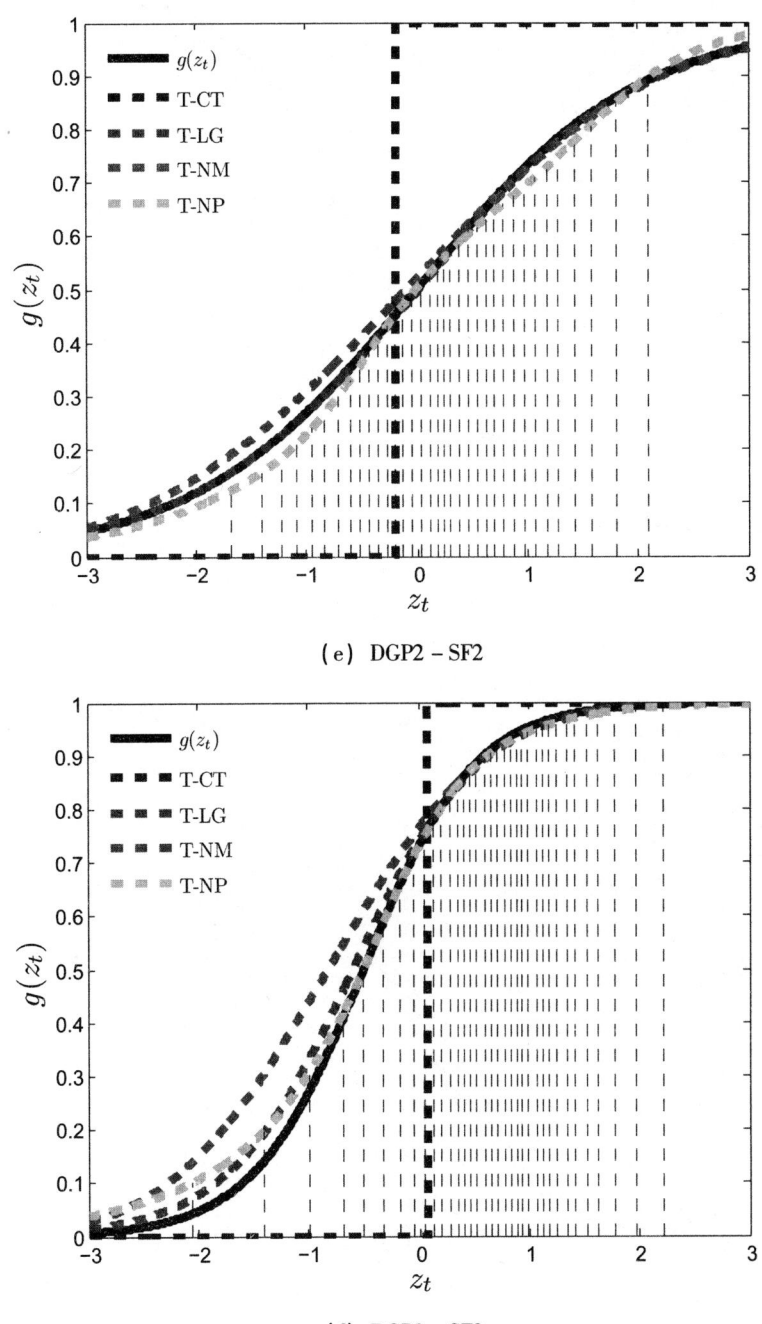

（e）DGP2 – SF2

（f）DGP3 – SF2

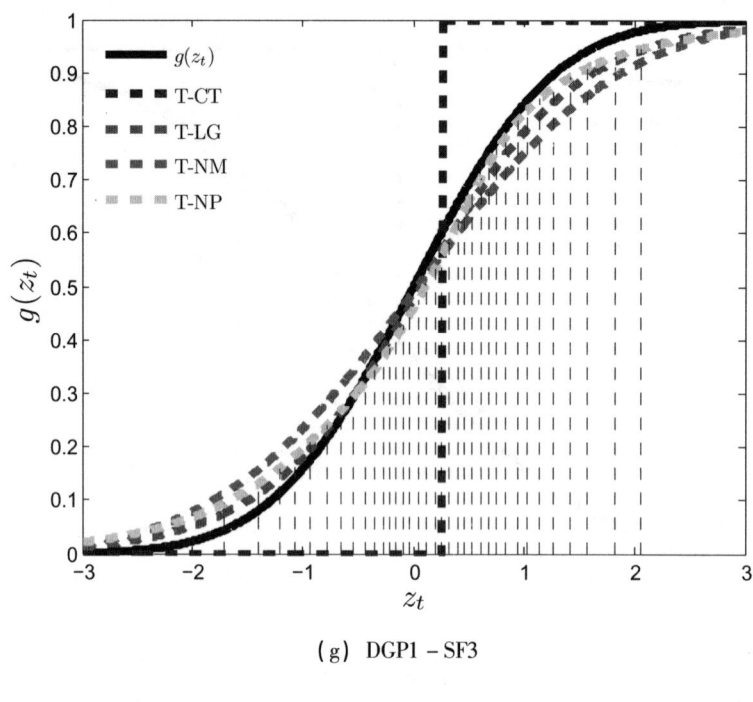

(g) DGP1 – SF3

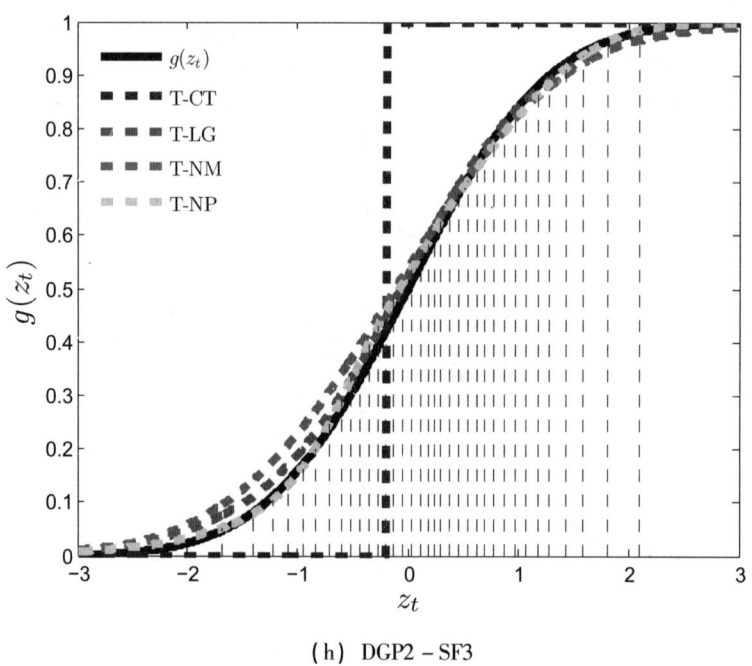

(h) DGP2 – SF3

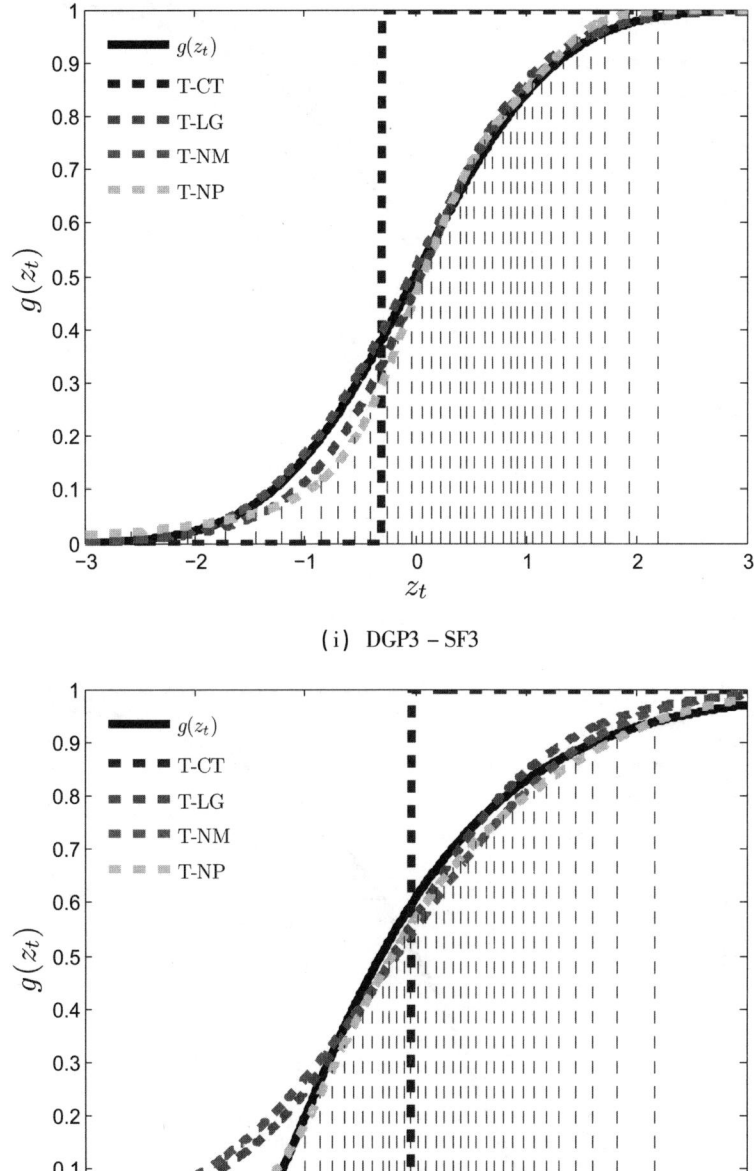

(i) DGP3 – SF3

(j) DGP1 – SF4

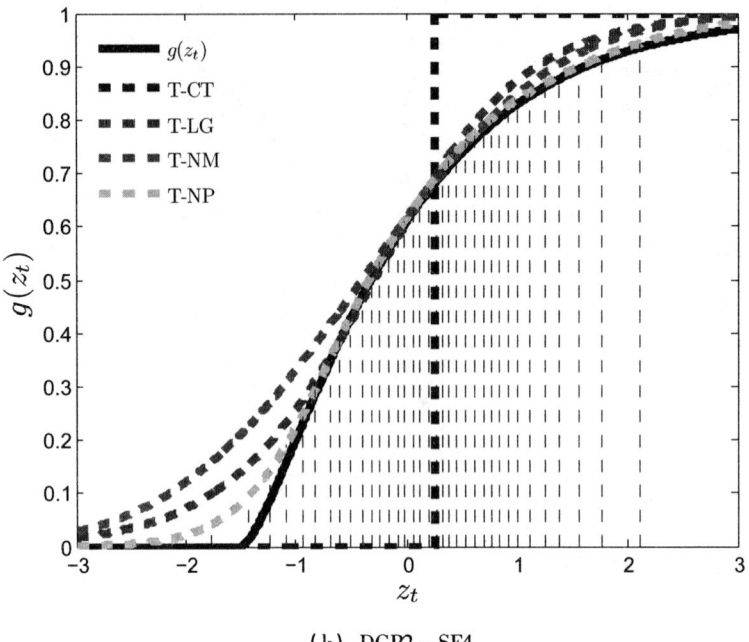

（k）DGP2 – SF4

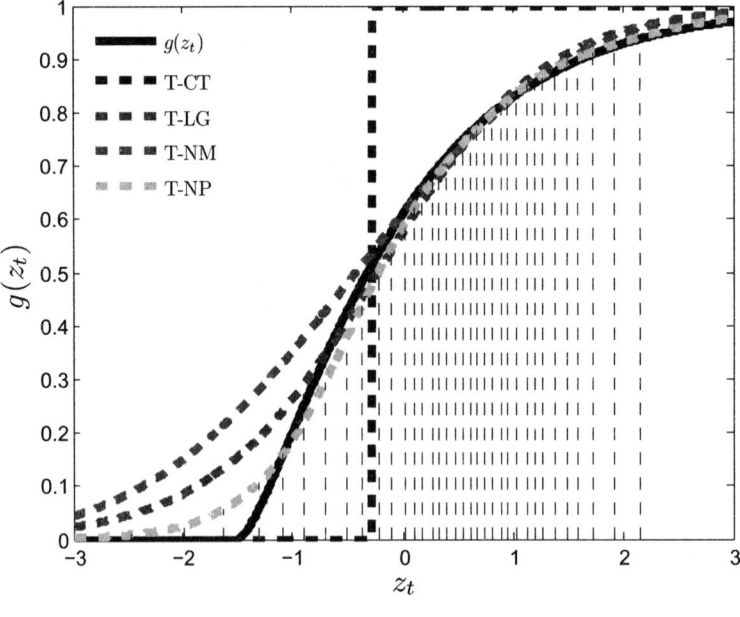

（l）DGP3 – SF4

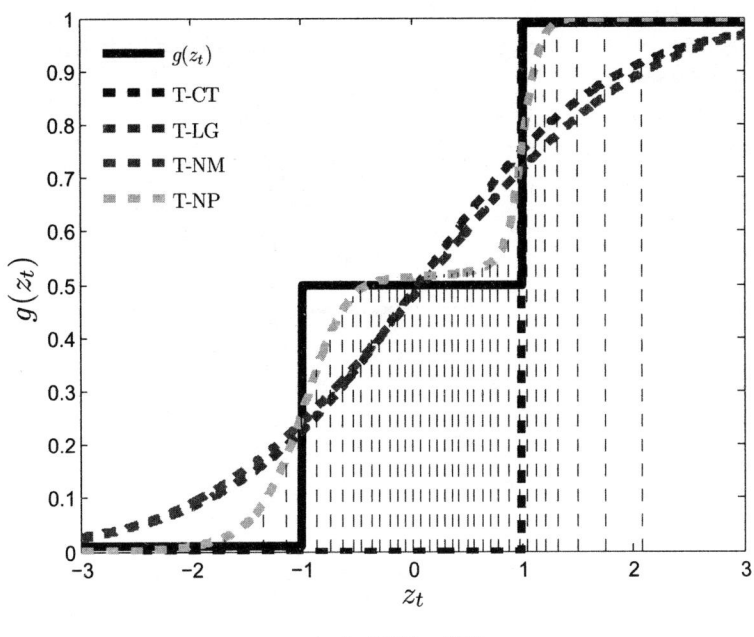

（m）DGP1 – SF5

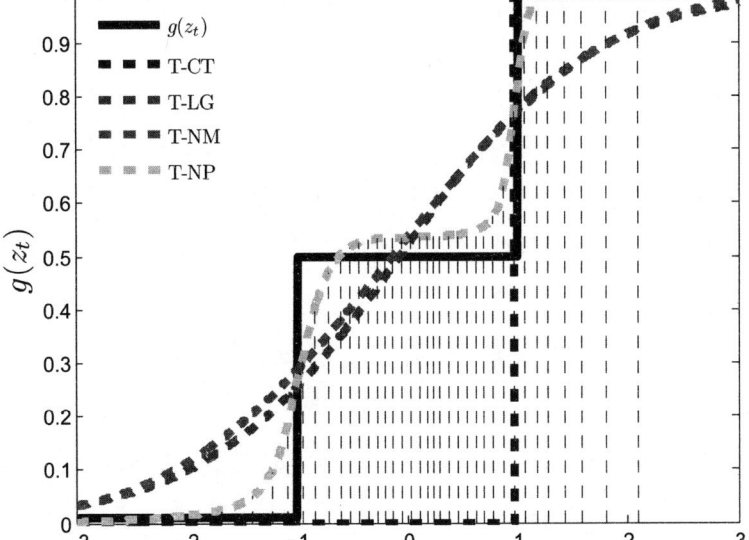

（n）DGP2 – SF5

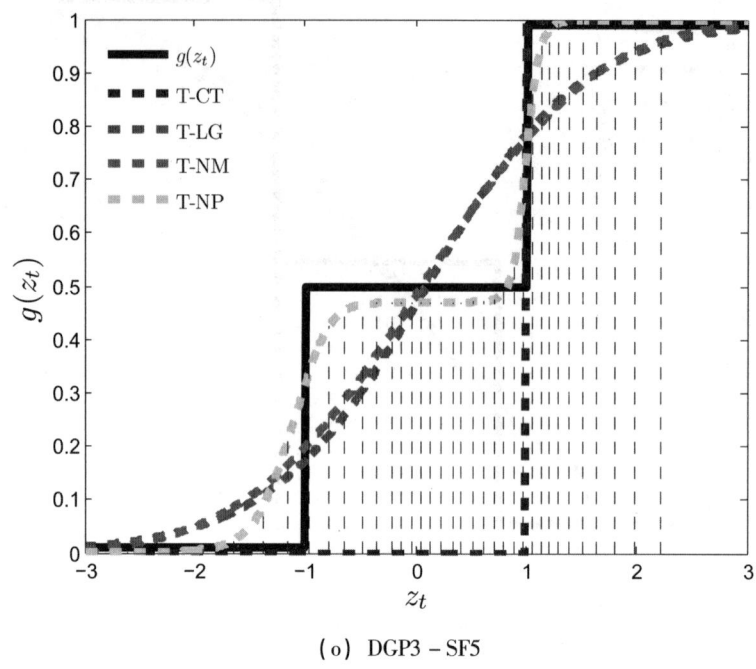

（o） DGP3 – SF5

图 5.14　区制概率函数 $g(z_t)$ 的估计值（$T = 1000$）

　　为了更进一步地研究 T – CT、T – LG 和 T – NP 三种模型的区别，图 5.14 给出了基于不同数据集（$T = 1000$），这四种模型所估计得到的区制概率函数的序列图。从图 5.14 中可以发现，当真实区制概率函数为 $SF1$ 时，四种模型所估计得到的区制概率函数都很准确。当真实区制概率函数为 $SF2$ 和 $SF3$ 时，T – LG、T – NM 和 T – NP 模型所估计得到的区制概率函数很准确，而 T – CT 模型由于二元特性的存在导致其无法准确刻画如 Logistic 和正态区制概率函数之类的平滑函数。当区制概率函数为 $SF4$ 和 $SF5$ 时，只有 T – NP 模型能够很好地刻画分段线性特征，而其他三种模型则表现很差。结果表明，相比 T – CT、T – LG 和 T – NM 模型，T – NP 模型本身所具有的非参数区制概率函数在刻画不同的区制转换行为上具有更加明显的优势。这主要体现在，

T－NP 模型不仅能够刻画简单特殊的动态区制转换机制，而且能够刻画复杂且不规则的动态区制转换机制。

二、模拟 2

本小节主要通过蒙特卡洛模拟考察本章所提出的关于门限效应的贝叶斯检验方法的表现。考虑如下的数据生成过程：

$$y_t = \begin{cases} x_t'\beta_1 + \varepsilon_{1t}, & \text{概率 } g(z_t); \\ x_t'\beta_2 + \varepsilon_{2t}, & \text{概率 } 1 - g(z_t), \end{cases}$$

其中，$\varepsilon_{1t} \sim N(0,1)$，$\varepsilon_{2t} \sim N(0,1)$，$z_t \sim N(0.2,1)$，

$$g(z_t) = \begin{cases} 0.01, & z_t \leqslant -1; \\ 0.5, & -1 < z_t \leqslant 1; \\ 0.99, & z_t > 1. \end{cases}$$

在蒙特卡洛模拟中，样本容量 $T = 500$，蒙特卡洛模拟总次数 $R = 1000$。笔者考虑了不同的参数设定形式，并采用 T－NP 模型去拟合每种数据生成过程中对应的数据集。对于每组数据，笔者分别计算了其所对应的门限效应检验的贝叶斯检验统计量，并根据检验结果作出门限效应存在与否的判断。先验分布仍然采用式（5.6）中的设定。显著性水平 α 被设定为 5%。

表 5.7 报告了基于不同的模型设定，在所有蒙特卡洛模拟次数 R 中，拒绝门限效应检验原假设

$$H_0 : \begin{pmatrix} \beta_1 - \beta_2 \\ \log\sigma_1^2 - \log\sigma_2^2 \end{pmatrix} = \begin{pmatrix} 0 \\ 0 \end{pmatrix}$$

的模拟次数占所有蒙特卡洛模拟次数的比例。结果表明，当 $\beta_1 = \beta_2$ 时，门限效应检验的比率接近于 0，且随着门限模型中两个区制之间距离的增大而增大，最终趋近于 100%。可见，本书所提出的门限

效应检验的贝叶斯检验统计量能够有效地判断出门限效应的存在与否。

表5.7 门限效应检验的拒绝比率

均值漂移门限模型：$x_t = 1$	
参数设置	拒绝比率（$\alpha = 5\%$）
$\beta_1 = 0.8, \beta_2 = 0.8$	0%
$\beta_1 = 0.8, \beta_2 = 0.6$	0.1%
$\beta_1 = 0.8, \beta_2 = 0.4$	0.9%
$\beta_1 = 0.8, \beta_2 = 0.2$	7.4%
$\beta_1 = 0.8, \beta_2 = 0$	26.8%
$\beta_1 = 0.8, \beta_2 = -0.2$	64.7%
$\beta_1 = 0.8, \beta_2 = -0.4$	91.6%
$\beta_1 = 0.8, \beta_2 = -0.6$	98.5%
$\beta_1 = 0.8, \beta_2 = -0.8$	99.9%
$\beta_1 = 0.8, \beta_2 = -1$	100%
$\beta_1 = 0.8, \beta_2 = -1.2$	100%

注：（1）显著性水平 $\alpha = 0.05$；

（2）拒绝比率表示在所有蒙特卡洛模拟次数 R 中，拒绝门限效应检验原假设

$$H_0 : \begin{pmatrix} \beta_1 - \beta_2 \\ \log\sigma_1^2 - \log\sigma_2^2 \end{pmatrix} = \begin{pmatrix} 0 \\ 0 \end{pmatrix}.$$

的模拟次数占所有蒙特卡洛模拟次数的比例；

（3）表中计算结果根据1000次蒙特卡洛模拟得到。

第四节　实证应用：股票收益率预测

如何对股票收益率进行准确的预测？这一直是理论和实证研究领域探讨的热点问题之一。把握股票收益率的特征及趋势，对于投资者合理规避和管理股市风险具有极其重要的理论和实际意义。因此，长期以来，许多学者借助具有持续性的解释变量，运用各种预测回归模型对股票收益率进行预测，希望能够从中得到有益的启示和可以遵循的规律。例如，Fama and Schwert（1977）、Keim and Stambaugh（1986）以及 Campbell（1987）认为长短期国债和公司债券的收益率与下一时期的股票收益率相关。Fama and French（1989）、Campbell and Cochrane（1999）、Cochrane（2007）等通过研究发现，某些具有持续性的经济变量，例如，估值比率（市值和净利润比或股价和每股盈利比）、利率、期限和违约利差等，对于股票收益率具有显著的预测能力。然而，上述研究均假定在预测回归模型中具有持续性的解释变量和股票收益率之间的关系是通过线性形式来体现的。Welch and Goyal（2008）和 Gonzalo and Pitarakis（2012）质疑线性回归模型的结果会因方法、变量以及样本区间的不同而不稳定。具体而言，Welch and Goyal（2008）采用相同的方法、样本区间，对已有的实证研究中主要预测变量的预测能力重新进行了评估。结果表明，绝大多数线性预测回归模型的实证结果是不可靠的或者是伪回归。Gonzalo and Pitarakis（2012）研究发现，线性预测回归模型对于数据定义、数据频率以及样本区间的选择非常敏感，在评价股票收益率预测的效果时必须对结果的可靠性做进一步的深入分析。

考虑到线性预测回归模型缺乏可靠性的问题，部分学者开始尝试从理论和实证的研究角度对股票收益率的预测问题作出全新的解释。例如，Menzly et al.（2004）的理论设定中建议在股票收益率预测中考虑可能存在的周期性不稳定性。Rapach and Wohar（2006）、Rossi（2005，2006）以及 Timmermann（2008）等通过探讨股票收益率预测中可能存在的结构突变等因素对预测的不稳定性做出解释，并分析了时变性对于预测值的重要影响。此外，Henkel et al.（2011）分析了在 G7 国家中几个重要经济变量（股息率、短期国库券贴现率、期限和违约利差等）对于股票收益率的预测能力。他们采用贝叶斯计量经济学方法对马尔科夫区制转移向量自回归（Markov Switching Vector Autoregressive，MSVAR）模型进行估计，发现 MSVAR 模型的两个区制与传统经济周期的扩张和紧缩时期联系非常紧密。Gonzalo and Pitarakis（2012）将传统的线性预测回归模型扩展到门限模型的更一般的研究框架，允许预测能力受可观测经济变量（工业生产指数）的影响，发现基于股息率的股票收益率预测具有反经济周期的特征，即在经济紧缩时期（工业生产指数低于门限值），股息率对股票收益率的预测反而更强。值得一提的是，在 Gonzalo and Pitarakis（2012）的建模分析过程中，门限模型的区制概率函数是关于门限变量和阈值的示性函数。考虑到影响股票收益率因素的复杂性，基于这种特殊区制概率函数的设定所得到的预测结果很可能是不精确和不可靠的。为此，有必要运用本章所提出的 T－NP 模型在更一般的研究框架下对美国股票收益率的预测问题进行重新探讨和评估。

　　基于以上考虑，本章运用 T－NP 模型对基于股息率的美国股票收益率的预测问题进行了深入分析和探讨，具体模型设定形式如下所示：

$$r_{t+1} = \begin{cases} \beta_{1,0} + \beta_{1,1}LDY + \varepsilon_{1t}, & I_t = 1, \\ \beta_{2,0} + \beta_{2,1}LDY + \varepsilon_{2t}, & I_t = 2, \end{cases}$$

$$P(I_t = 1) = g(z_t) = \frac{\int_{-\infty}^{z_t} e^{f(u)} du}{1 + \int_{-\infty}^{z_t} e^{f(u)} du},$$

$$f(u) = \alpha_0 + \alpha_1 u + \sum_{k=1}^{K} b_k (u - \tau_k)_+, \alpha_1 > 0.$$

其中，r_{t+1} 表示 $t+1$ 时期包含股息的收益率，LDY_t 表示 t 时期的股息率，z_t 表示 t 时期的工业生产指数对数增长率百分比，$\varepsilon_{1t} \sim N(0, \sigma_1^2)$，$\varepsilon_{2t} \sim N(0, \sigma_2^2)$。

本节一方面从样本内分析的角度对美国股票收益率的预测问题作出了全新的解释，有益于投资者把握股票收益率的总体特征及变化趋势，从而合理规避和管理股市风险；另一方面从样本外分析的角度证明了相比于现有文献中的股票收益率预测模型，T - NP 模型在样本外预测方面的相对优势，从而为研究人员提供了更加准确可信的预测方法。

一、指标选取与数据描述

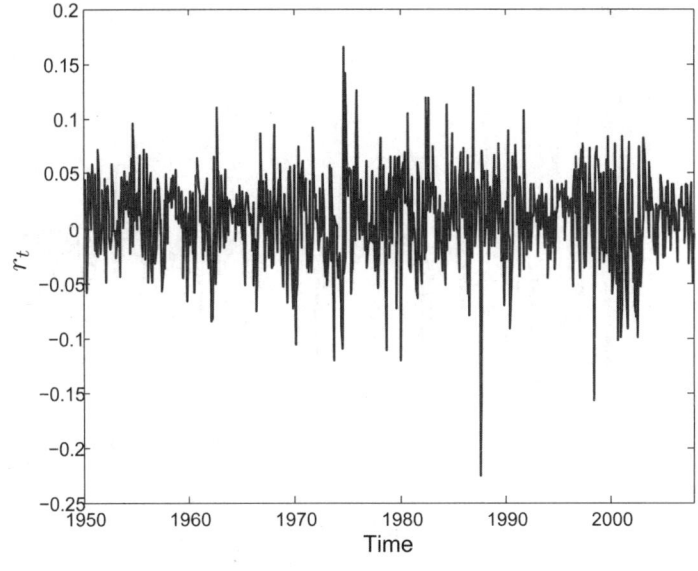

（a）股票收益率

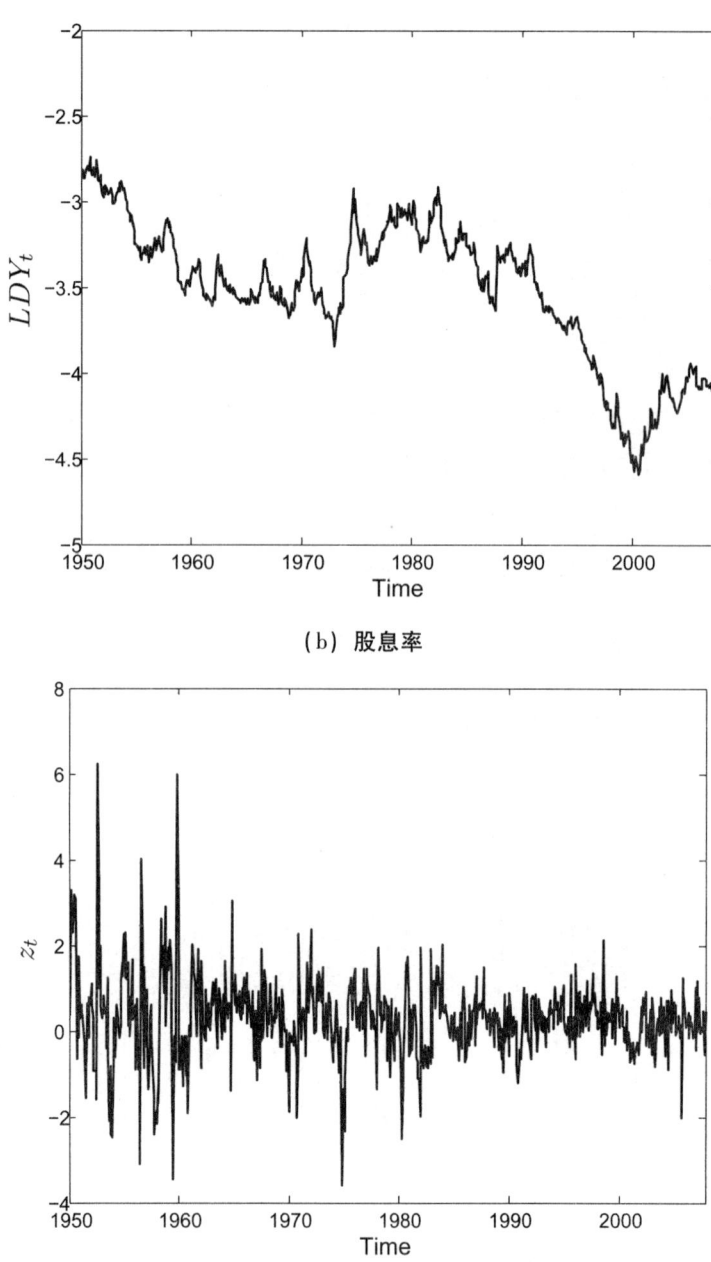

（b）股息率

（c）工业生产指数

图 5.15　样本数据的时间序列图

　　由于 T – NP 模型的估计需要较大样本容量，因此本章选择月度数据对美国股票收益率的预测问题进行建模。数据区间为 1950 年 1 月到 2007 年 12 月，共计 696 个观测值（695 个净观测值）。数据指标的选取和处理过程简要描述如下：

　　首先，关于股票收益率指标的选取。本章所采用的股票收益率数据为纽约证券交易所（New York Stock Exchange，NYSE）、美国证券交易所（American Stock Exchange，AMEX）和纳斯达克股票市场（National Association of Securities Dealers Automated Quotation，NAS-DAQ）的市值加权收益率，数据源于美国芝加哥大学证券价格研究中心开发的 CRSP（The Center for Research in Security Prices）数据库。特别地，本节将包含股息的收益率作为主要研究指标，同时笔者也证明了不包含股息的收益率以及包含和不包含股息的超额收益率的分析结果与包含股息的收益率的分析结果相似。为了节省空间，本节仅考察包含股息的股票收益率。图 5.15（a）给出了股票收益率 r_t 的时间序列图。

　　其次，关于股息率指标的选取。本节所采用的股息率数据是指在过去 12 个月的总股息与总市值比值的对数百分比。图 5.15（b）给出了股息率 LDY_t 的时间序列图。

　　最后，关于工业生产指数指标的选取。本节所采用的工业生产指数数据源于美国圣路易斯联邦储备银行网站（http：//www. stlouisfed. org/）。根据美国月度工业生产指数的原始数据，笔者计算得到了其相应的对数增长率。参照 Gonzalo and Pitarakis（2012），本节选取美国工业生产指数的对数增长率百分比作为衡量宏观经济状态的门限变量。图 5.15（c）给出了工业生产指数 z_t 的时间序列图。

二、样本内分析

本小节主要采用本章提出的贝叶斯估计方法对 T – NP 模型进行估计，考察其在样本内分析中的表现。在 MCMC 抽样方法中，未知参数的先验分布被设定为：

$$\beta_1,\beta_2 \sim N(0,0.1I_p)\,, \quad \sigma_1^2,\sigma_2^2 \sim IG(0.1,0.1)\,,$$
$$\theta_0 \sim N(0,0.01)\,, \quad \theta_1 \sim G(0.5,0.5)\,,$$
$$\mu \sim N(0,0.1)\,, \quad \sigma_u^2 \sim IG(0.1,0.1)\,, \tag{5.7}$$
$$\alpha_0 \sim N(0,0.01)\,, \quad \alpha_1 \sim G(25,0.1)\,, \quad \sigma_b^2 \sim IG(10,10).$$

其中，I_p 表示 $p \times p$ 的单位矩阵。马尔科夫链的总长度为 20000，其中燃烧期的长度为 10000。

由于区制概率函数 $g(z_t)$ 是关于门限变量 z_t 的单调递增函数，因此，本节将区制 1（2）记为经济扩张（紧缩）时期。表 5.8 报告了 T – NP 模型的贝叶斯估计结果。结果显示：一方面，股息率 LDY_t 的系数估计值仅在区制 2 才显著不等于 0，意味着基于股息率的股票收益率预测具有反经济周期的特征，即在经济紧缩时期股息率对股票收益率才具有预测作用；另一方面，区制 2 中扰动项标准差的估计值要明显大于区制 1 中的相应值，意味着经济紧缩时期的波动性更强，与预期一致。类似的结论可以参见 Henkel et al.（2011）以及 Gonzalo and Pitarakis（2012）等相关文献。特别地，基于 T – NP 模型的估计结果，笔者通过计算得到门限效应检验的贝叶斯统计量为 0.0036。检验结果在 1% 的显著性水平下拒绝了不存在门限效应的原假设。

表 5.8　T - NP 模型的贝叶斯估计结果

	估计值	标准差	HPD 区间（95%）	$r_0(\theta)$
$I_t = 1$				
CONSTANT	0.0300	0.0164	（-0.0028，0.0614）	26.9330
LDY_t	0.0055	0.0046	（-0.0038，0.0142）	7.4317
σ_1^2	0.0018	0.0001	（0.0016，0.0020）	-
$I_t = 2$				
CONSTANT	0.2243	0.1101	（-0.0027，0.4326）	51.0833
LDY_t	0.0662	0.0333	（0.0022，0.1326）	47.5437
σ_2^2	0.0075	0.0026	（0.0039，0.0123）	-
α_0	0.0474	0.1002	（-0.1431，0.2452）	2.1221
α_1	1.4601	0.4173	（0.6812，2.2397）	-

注：（1）参数 θ_i 的 HPD 区间（95%）被定义为满足 $\dot{P}(\theta_i \in C(\mid y_{1:T}, x_{1:T}, z_{1:T}) \mid y_{1:T}, x_{1:T}, z_{1:T}) = 95\%$，并且长度最短的集合 $C(y_{1:T}, x_{1:T}, z_{1:T})$；

（2）参数 $\theta_i = \theta_i^*$ 的后验机率的计算公式为（Chen et al., 2010）：

$$r_{\theta_i}(\theta_i) \triangleq \frac{P(\theta_i > \theta_i^* \mid y_{1:T}, x_{1:T}, z_{1:T})}{P(\theta_i < \theta_i^* \mid y_{1:T}, x_{1:T}, z_{1:T})} \approx \frac{\sum_{s=S_0+1}^{S} I(\theta_i^{(s)} > \theta_i^*)}{\sum_{s=S_0+1}^{S} I(\theta_i^{(s)} < \theta_i^*)}$$

其中，$I(\cdot)$ 表示示性函数。给定显著性水平 α，如果 $r_{\theta_i}(\theta_i) > (1-\alpha)/\alpha$ 或者 $r_{\theta_i}(\theta_i) < \alpha/(1-\alpha)$，那参数 θ_i 显著不等于 θ_i^*。参数 θ_i 的贝叶斯检验本质上类似于传统计量经济学分析框架下的单边假设检验。

（3）门限效应检验的贝叶斯统计量为 0.0036。

为了更好地评价 T - NP 模型的表现，本小节还同时考虑了 T - CT、

T－LG 和 T－NM 模型以作对比。图 5.16 给出了 T－CT、T－LG、T－NM和 T－NP 模型估计得到的区制概率函数的序列图。从图 5.16 中可以看出，这四种模型估计得到的区制概率函数存在很大区别。具体而言，T－CT 模型估计得到的区制概率函数是二元函数，而 T－LG、T－NM 和 T－NP 模型估计得到的区制概率函数则相对平滑，并且T－NP模型估计得到的区制概率函数增长速度更快。

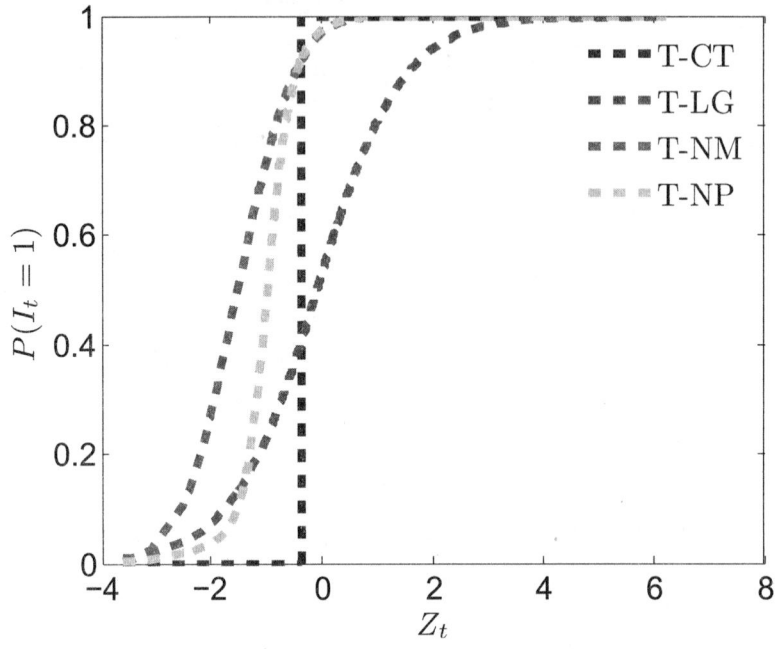

图 5.16　区制概率函数的估计值

三、样本外分析

在文献中，基于样本内分析的股票收益率预测结果往往会被质疑存在过度拟合等问题。Welch and Goyal（2008）通过将预测回归模型与历史平均预测模型进行对比，发现股票收益率的历史平均预测结果要明显优于基于预测回归模型所得到的预测结果。可见，T－NP 模型在样本外预测方面是否具有比简单的历史平均预测模型更好的表现，是一个非常值得深入探讨分析的问题。

参照文献中的做法（Campbell and Thompson，2008；Welch and Goyal，2008；Rapach et al，2010；Henkel et al，2011），本小节对 T - NP 模型展开样本外分析。为了对比起见，除了 T - NP 模型，本小节考虑的模型还包括线性预测（Linear Predictive，LP）回归模型、T - CT 模型、T - LG 模型和 T - NM 模型。笔者将总数据区间（1950 年 1 月—2007 年 11 月，共计 695 个观测值）划分为样本内区间（1950 年 1 月—1974 年 12 月，300 个观测值）和样本外区间（1975 年 1 月—2007 年 11 月，395 个观测值）两部分，并采用一步向前递归（Recursive）预测方法对样本外区间的股票收益率进行预测。

与 Campbell and Thompson（2008）和 Welch and Goyal（2008）相同，笔者将历史平均预测模型作为基准模型。直观上讲，如果股息率对于股票收益率具有预测作用，那么基于股息率的股票收益率预测效果要优于不包含股息率信息的历史平均预测模型。简便起见，下文将历史平均预测模型简记为 HA（Historical Average）模型。笔者采用样本外预测统计量 R_{OS}^2（Campbell and Thompson，2008）来评价 LP、T - CT、T - LG、T - NM 和 T - NP 模型相对于 HA 模型的样本外预测能力。R_{OS}^2 统计量本质上度量了候选模型相对于基准模型在均方预测误差（Mean Square Prediction Error，MSPE）上的减少程度，其计算公式如下所示：

$$R_{OS}^2 = 1 - \frac{\sum_{k=1}^{q} (r_{m+k} - \hat{r}_{m+k})^2}{\sum_{k=1}^{q} (r_{m+k} - \bar{r}_{m+k})^2}$$

其中，m 表示样本内区间的时期个数，q 表示样本外区间的时期个数，$\hat{r}_{m+k}$ 表示候选模型在 $m + k$ 时期的股票收益率预测值，$\bar{r}_{m+k}$ 表示基准

模型在 $m+k$ 时期的股票收益率预测值。特别地，本节将 1950 年 2 月到 $m+k-1$ 时期的股票收益率平均值作为股票收益率的历史平均预测值 $\bar{r}_{m+k}$。如果 R_{OS}^2 为正，那么候选模型的预测效果优于基准模型，并且 R_{OS}^2 越大，表明候选模型的预测效果越好。

为了判断候选模型的 MSPE 是否显著低于基准模型的对应值，即 R_{OS}^2 是否显著为正，笔者对 R_{OS}^2 的符号显著性做了相关检验。检验的原假设和备则假设分别为：

$$H_0 : R_{OS}^2 \leqslant 0 \,,\; H_1 : R_{OS}^2 > 0 \,,$$

检验统计量为 Clark and West（2007）提出的 $MSPE - adjusted$ 统计量。检验步骤分为两步：

第一步，计算得到

$$\hat{f}_{t+1} = (r_{t+1} - \bar{r}_{t+1})^2 - [\,(r_{t+1} - \hat{r}_{t+1})^2 - (\bar{r}_{t+1} - \hat{r}_{t+1})^2\,] , t = m, \cdots, T-1 \;;$$

第二步，将 $\{\hat{f}_{t+1}\}_{t=m}^{T-1}$ 对常数项进行回归。常数项对应的 t - 统计量即为 $MSPE - adjusted$ 统计量。1%、5% 和 10% 显著性水平下单边检验所对应的临界值分别为 2.3262、1.6449 和 1.2816。

表 5.9　样本外预测 R_{OS}^2 统计量（百分比）

候选模型/基准模型	样本外预测区间	NBER 经济周期	
	1975：01 - 2007：11	经济扩张时期	经济紧缩时期
LP/HA	- 0.5799 *	- 1.4900	4.4047 *
T - CT/HA	- 0.3240 * *	1.8296 * *	- 7.9219
T - LG/HA	- 0.6290 *	- 1.5490	4.4094 *
T - NMHA	- 0.4349 * *	- 0.1487 *	3.6313 *
T - NP/HA	0.3493 * *	- 0.3872	4.3832 *

注：（1）HA 表示历史平均预测模型；

（2）LP 性预测回归模型，T－CT 表示具有常数阈值的门限模型，T－LG 表示具有 Logistic 区制率函数的门限模型，T－NM 表示具有正态区制概率函数的门限模型，T－NP 表示具有非参数区制概率函数的门限模型；

（3）R_{OS}^2 统计量的计算公式为：

$$R_{OS}^2 = 1 - \frac{\sum_{k=1}^{q} \left(r_{m+k} - \hat{r}_{m+k} \right)^2}{\sum_{k=1}^{q} \left(r_{m+k} - \bar{r}_{m+k} \right)^2}$$

其中，m 表示样本内区间的时期个数，q 表示样本外区间的时期个数，$\hat{r}_{m+k}$ 表示候选模型的股票收益率在 $m+k$ 时期的预测值，$\bar{r}_{m+k}$ 表示基准模型的股票收益率在 $m+k$ 时期的预测值；

（4）根据 Clark and West（2007）提出的 $MSPE - adjusted$ 统计量对检验 H_0 : $R_{OS}^2 \leqslant 0$ 和 $H_1 : R_{OS}^2 > 0$ 的显著性进行判断；

（5）＊，＊＊，和＊＊＊分别表示 10％，5％，和 1％ 显著性水平。

表 5.9 报告了 LP、T－CT、T－LG、T－NM 和 T－NP 模型相对于 HA 模型的样本外预测 R_{OS}^2 统计量（百分比）。具体而言，对于整个样本外预测区间（1975 年 1 月—2007 年 11 月），T－NP 模型所对应的 R_{OS}^2 统计量显著为正，意味着 T－NP 模型的 MSPE 显著低于 HA 模型的对应值，并且 LP、T－CT、T－LG 和 T－NM 模型所对应的 R_{OS}^2 统计量的数值均小于 T－NP 模型的对应值。结果表明，相比于 HA、LP、T－CT、T－LG 和 T－NM 模型，T－NP 模型在样本外预测方面具有相对优势。此外，根据美国 NBER 对于经济时期的划分，表 5.9 还分别报告了在经济扩张和经济紧缩时期 LP、T－CT、T－LG、T－NM 和 T－NP 模型相对于 HA 模型的样本外预测 R_{OS}^2 统计量（百分比）。容易发现，对于 T－NP 模型，R_{OS}^2 统计量在经济紧缩时期为正，而在经济扩张

时期则为负，表明基于股息率的股票收益率预测具有反经济周期的特征，即在经济紧缩时期股息率对股票收益率才具有预测作用，这一结论与样本内分析结果一致。值得一提的是，表 5.9 中报告的 R^2_{OS} 统计量在数值上都很小。Campbell and Thompson（2008）证明了即使样本外预测的改进效果很弱，对于投资者而言，预测能力的微弱改进在经济上仍然具有巨大的意义。

第五节　本章结语

本章在第三章和第四章的基础上，进一步放宽了区制概率函数的设定形式，构建了 T – NP 模型。相比已有研究，本章所提出的 T – NP 模型的创新之处在于将区制概率函数设定为关于门限变量的非参数和单调函数。区制概率函数的非参数设定放宽了对区制概率函数的形式约束，具有随机性和一般性；区制概率函数的单调性设定避免了区制混淆，具有简单易操作的优势。非参数性和单调性的结合使得本章提出的 T – NP 模型能够在保证不同区制不会出现混淆的前提下，准确地刻画和反映时间序列的真实区制转换行为。

由于区制概率函数形式的放宽导致传统计量经济学方法不再有效，因此本章在贝叶斯计量经济学分析框架下采用 MCMC 方法对 T – NP 模型进行估计。此外，本章还提出使用 MCMC 方法产生的样本对门限效应的存在性进行贝叶斯检验。通过蒙特卡洛模拟，本书验证了所提出的贝叶斯估计方法和门限效应检验的有效性。最后，本书还运用具有非参数区制概率函数的门限模型对基于股息率的美国股票收益率的预测问题进行了重新探讨和评估，揭示了美国股票收益率预测具有反经济周期的特征，并且相比历史平均预测模型、线性预测回归模型、具有常数阈值的门限模型、具有 Logistic 区制概率函数的门限模型和具有正态区制概率函数的门限模型,具有非参数区制概率函数的门限模型在样本外预测方面表现最优。

本章所研究的门限模型局限于两个区制,且门限变量是单变量的可观测变量。在多于两区制或者多维门限变量的研究框架下区制转换机制的扩展研究将是笔者未来的研究方向之一。

第六节　本章附录

一、例 2 中区制概率函数的单调性证明

本小节给出了例 2 即具有测量误差的门限模型中区制概率函数 $g(z_t)$ 的单调性证明。具体而言,具有测量误差的门限模型的表达式为:

$$
y_t = \begin{cases} x_t'\beta_1 + \varepsilon_{1t}, & z_t^* > \gamma; \\ x_t'\beta_2 + \varepsilon_{2t}, & z_t^* \leqslant \gamma, \end{cases}
$$

$$
z_t = z_t^* + v_t
$$

其中, z_t^* 表示真实门限变量, z_t 表示观测到的门限变量, v_t 表示测量误差。

假设 $v_t \sim N(0, \sigma_v^2)$,那么区制概率函数 $g(z_t)$ 的形式为

$$
g(z_t) = P(z_t^* > \gamma | z_t)
$$

$$
= \frac{\int_\gamma^\infty f(z_t^*, z_t) dz_t^*}{\int_{-\infty}^\infty f(z_t^*, z_t) dz_t^*}
$$

$$= \frac{\int_{\gamma}^{\infty} f(z_t | z_t^*) f(z_t^*) \, dz_t^*}{\int_{-\infty}^{\infty} f(z_t | z_t^*) f(z_t^*) \, dz_t^*}$$

$$= \frac{\int_{\gamma}^{\infty} \exp\left(-\frac{(z_t - z_t^*)^2}{2\sigma_v^2}\right) f(z_t^*) \, dz_t^*}{\int_{-\infty}^{\gamma} \exp\left(-\frac{(z_t - z_t^*)^2}{2\sigma_v^2}\right) f(z_t^*) \, dz_t^* + \int_{\gamma}^{\infty} \exp\left(-\frac{(z_t - z_t^*)^2}{2\sigma_v^2}\right) f(z_t^*) \, dz_t^*}$$

$$= \frac{1}{\dfrac{\int_{-\infty}^{\gamma} \exp\left(-\frac{(z_t - z_t^*)^2}{2\sigma_v^2}\right) f(z_t^*) \, dz_t^*}{\int_{\gamma}^{\infty} \exp\left(-\frac{(z_t - z_t^*)^2}{2\sigma_v^2}\right) f(z_t^*) \, dz_t^*} + 1}$$

由于
$$\frac{\int_{-\infty}^{\gamma} \exp\left(-\frac{(z_t - z_i^*)^2}{2\sigma_v^2}\right) f(z_t^*) \, dz_t^*}{\int_{\gamma}^{\infty} \exp\left(-\frac{(z_t - z_t^*)^2}{2\sigma_v^2}\right) f(z_t^*) \, dz_t^*}$$

$$= \frac{\exp\left(\frac{(z_t - \gamma)^2}{2\sigma_v^2}\right) \int_{-\infty}^{\gamma} \exp\left(-\frac{(z_t - z_t^*)^2}{2\sigma_v^2}\right) f(z_t^*) \, dz_t^*}{\exp\left(\frac{(z_t - \gamma)^2}{2\sigma_v^2}\right) \int_{\gamma}^{\infty} \exp\left(-\frac{(z_t - z_t^*)^2}{2\sigma_v^2}\right) f(z_t^*) \, dz_t^*}$$

$$= \frac{\int_{-\infty}^{\gamma} \exp\left(-\frac{(2z_t - \gamma - z_t^*)(\gamma - z_t^*)}{2\sigma_v^2}\right) f(z_t^*) \, dz_t^*}{\int_{\gamma}^{\infty} \exp\left(\frac{(2z_t - \gamma - z_t^*)(z_t^* - \gamma)}{2\sigma_v^2}\right) f(z_t^*) \, dz_t^*}$$

是关于门限变量 z_t 的单调递减函数，因此，区制概率函数 $g(z_t)$ 是关于门限变量 z_t 的单调递增函数。

二、概率密度函数

本小节简要介绍本章所用到的几种重要分布的概率密度函数。

（一）正态分布

若随机变量 X 服从一元正态分布，即 $X \sim N(\mu, \sigma^2)$，则具有如下形式的概率密度函数：

$$f(x; \mu, \sigma) = \frac{1}{\sqrt{2\pi\sigma^2}} \exp\left\{-\frac{1}{2\sigma^2}(x-\mu)^2\right\},$$

其中 $x \in (-\infty, +\infty)$，μ 表示均值，σ^2 表示方差。当 $\mu = 0$，$\sigma^2 = 1$ 时，称为标准正态分布，记为 $N(0,1)$。若 $X \sim N(\mu, \sigma^2)$，则 $Z = (X-\mu)/\sigma \sim N(0,1)$。

若随机向量 $X' = (X_1, X_2, \cdots, X_p)$ 服从多元正态分布，即 $X \sim N(\mu, \Sigma)$，则具有如下形式的概率密度函数：

$$f(X; \mu, \Sigma) = (2\pi)^{-p/2} \det|\Sigma|^{-1/2} \exp\left\{-\frac{1}{2}(X-\mu)'\Sigma^{-1}(X-\mu)\right\}$$

其中 $\mu' = (\mu_1, \mu_2, \cdots, \mu_p)$ 表示均值向量；Σ 表示 $p \times p$ 的协方差矩阵。多元正态分布的边际分布和条件分布仍服从正态分布，独立性与不相关是等价的。

（二）Gamma 分布

若随机变量 X 服从 Gamma 分布，即 $X \sim G(\alpha, \beta)$，则具有如下形式的概率密度函数：

$$f(x \mid \alpha, \beta) = \frac{\beta^\alpha x^{\alpha-1} e^{-x\beta}}{\Gamma(\alpha)}$$

其中 $x \in (0, +\infty)$，α 表示形状参数，β 表示速率参数，$\Gamma(\alpha) = \int_0^\infty u^{\alpha-1} e^{-u} du$。

若 $X \sim G(\alpha, \beta)$，则 $\frac{1}{X} \sim IG(\alpha, \beta)$。

（三）Inverse gamma 分布

若随机变量 X 服从 Inverse gamma 分布，即 $X \sim IG(\alpha, \beta)$，则具有

如下形式的概率密度函数：

$$f(x;\alpha,\beta) = \frac{\beta^{\alpha}}{\Gamma(\alpha)} x^{-\alpha-1} \exp\left(-\frac{\beta}{x}\right)$$

其中 $x \in (0, +\infty)$，α 表示形状参数，β 表示尺度参数，$\Gamma(\alpha) = \int_0^{\infty} u^{\alpha-1} e^{-u} du$。

在贝叶斯统计中，Inverse gamma 分布一般被用作为一元正态分布中方差的共轭先验分布。

三、MCMC 抽样方法

本小节简要介绍由式（5.3）和式（5.4）构成的具有非参数区制概率函数的门限模型的贝叶斯估计方法。模型设定如下：

$$y_t = \begin{cases} x_t'\beta_1 + \varepsilon_{1t}, & I_t = 1; \\ x_t'\beta_2 + \varepsilon_{2t}, & I_t = 2 \end{cases} \quad t = 1, \cdots, T,$$

$$P(I_t = 1) = g(z_t) = \frac{\int_{-\infty}^{z_t} e^{f(u)} du}{1 + \int_{-\infty}^{z_t} e^{f(u)} du},$$

$$f(u) = \alpha_0 + \alpha_1 u + \sum_{k=1}^{K} b_k (u - \tau_k)_+, \alpha_1 > 0,$$

其中，$\{y_t, x_t, z_t\}$ 表示独立同分布的时间序列；$\alpha_0, \alpha_1, b_1, \cdots, b_K$ 表示区制概率函数中的未知参数；$f(u)$ 表示线性样条函数；K 表示样条函数所对应的节点个数；如果 $u > 0$，那么 $(u)_+ = u$，否则，$(u)_+ = 0$；$(u - \tau_k)_+$ 表示节点 τ_k 所对应的线性样条基函数。$\lim_{z_t \to -\infty} g(z_t) = 0$，$\lim_{z_t \to \infty} g(z_t) = 1$。

笔者采用 MCMC 抽样方法从如下后验分布中抽取随机样本，

$$p(\widetilde{\Theta}, I_{1:T} | y_{1:T}, x_{1:T}, z_{1:T}) \propto p(\widetilde{\Theta}) \prod_{t=1}^{T} p(y_t | x_t, I_t, \widetilde{\Theta}) p(I_t | \widetilde{\Theta}, z_t),$$

其中，$\widetilde{\Theta} = (\beta_1,\beta_2,\sigma_1^2,\sigma_2^2,\alpha_0,\alpha_1,b_{1:K},\sigma_b^2)$。

在 MCMC 抽样过程中，由于状态变量 $(\alpha_0,\alpha_1,b_{1:K})$ 不能直接从其后验分布中抽样，笔者采用"Metropolis – Gibbs"抽样方法（Casella and George，1992；Hastings，1970）生成马尔科夫链 $(\widetilde{\Theta}^{(s)},I_{1:T}^{(s)})$，$s = 1,\cdots,S$。下文详细介绍了从 $(\widetilde{\Theta}^{(s-1)},I_{1:T}^{(s-1)})$ 更新为 $(\widetilde{\Theta}^{(s)},I_{1:T}^{(s)})$ 的具体步骤。为了表示的方便，笔者使用 rest 标记最新更新的 MCMC 随机样本和观测数据 $\{(y_t,x_t,z_t),t = 1,\cdots,T\}$。此外，除了要更新的变量，其他样本的上标均被省略。

1. 从后验分布 $p(\beta_1|rest) \sim N(g_{\beta,1},h_{\beta,1}^2)$ 中抽取得到随机样本 $\beta_1^{(s)}$，从后验分布 $p(\beta_2|rest) \sim N(g_{\beta,2},h_{\beta,2}^2)$ 中抽取得到随机样本 $\beta_2^{(s)}$，其中，

$$g_{\beta,1} = \left(\frac{\sum_{t,I_t=1}x_t x_t^{'}}{\sigma_1^2} + \Sigma_\beta^{-1}\right)^{-1}\left(\frac{\sum_{t,I_t=1}x_t y_t}{\sigma_1^2} + \Sigma_\beta^{-1}\mu_\beta\right),$$

$$h_{\beta,1}^2 = \left(\frac{\sum_{t,I_t=1}x_t x_t^{'}}{\sigma_1^2} + \Sigma_\beta^{-1}\right)^{-1},$$

$$g_{\beta,2} = \left(\frac{\sum_{t,I_t=2}x_t x_t^{'}}{\sigma_2^2} + \Sigma_\beta^{-1}\right)^{-1}\left(\frac{\sum_{t,I_t=2}x_t y_t}{\sigma_2^2} + \Sigma_\beta^{-1}\mu_\beta\right),$$

$$h_{\beta,2}^2 = \left(\frac{\sum_{t,I_t=2}x_t x_t^{'}}{\sigma_2^2} + \Sigma_\beta^{-1}\right)^{-1}$$

2. 从后验分布 $p(\sigma_1^2|rest) \sim IG(a_{\sigma1}/2,b_{\sigma1}/2)$ 中抽取得到随机样本 $[\sigma_1^2]^{(s)}$，

从后验分布 $p(\sigma_2^2|rest) \sim IG(a_{\sigma2}/2,b_{\sigma2}/2)$ 中抽取得到随机样本 $[\sigma_2^2]^{(s)}$，

其中，

$$a_{\sigma 1} = A_\sigma + \sum_{t=1}^{T} I(I_t = 1), \quad b_{\sigma 1} = B_\sigma + \sum_{t:I_t=1} (y_t - x_t' \beta_1)^2$$

$$a_{\sigma 2} = A_\sigma + \sum_{t=1}^{T} I(I_t = 2), \quad b_{\sigma 2} = B_\sigma + \sum_{t:I_t=2} (y_t - x_t' \beta_2)^2.$$

令

$$C_{t1} = f(y_t | \beta_1, \sigma_1^2, x_t, I_t = 1),$$

$$C_{t2} = f(y_t | \beta_2, \sigma_2^2, x_t, I_t = 2).$$

3. 按如下步骤逐步迭代更新 $\alpha_0^{(s)}$,

——从如下分布中抽取得到随机样本 α_0^*,

$$q(\alpha_0 \mid rest) \sim N(\alpha_0^{(s-1)}, c_0^2),$$

——从 Uniform $[0,1]$ 中抽取随机数 u, 并更新

$$\alpha_0^{(s)} = \begin{cases} \alpha_0^*, & \text{如果 } u \leq r(\alpha_0^{(s-1)}, \alpha_0^*); \\ \alpha_0^{(s-1)}, & \text{如果 } u > r(\alpha_0^{(s-1)}, \alpha_0^*), \end{cases}$$

其中,

$$r(\alpha_0^{(s-1)}, \alpha_0^*) = \min\left\{1, \frac{P(\alpha_0^*)}{P(\alpha_0^{(s-1)})}\right\},$$

$$P(\alpha_0^*) = \prod_{t=1}^{T} \{C_{t1} [g(z_t)]^* + C_{t2} [1 - [g(z_t)]^*]\} p(\alpha_0^*),$$

$$P(\alpha_0^{(s-1)}) = \prod_{t=1}^{T} \{C_{t1} [g(z_t)]^{(s-1)} + C_{t2} [1 - [g(z_t)]^{(s-1)}]\} p(\alpha_0^{(s-1)}),$$

$$[g(z_t)]^* = \frac{\int_{-\infty}^{z_t} e^{[f(u)]^*} du}{1 + \int_{-\infty}^{z_t} e^{[f(u)]^*} du},$$

$$[g(z_t)]^{(s-1)} = \frac{\int_{-\infty}^{z_t} e^{[f(u)]^{(s-1)}} du}{1 + \int_{-\infty}^{z_t} e^{[f(u)]^{(s-1)}} du},$$

$$[f(u)]^* = \alpha_0^* + \alpha_1 u + \sum_{k=1}^{K} b_k (u - \tau_k)_+, \alpha_1 > 0,$$

$$[f(u)]^{(s-1)} = \alpha_0^{(s-1)} + \alpha_1 u + \sum_{k=1}^{K} b_k (u - \tau_k)_+, \alpha_1 > 0.$$

4. 按如下步骤逐步迭代更新 $\alpha_1^{(s)}$,

——从如下分布中抽取得到随机样本 α_1^*,

$$q(\alpha_1 | rest) \sim N(\alpha_1^{(s-1)}, c_1^2) I(\alpha_1 > 0),$$

——从 Uniform $[0,1]$ 中抽取随机数 u, 并更新

$$\alpha_1^{(s)} = \begin{cases} \alpha_1^*, & \text{如果 } u \leqslant r(\alpha_1^{(s-1)}, \alpha_1^*); \\ \alpha_1^{(s-1)}, & \text{如果 } u > r(\alpha_1^{(s-1)}, \alpha_1^*), \end{cases}$$

其中,

$$r(\alpha_1^{(s-1)}, \alpha_1^*) = \min\left\{1, \frac{P(\alpha_1^*)\left(1 - \varphi\left(\frac{0 - \alpha_1^{(s-1)}}{c_1}\right)\right)}{P(\alpha_1^{(s+1)})\left(1 - \varphi\left(\frac{0 - \alpha_1^*}{c_1}\right)\right)}\right\},$$

$$P(\alpha_1^*) = \prod_{t=1}^{T} \{C_{t1} [g(z_t)]^* + C_{t2}[1 - [g(z_t)]^*]\} p(\alpha_1^*),$$

$$P(\alpha_1^{(s-1)}) = \prod_{t=1}^{T} \{C_{t1} [g(z_t)]^{(s-1)} + C_{t2}[1 - [g(z_t)]^{(s-1)}]\} p(\alpha_1^{(s-1)}),$$

$$[g(z_t)]^* = \frac{\int_{-\infty}^{z_t} e^{[f(u)]^*} du}{1 + \int_{-\infty}^{z_t} e^{[f(u)]^*} du},$$

$$[g(z_t)]^{(s-1)} = \frac{\int_{-\infty}^{z_t} e^{[f(u)]^{(s-1)}} du}{1 + \int_{-\infty}^{z_t} e^{[f(u)]^{(s-1)}} du},$$

$$[f(u)]^* = \alpha_0 + \alpha_1^* u + \sum_{k=1}^{K} b_k (u - \tau_k)_+, \alpha_1 > 0,$$

$$[f(u)]^{(s-1)} = \alpha_0 + \alpha_1^{(s-1)} u + \sum_{k=1}^{K} b_k (u - \tau_k)_+, \alpha_1 > 0.$$

5. 按如下步骤逐步迭代更新 $b_{1:K}^{(s)}$，

——从如下分布中抽取得到随机样本 $b_{1:K}^*$，

$$q(b_{1:K} | rest) \sim N(b_{1:K}^{(s-1)}, c_b^2),$$

——从 Uniform [0,1] 中抽取随机数 u，并更新

$$b_{1:K}^{(s)} = \begin{cases} b_{1:K}^*, & \text{如果 } u \leqslant r(b_{1:K}^{(s-1)}, b_{1:K}^*); \\ b_{1:K}^{(s-1)}, & \text{如果 } u > r(b_{1:K}^{(s-1)}, b_{1:K}^*), \end{cases}$$

其中，

$$r(b_{1:K}^{(s-1)}, b_{1:K}^*) = \min\left\{1, \frac{P(b_{1:K}^*)}{P(b_{1:K}^{(s-1)})}\right\},$$

$$P(b_{1:K}^*) = \prod_{t=1}^{T} \{C_{t1} [g(z_t)]^* + C_{t2}[1 - [g(z_t)]^*]\} p(b_{1:K}^*),$$

$$P(b_{1:K}^{(s-1)}) = \prod_{t=1}^{T} \{C_{t1} [g(z_t)]^{(s-1)} + C_{t2}[1 - [g(z_t)]^{(s-1)}]\} p(b_{1:K}^{(s-1)}),$$

$$[g(z_t)]^* = \frac{\int_{-\infty}^{z_t} e^{[f(u)]^*} du}{1 + \int_{-\infty}^{z_t} e^{[f(u)]^*} du},$$

$$[g(z_t)]^{(s-1)} = \frac{\int_{-\infty}^{z_t} e^{[f(u)]^{(s-1)}} du}{1 + \int_{-\infty}^{z_t} e^{[f(u)]^{(s-1)}} du},$$

$$[f(u)]^* = \alpha_0 + \alpha_1 u + \sum_{k=1}^{K} b_k^* (u - \tau_k)_+, \alpha_1 > 0,$$

$$[f(u)]^{(s-1)} = \alpha_0 + \alpha_1 u + \sum_{k=1}^{K} b_k^{(s-1)} (u - \tau_k)_+, \alpha_1 > 0.$$

6. 从如下离散后验分布中抽取得到随机样本 $I_t^{(s)}$，

$$p(I_t = 1 | rest) = \frac{C_{t1} g(z_t)}{C_{t1} g(z_t) + C_{t2}[1 - g(z_t)]}$$

$$p(I_t = 2 \mid rest) = \frac{C_{t2}[1 - g(z_t)]}{C_{t1}g(z_t) + C_{t2}[1 - g(z_t)]}$$

其中,

$$g(z_t) = \frac{\int_{-\infty}^{z_t} e^{f(u)} du}{1 + \int_{-\infty}^{z_t} e^{f(u)} du},$$

$$f(u) = \alpha_0 + \alpha_1 u + \sum_{k=1}^{K} b_k (u - \tau_k)_+, \alpha_1 > 0.$$

7. 从后验分布 $p(\sigma_b^2 \mid rest) \sim IG(a_b/2, b_b/2)$ 中抽取得到随机样本 $[\sigma_b^2]^{(s)}$, 其中,

$$a_u = A_b + K,$$

$$b_b = B_b + \sum_{k=1}^{R} b_k^2.$$

第六章

研究总结与展望

第一节　研究总结

在区制转换模型中，门限模型由于其自身的模型设定、估计方法以及经济解释都最为简单直接，且门限变量的引入还可以在一定程度上反映出所研究的时间序列和经济系统中其他时间序列之间的内在关系，从而有助于理解时间序列的动态区制变化机制，因而在非线性时间序列分析中的应用最为广泛，并对非线性时间序列研究的发展起到了极大的推动作用。

门限模型的区制转换机制描述了模型在不同时期所处的区制，其设计的合理性和正确性会直接影响门限模型估计和推断的结果。在传统门限模型中，模型所在区制由门限变量和常数阈值的相对大小所决定。给定阈值，传统门限模型可以确切地知道所研究的时间序列在每个时期所处的具体区制。然而，传统门限模型的这种特殊区制转换机制导致其无法刻画很多诸如阈值具有时变性或者门限变量存在测量误差等经济系统中广泛存在的问题。如果在实际经济问题的分析过程中，研究人员仍然简单地选择传统门限模型来刻画时间序列中可能存在的非线性特征，则极易出现模型误设问题，进而导致有偏误的参数估计结果、误导性的分析结论和政策建议。为此，本书针对门限模型中区制转换机制的设定、模型选择、估计和检验等问题展开研究。本书的研究不仅丰富了现有的理论研究成果，而且为实证分析人员提供了更加可靠和有效的分析工具。具体而言，本书的主要研究内容和研究结论可以概述为如下三个方面：

第一，考虑到在市场营销学、行为金融学以及货币经济学的研究问题中，门限模型的阈值会随时间发生变化，本书假定阈值服从 AR 过程，提出了具有时变阈值的门限模型。通过将阈值设定为不可观测的状态变量，具有时变阈值的门限模型可以被转化为状态空间模型，进而可以采用 MCMC 方法对其进行贝叶斯估计。此外，本书还讨论了如何利用贝叶斯模型选择准则在线性模型、具有常数阈值的门限模型和具有时变阈值的门限模型中选择出最合适的模型。通过蒙特卡洛模拟，本书验证了所提出的贝叶斯估计方法和模型选择准则的有效性。本书将具有时变阈值的门限模型应用于美国月度工业生产指数的实证研究，考察了其在样本外预测、区制转换机制的刻画等方面的表现。结果显示，相比线性模型和具有常数阈值的门限模型，具有时变阈值的门限模型在样本外预测方面表现最优，并且能够准确地反映美国月度工业生产指数的动态区制变化过程。

第二，在不同经济状态下，货币当局往往会制定不同的货币政策，并且政策调整的参考阈值会随时间发生变化。基于此点考虑，本书提出了具有时变阈值的门限泰勒规则模型。由于泰勒规则模型中的解释变量存在内生性，本书讨论了如何利用工具变量对具有内生性问题的时变阈值门限模型进行贝叶斯估计和模型选择，并对美国 1955—2014 年间的货币政策规则进行了实证研究，结果表明，美国货币当局的货币政策规则对通胀缺口和产出缺口具有非对称的政策反应机制；相比具有常数阈值的门限泰勒规则模型，本书所提出模型的估计结果与美国 NBER 发布的经济周期吻合度更高，能够更好地识别出美国历史上重要的经济紧缩时期。

第三，在传统门限模型中，模型区制确定性地依赖于门限变量的取值。然而，在某些情形下，比如阈值具有时变性或者门限变量存在测量误差，模型区制则随机性地依赖于门限变量的取值，即模型处于特定区制的概率是关于门限变量的函数。在不同的模型假定下，区制概率函数具有不同的参数形式。为了避免模型误设，本书提出了具有非参数区制概率函数的门限模型，并限定区制概率函数为门限变量的单调函数，以解决区制识别的问题。本书采用 MCMC 方法对模型进行估计，并提出使用 MCMC 方法产生的样本对门限效应的存在性进行贝叶斯检验。通过蒙特卡洛模拟，本书验证了所提出的贝叶斯估计方法和门限效应检验的有效性。最后，本书还运用具有非参数区制概率函数的门限模型对基于股息率的美国股票收益率的预测问题进行了重新探讨和评估，揭示了美国股票收益率预测具有反经济周期的特征，并且相比历史平均预测模型、线性预测回归模型、具有常数阈值的门限模型、具有 Logistic 区制概率函数的门限模型和具有正态区制概率函数的门限模型，具有非参数区制概率函数的门限模型在样本外预测方面表现最优。

第二节　研究展望

尽管本书已经在门限模型的区制转换机制方面做了一系列的拓展研究工作，并通过蒙特卡洛模拟和实证分析充分验证了本书研究内容的理论价值和应用价值，但是由于笔者研究能力有限，当前的研究仍然存在一些值得斟酌和不完善的方面。例如，本书的三个核心章节均是在贝叶斯计量经济学分析框架下通过蒙特卡洛模拟对模型中参数估计量的统计性质加以验证，在理论证明方面显得比较薄弱。此外，为了简单起见，笔者假定模型中只包含两个区制，且门限变量是单变量可观测变量，而对于多于两区制或者多维门限变量等更一般的情形，本书并未展开深入讨论。这些方面都将是笔者下一步研究的重点内容。结合本书研究内容，笔者将未来的研究方向概括为如下几个方面：

第一，在本书第三章和第四章所探讨的具有时变阈值的门限模型和具有时变阈值的门限泰勒规则模型基础上，进一步开展在多于两区制或者多维门限变量情形下门限模型区制转换机制的扩展研究。具体而言，在本书第三章和第四章所提出的模型中均假定只有一个阈值序列，然而，在多于两区制或者多维门限变量的情形下，则需要假定门限模型中存在多个阈值序列，并需为每个阈值序列设定相应的数据生成过程。由于阈值序列是不可观测的状态变量，且不同阈值序列之间存在相对大小上的约束条件，因而传统计量经济学方法不再有效。类似于本书第三章和第四章的模型估计方法，在贝叶斯计量经济学分析框架下，MCMC 方法可以被用来对扩展模型进行估计。此外，在贝叶斯估计结果的基础上，本书第三章所介绍的四种贝叶斯模型选择准则（PAIC，PBIC，PHQ 和 DIC）也可以被用来进行模型选择。

第二，在本书第五章所探讨的具有非参数区制概率函数的门限模型基础上，进一步开展对区制概率函数形式检验的扩展研究。在本书的研究中，区制概率函数的非参数设定放宽了对区制概率函数的形式约束，具有随机性和一般性。在实际分析中，如何判断所估计得到的区制概率函数是否具有某一特定函数形式还有待进一步检验。

第三，基于本书所提出的时间序列模型，进一步开展在横截面数据和面板数据情形下门限模型区制转换机制的扩展研究。本书的研究内容虽然属于时间序列数据的研究范畴，但是本书所提出的模型均可以被很容易地扩展到横截面数据和面板数据的研究范畴。特别地，在本书第三章所探讨的具有时变阈值的门限模型中，如果假定阈值序列的持续性参数 $\varphi = 0$，那么所得到的简化模型即可被用于分析横截面数据；更进一步地，如果假定阈值序列的漂移项 υ、持续性参数 φ 以及扰动项的方差 σ_u^2 均为因个体 i 而变的未知参数，那么所得到的扩展模型即可被用于分析面板数据。

参考文献

一、中文文献

[1] 卞志村. 泰勒规则的实证问题及在中国的检验 [J]. 金融研究, 2006 (8)：56 – 69.

[2] 刘金全, 刘志刚. 基于 Markov 区制转移的向量误差修正模型及其应用 [J]. 管理科学学报, 2006, 9 (5)：44 – 49.

[3] 陆军, 钟丹. 泰勒规则在中国的协整检验 [J]. 经济研究, 2003 (8)：76 – 93.

[4] 欧阳志刚. 我国利率的非线性动态调节及其货币政策效果 [J]. 统计研究, 2009 (4)：33 – 40.

[5] 王建国. 泰勒规则与我国货币政策反应函数的实证研究 [J]. 数量经济技术经济研究, 2006 (12)：43 – 49.

[6] 王俊, 孔令夷. 非线性时间序列分析 STAR 模型及其在经济学中的应用 [J]. 数量经济技术经济研究, 2006 (1)：77 – 86.

[7] 王文玉, 杜金观, 项静恬. 门限自回归滑动平均模型 [J]. 计算数学, 1984 (4)：414 – 419.

[8] 谢赤, 戴克维, 刘潭秋. 基于 STAR 模型的人民币实际汇率行为的描述 [J]. 金融研究, 2005 (5)：51 – 59.

［9］郑挺国，刘金全. 区制转移形式的"泰勒规则"及其在中国货币政策中的应用［J］. 经济研究，2010（3）：40 - 52.

［10］郑挺国，王霞. 泰勒规则的实时分析及其在我国货币政策中的适用性［J］. 金融研究，2011（8）：31 - 46.

二、英文文献

［1］AKAIKE H. A new look at the statistical model identification［J］. The IEEE Transaction on Automatic Control, 1974, 19: 716 - 723.

［2］AMEMIYA Y. Instrument variable estimator for the nonlinear errors in variables model［J］. Journal of Econometrics, 1985, 28: 273 - 289.

［3］AMEMIYA Y. Two stage instrumental variable estimators for the nonlinear errors in variables model［J］. Journal of Econometrics, 1990, 44: 311 - 332.

［4］ANDREWS D W K. Empirical process methods in econometrics. Handbook of Econometrics［M］. Amsterdam: Elsevier Science, 1994.

［5］ANDREWS D W K, PLOBERGER W. Optimal tests when a nuisance parameter is present only under the alternative［J］. Econometrica, 1994, 62: 1383 - 1414.

［6］BALKE N S, FOMBY T B. Threshold cointegration［J］. International Economic Review, 1997, 38: 627 - 645.

［7］BENATI L, SURICO P. VAR analysis and the Great Moderation［J］. American Economic Review, 2009, 99（4）: 1636 - 1652.

［8］BERGER J, PERICCHI L. The intrinsic Bayes factor for model selection and prediction［J］. Journal of the American Statistical Association, 1996, 91: 109 – 122.

[9] BERGER J, PERICCHI L. Accurate and stable Bayesian model selection: The median intrinsic Bayes factor [J]. Sankhyā, 1998, 16: 1 – 18.

[10] BOIVIN J. Has U. S. monetary policy changed? Evidence from drifting coefficients and real – time data [J]. Journal of Money, Credit and Banking, 2006, 38: 1149 – 1179.

[11] BOIVIN J, GIANNONI M. Has monetary policy become more effective? [J]. Review of Economics and Statistics, 2006, 88: 445 – 462.

[12] BROEMELING L D, COOK P. Bayesian analysis of threshold autoregressions [J]. Communications in Statistics – Theory and Methods, 1992, 21: 2459 – 2482.

[13] BURGESS S M. Nonlinear dynamics in a structural model of employment [J]. Journal of Applied Econometrics, 1992, 7: S101 – S118.

[14] CAI Z, FAN J, YAO Q. Functional – coefficient regression models for nonlinear time series [J]. Journal of the American Statistical Association, 2000, 95: 941 – 956.

[15] CAMPBELL J Y. Stock returns and the term structure [J]. Journal of Financial Economics, 1987, 18: 373 – 399.

[16] CAMPBELL J Y, COCHRANE J H. By force of habit: A consumption – based explanation of aggregate stock market behavior [J]. Journal of Political Economy, 1999, 107: 205 – 251.

[17] CAMPBELL J Y, THOMPSON S B. Predicting excess stock returns out of sample: Can anything beat the historical average? [J]. Review

of Financial Studies, 2008, 21 (4): 1509 – 1531.

[18] CANER M, HANSEN B. Threshold autoregression with a unit root [J]. Econometrica, 2001, 69 (6): 1555 – 1596.

[19] CANER M, HANSEN B. Instrumental variable estimation of a threshold model [J]. Econometric Theory, 2004, 20: 813 – 843.

[20] CAO C Q, TSAY R S. Nonlinear time – series analysis of stock volatilities [J]. Journal of Applied Econometrics, 1992, 7: S165 – S186.

[21] CAPPÉ O, MOULINES E, RYDÉN T. Inference in hidden Markov models [M]. Springer Series in Statistics, New York: Springer, 2007.

[22] CARARE A, TCHAIDZE R. The use and abuse of Taylor rules: How precisely can we estimate them? [R]. IMF Working Paper. 2005.

[23] CARLIN B P, CHIB S. Bayesian model choice via Markov chain Monte Carlo methods [J]. Journal of the Royal Statistical Society, 1995, 57: 473 – 484.

[24] CARROLL R J, RUPPERT D, STEFANSKI L A, CRAINICEA-NU C. Measurement error in nonlinear models: A modern perspective. Monographs on Statistics and Applied Probability [M], Chapman and Hall, 2006, 2nd edition.

[25] CASELLA G, GEORGE E I. Explaining the Gibbs sampler [J]. The American Statistician, 1992, 46: 167 – 174.

[26] CASTELNUOVO E, GRECO L, RAGGI D. Estimating regime – switching Taylor rules with trend inflation [R]. Bank of Finland Research Discussion Paper, 2008.

［27］CHAN K S. Testing for threshold autoregression ［J］. The An-
nals of Statistics, 1990, 18: 1886 – 1894.

［28］CHAN K S. Consistency and limiting distribution of the least
squares estimator of a threshold autoregressive model ［J］. The Annals of
Statistics, 1993, 21: 520 – 533.

［29］CHAN K S, PETRUCELLI J, TONG H, WOOLFORD S. A mul-
tiple threshold model AR (1) model ［J］. Journal of Applied Probability,
1985, 22: 267 – 279.

［30］CHAN K S, TONG H. On estimating thresholds in autoregressive
models ［J］. Journal of Time Series Analysis, 1986, 7: 179 – 190.

［31］CHAN K S, TONG H. On likelihood ratio tests for threshold au-
toregression ［J］. Journal of the Royal Statistical Society, 1990, 52 (3):
469 – 476.

［32］CHEN C W S, LEE J C. Bayesian inference of threshold autore-
gressive models ［J］. Journal of Time Series Analysis, 1995, 16: 483 – 492.

［33］CHEN H, CHONG T T L, BAI J. Theory and applications of
TAR model with two threshold variables ［J］. Econometric Reviews, 2012,
31: 142 – 170.

［34］CHEN R. Threshold variable selection in open – loop threshold
autoregressive models ［J］. Journal of Time Series Analysis, 1995, 16:
461 – 481.

［35］CHEN R, GUO R J, LIN M. Self – selectivity in firm's decision
to withdraw IPO: Bayesian inference for hazard models of bankruptcy with
feedback ［J］. Journal of the American Statistical Association, 2010, 492:

1297 – 1309.

[36] CHEN R, TSAY S. On the ergodicity of TAR (1) processes [J]. The Annals of Applied Probability, 1991, 1 (4): 613 – 634.

[37] CHEN R, TSAY S. Functional – coefficient autoregressive models [J]. Journal of the American Statistical Association, 1993, 88: 298 – 308.

[38] CLARIDA R, GALI J, GERTLER M. Monetary policy rules in practice: Some international evidence [J]. European Economic Review, 1998, 42: 1003 – 1067.

[39] CLARIDA R, GALI J, GERTLER M. The science of monetary policy: A new Keynesian perspective [J]. Journal of Economic Literature, 1999, 37 (4): 1661 – 1707.

[40] CLARIDA R, GALI J, GERTLER M. Monetary policy rules and macroeconomic stability: Evidence and some theory [J]. Quarterly Journal of Economics, 2000, 115: 147 – 180.

[41] CLARK T E, WEST K D. Approximately normal tests for equal predictive accuracy in nested models [J]. Journal of Econometrics, 2007, 138: 291 – 311.

[42] COCHRANE J H. Financial Markets and the Real Economy. Handbook of the equity premium [M], Amsterdam: Elsevier, 2007.

[43] COGLEY T, SARGENT T. Drifts and volatilities: Monetary policies and outcomes in the post war U. S. [J]. Review of Economic Dynamics, 2005, 8: 262 – 302.

[44] DANGL T, HALLING M. Predictive regressions with time – varying coefficients [J]. Journal of Financial Economics, 2012, 106 (1):

157 – 181.

[45] DAVIES R B. Hypothesis testing when a nuisance parameter is present only under the alternative [J]. Biometrika, 1977, 64: 247 – 254.

[46] DAVIES R B. Hypothesis testing when a nuisance parameter is present only under the alternative [J]. Biometrika, 1987, 74: 33 – 43.

[47] DESCHAMPS P J. Comparing smooth transition and Markov switching autoregressive models of US unemployment [J]. Journal of Applied Econometrics, 2008, 23: 435 – 462.

[48] DIEBOLD F X, LEE J H, WEINBACH G C. Nonstationary time series analysis and cointegration [M]. Oxford University Press, 1994.

[49] DOUCET A, JOHANSEN A M. A tutorial on particle filtering and smoothing: Fifteen years later [R], 2011.

[50] DUEKER M, OWYANG M T, SOLA M. A time – varying threshold STAR model of unemployment and the natural rate [R]. Working Paper. 2010.

[51] DURLAND J M, MCCURDY T H. Duration – dependent transitions in a Markov model of U. S. GNP growth [J]. Journal of Business and Economic Statistics, 1994, 12: 279 – 288.

[52] DURLAUF S N, JOHNSON P A. Multiple regimes and cross – country growth behaviour [J]. Journal of Applied Econometrics, 1995, 10: 365 – 384 .

[53] ENDERS W. Applied econometric time series [M]. Wiley Series in Probability and Statistics, Wiley, 2004, 2nd edn.

[54] ENDERS W, HURN S. Asymmetric price adjustment and the

Phillips curve [J]. Journal of Macroeconomics, 2002, 24: 395 –412.

[55] ENGLE R, GRANGER C W. Cointegration and error correction: Representation, estimation, and testing [J]. Econometrica, 1987, 55: 251 –276.

[56] ENGLE R F, NG V K. Measuring and testing the impact of news on volatility [J]. Journal of Finance, 1993, 48: 1749 –1778.

[57] FAMA E F, FRENCH K R. Business conditions and expected stock returns on stocks and bonds [J]. Journal of Financial Economics, 1989, 25: 23 –49.

[58] FAMA E F, SCHWERT G W. Asset returns and inflation [J]. Journal of Financial Economics, 1977, 5: 115 –146.

[59] GALBRAITH J W. Credit rationing and threshold effects in the relation between money and output [J]. Journal of Applied Econometrics, 1996, 11: 419 –429.

[60] GELFAND A, DEY D. Bayesian model choice: Asymptotics and exact calculations [J]. Journal of the Royal Statistical Society, 1994, B56: 501 –514.

[61] GELFAND A, SMITH A F M. Sampling – based approaches to calculating marginal densities [J]. Journal of the American Statistical Association, 1990, 85: 398 –409.

[62] GEMAN S, GEMAN D. Stochastic relaxation, Gibbs distributions and the Bayesian restoration of images [J]. IEEE Transactions on Pattern Analysis and Machine Intelligence, 1984, 6: 721 –741.

[63] GEORGE E. Bayesian model selection [J]. Encyclopedia of

Statistical Science, 1999, 9: 39 – 46.

[64] GEWEKE J, TERUI N. Bayesian threshold autoregressive models for nonlinear time series [J]. Journal of Times Series Analysis, 1993, 14 (5): 441 – 454.

[65] GONZALO J, PITARAKIS J. Estimation and model selection based inference in single and multiple threshold models [J]. Journal of Econometrics, 2002, 110: 319 – 352.

[66] GONZALO J, PITARAKIS J. Regime – specific predictability in predictive regressions [J]. Journal of Business & Economic Statistics, 2012, 30 (2): 229 – 241.

[67] GONZALO J, WOLF M. Subsampling inference in threshold autoregressive models [J]. Journal of Econometrics, 2005, 127: 201 – 224.

[68] GORDON N J, SALMOND D J, SMITH A F M. A novel approach to nonlinear and non – Gaussian Bayesian state estimation [J]. IEE Proceedings – F, 1993, 140: 107 – 113.

[69] GRANGER C W J, TERÄSVIRTA T. Modelling nonlinear economic relationships [M]. Oxford University Press, 1993.

[70] GRANGER C W J, TERÄSVIRTA T, ANDERSON H. Modelling nonlinearity over the business cycle [M]. Chicago University Press, 1993.

[71] GREDIG F. Asymmetric monetary policy rules and the achievement of the inflation target: The case of Chile [R]. Central Bank of Chile Discussion Paper. 2007.

[72] HAMILTON J D. A new approach to the economic analysis of

nonstationary time series and the business cycle [J]. Econometrica, 1989, 57: 357 –384.

[73] HAN C, CARLIN B P. Markov chain Monte Carlo methods for computing Bayes factors: A comparative review [J]. Journal of the American Statistical Association, 2001, 96: 1122 –1132.

[74] HANNAN E J, QUINN B G. The determination of the order of autoregression [J]. Journal of the Royal Statistical Society, 1979, B41: 190 –195.

[75] HANSEN B E. Inference when a nuisance parameter is not identified under the null hypothesis [J]. Econometrica, 1996, 64: 413 –430.

[76] HANSEN B E. Inference in TAR models [J]. Studies in Nonlinear Dynamics and Econometrics, 1997, 2 (1): 1 –14.

[77] HANSEN B E. Testing for linearity [J]. Journal of Economic Surveys, 1999, 5: 551 –576.

[78] HANSEN B E. Threshold effects in non – dynamic panels: Estimation, testing, and inference [J]. Journal of Econometrics, 1999, 93: 345 –368.

[79] HANSEN B E. Sample splitting and threshold estimation [J]. Econometrica, 2000, 68 (3): 575 –603.

[80] HANSEN B E. Threshold autoregression in economics [J]. Statistics and Its Interface, 2011, 4: 123 –127.

[81] HANSEN B E, SEO B. Testing for two – regime threshold cointegration in vectorerror – correction models [J]. Journal of Econometrics, 2002, 110: 293 –318.

[82] HANSEN M S, KAPINOS P. Threshold estimates of asymmetries in the Taylor rule: Evidence from the greenbook forecasts [R]. Working Paper. 2007.

[83] HASTINGS W K. Monte Carlo sampling methods using Markov chains and their applications [J]. Biometrika, 1970, 57 (1): 97 - 109.

[84] HENKEL S J, MARTIN J S, NADARI F. Time - varying short - horizon predictability [J]. Journal of Financial Economics, 2011, 99: 560 - 580.

[85] HUBER F, ZÖRNER T O. threshold cointegration in International exchange rates: A Bayesian approach [J]. International Journal of Forecasting, 2019, 35: 458 - 473.

[86] KADANE J B, LAZAR N A. Methods and criteria for model selection [J]. Journal of the American Statistical Association, 2004, 99: 279 - 290.

[87] KALYANARAM G, WINER R S. Empirical generalizations from reference price research [J]. Marketing Science, 1995, 14 (3): 161 - 169.

[88] KASS R, RAFTERY A E. Bayes factors [J]. Journal of the American Statistical Association, 1995, 90: 773 - 795.

[89] KAZANAS T, TZAVALIS E. Threshold models for monetary policy rules for the Euro area [R]. Bank of Greece Discussion Paper. 2009.

[90] KEIM D B, STAMBAUGH R F. Predicting returns in the stock and bond markets [J]. Journal of Financial Economics, 1986, 17: 357 - 390.

[91] KESRIYELI M, OSBORN D R, SENSIER M. Nonlinearity and structural change in interest rate reaction functions for the US, UK and Germany [R]. Working paper. 2004.

[92] KIM C J. Markov – switching models with endogenous explanatory variables [J]. Journal of Econometrics, 2004, 122: 127 – 136.

[93] KIM C J. Time – varying parameter models with endogenous regressors [J]. Economics letters, 2006, 91: 21 – 26.

[94] KIM C J, NELSON C R. Estimation of a forward – looking monetary policy rule: A time – varying parameter model using ex post data [J]. Journal of Monetary Economics, 2006, 53: 1949 – 1966.

[95] KIM D H, OSBORN D, SENSIER M. Nonlinearity in the Fed's monetary policy rule [J]. Journal of Applied Econometrics, 2005, 20: 621 – 639.

[96] KIM S, SHEPHARD N, CHIB S. Stochastic volatility: Likelihood inference and comparison with ARCH models [J]. Review of Economic Studies, 1998, 65: 361 – 393.

[97] KOOP G, POTTER S M. Bayes factors and nonlinearity: Evidence from economic time series [J]. Journal of Econometrics, 1999, 88 (2): 251 – 281.

[98] KOURTELLOS A, STENGOS T, TAN C M. THRET: Threshold regression with endogenous threshold variables [R]. Working Paper. 2008.

[99] KRAGER H, KUGLER P. Non – linearities in foreign exchange markets: A different perspective [J]. Journal of International Money and Finance, 1993, 12: 195 – 208.

[100] LEEPER E M. Equilibria under "active" and "passive" monetary and fiscal policies [J]. Journal of Monetary Economics, 1991, 27: 129 – 147.

[101] LEVIN A, WIELAND V, WILLIAMS J C. Monetary policy rules [M]. Chicago University Press, 1999.

[102] LEWBEL A. Constructing instruments for regressions with measurement error when no additional data are available, with an application to patents and R&D [J]. Econometrica, 1997, 65 (5): 1201 – 1213.

[103] LI C W, LI W K. On a double – threshold autoregressive heteroscedastic time series model [J]. Journal of Applied Econometrics, 1996, 11: 253 – 274.

[104] LI D, LING S Q. On the least squares estimation of multiple – regime threshold autoregressive models [J]. Journal of Econometrics, 2012, 167: 240 – 253.

[105] LINDLEY D V. Bayesian statistics: A review [M]. Philadelphis: SIAM. 1971.

[106] LIU J S. Monte Carlo strategies in scientific computing [M]. New York: Springer – Verlag, 2001.

[107] LIU J S, CHEN R. Blind deconvolution via sequential imputation [J]. Journal of the American Statistical Association, 1995, 90: 567 – 576.

[108] LIU J S, CHEN R. Sequential Monte Carlo methods for dynamic systems [J]. Journal of the American Statistical Association, 1998, 93: 1032 – 1044.

[109] LUBIK T A, SCHORFHEIDE F. Testing for indeterminacy: An application to U. S. monetary policy [J]. American Economic Review, 2004, 94 (1): 190 - 217.

[110] MADANSKY A. The fitting of straight lines with both variables are subject to error [J]. Journal of the American Statistical Association, 1959, 54: 173 - 205.

[111] MARTIN C, MILAS C. Modelling monetary policy: Inflation targeting in practice [J]. Economica, 2004, 71 (281): 209 - 221.

[112] MASSACCI D. A switching model with flexible threshold variable: With an application to nonlinear dynamics in stock returns [J]. Economic Letters, 2013, 119: 199 - 203.

[113] MCMILLAN D, SPEIGHT A. Nonlinearities in the black market Zloty - Dollar exchange rate: Some further evidence [J]. Scottish Journal of Political Economy, 2001, 11 (2): 209 - 220.

[114] MENZLY L, SANTOS T, VERONESI P. Understanding predictability [J]. Journal of Political Economy, 2004, 112: 1 - 47.

[115] METROPOLIS N, ROSENBLUTH A W, ROSENBLUTH M N, TELLER A H, TELLER E. Equations of state calculations by fast computing machines [J]. Journal of Chemical Physics, 1953, 21 (6): 1087 - 1091.

[116] MICHAEL P, NOBAY A R, PEEL D A. Transactions costs and nonlinear adjustment in real exchange rates: An empirical investigation [J]. Journal of Political Economy, 1997, 105: 862 - 879.

[117] NAKAJIMA J, WEST M. Bayesian analysis of latent threshold dynamic models [J]. Journal of Business and Economic Statistics, 2013,

31: 151 – 164.

[118] NELSON E, NIKOLOV K. UK inflation in the 1970s and 1980s: The role of output gap mismeasurement [J]. Journal of Economics and Business, 2003, 55 (4): 353 – 370.

[119] ORPHANIDES A. Monetary policy rules based on real time data [J]. American Economic Review, 2001, 91: 964 – 985.

[120] PITT M K, SHEPHARD N. Filtering via simulation: Auxiliary particle filter [J]. Journal of the American Statistical Association, 1999, 94: 590 – 599.

[121] POLE A M, SMITH A F M. A Bayesian analysis of some threshold switching models [J]. Journal of Econometrics, 1985, 29: 97 – 119.

[122] POTTER S M. A nonlinear approach to U. S. GNP [J]. Journal of Applied Econometrics, 1995, 2: 109 – 125.

[123] QIN T, ENDERS W. In – sample and out – of – sample properties of linear and nonlinear Taylor rules [J]. Journal of Macroeconomics, 2008, 30: 428 – 443.

[124] RABANAL P. Monetary policy rules and the U. S. business cycle: Evidence and implications [R]. Working Paper. 2004.

[125] RAPACH D E, STRAUSS J K, ZHOU G. Out – of – samle equity premium prediction: Combination forecasts and links to the real economy [J]. Review of Financial Studies, 2010, 23 (2): 821 – 862.

[126] RAPACH D E, WOHAR M E. Structural breaks and predictive regression models of aggregate U. S. stock returns [J]. Journal of Finan-

cial Econometrics, 2006, 4: 238 – 274.

[127] ROBERT R, CASELLA G. Monte Carlo statistical methods [M]. New York: Springer, 1999.

[128] ROSSI B. Optimal tests for nested model selection with underlying parameter instability [J]. Econometric Theory, 2005, 21: 962 – 990.

[129] ROSSI B. Are exchange rates really random walks? Some evidence robust to parameter instability [J]. Macroeconomic Dynamics, 2006, 10: 20 – 38.

[130] ROTHMAN P. Further evidence on the asymmetric behavior of unemployment rates over the business cycle [J]. Journal of Macroeconomics, 1991, 13: 291 – 298.

[131] SAFADI T, MORETTIN P A. Bayesian analysis of threshold autoregressive moving average models [J]. Sankhya, 2000, 62B (3): 353 – 371.

[132] SARANTIS N. Modeling nonlinearities in real effective exchange rates [J]. Journal of International Money and Finance, 1999, 18: 27 – 45.

[133] SARNO L. Real exchange rate behavior in high inflation countries: Empirical evidence from Turkey, 1980 ~ 1997 [J]. Applied Economics Letters, 2000, 7: 285 – 291.

[134] SCHWARTZ G. Estimating the dimension of a model [J]. The Annals of Statistics, 1978, 6: 461 – 464.

[135] SEO M, LINTON O. A smoothed least squares estimator for threshold regression models [J]. Journal of Econometrics, 2007, 141: 704 – 735.

[136] SKALIN J, TERÄSVIRTA T. Another look at Swedish business cycles, 1861 – 1988 [J]. Journal of Applied Econometrics, 1999, 14 (4): 359 –378.

[137] SMADI M M, ALODAT M T. Bayesian threshold moving average models [J]. Journal of Modern Applied Statistical Methods, 2011, 10 (1): 262 –267.

[138] SMITH P. Bayesian inference for a threshold autoregression with a unit root [R]. Working paper. 2006.

[139] SO M K P, LI W K, LAM K. A threshold stochastic volatility model [J]. Journal of Forecasting, 2002, 21: 473 –500.

[140] SPIEGELHALTER D, BEST N, CARLIN B, VAN DER LINDE A. Bayesian measures of model complexity and fit [J]. Journal of the Royal Statistical Society, 2002, B64: 583 –639.

[141] STRAMER O, LIN Y. On inference for threshold autoregressive models [J]. Test, 2002, 11: 51 –71.

[142] SURICO P. The Fed's monetary policy rule and U. S. inflation: The case of asymmetric preferences [J]. Journal of Economic Dynamics and Control, 2007, 31: 305 –324.

[143] SVENSSON L E O. Inflation targeting: Some extensions [J]. Scandinavian Journal of Economics, 1999, 101 (3): 337 –361.

[144] TAYLOR J. Discretion versus policy rules in practice [J]. Carnegie – Rochester Conference Series on Public Policy, 1993, 39: 195 – 214.

[145] TAYLOR J. The robustness and efficiency of monetary policy

rules as guidelines for interest rate setting by the European central bank [J]. Journal of Monetary Economics, 1999, 43 (3): 655 - 679.

[146] TAYLOR J. The role of the exchange rate in monetary policy rules [J]. American Economic Review, 2001, 91 (2): 263 - 267.

[147] TERÄSVIRTA T. Specification, estimation and evaluation of smooth transition autoregressive models [J]. Journal of the American Statistical Association, 1994, 89: 208 - 218.

[148] TERÄSVIRTA T, ANDERSON H M. Characterizing nonlinearities in business cycles using smooth transition autoregressive models [J]. Journal of Applied Econometrics, 1992, 7: S119 - S136.

[149] TERUI N, DAHANA W D. Estimating heterogeneous price thresholds [J]. Marketing Science, 2006, 25 (4): 384 - 391.

[150] TIAO G C, TSAY R S. Some advances in nonlinear and adaptive modeling in time series [J]. Journal of Forecasting, 1994, 13: 109 - 131.

[151] TIMMERMANN A. Elusive return predictability [J]. International Journal of Forecasting, 2008, 24: 1 - 18.

[152] TONG H. On a threshold model in pattern recognition and signal processing [M]. Amsterdam: Sijthoff and Noordhoff, 1978.

[153] TONG H. Threshold models in nonlinear time series analysis [M]. New York: Springer Lecture Notes in Statistics, 1983.

[154] TONG H. Non - linear time series: A dynamical system approach [M]. New York: Oxford University Press, 1990.

[155] TONG H, LIM K S. Threshold autoregression, limit cycles and

cyclic data [J]. Journal of the Royal Statistical Society, 1980, Series B, 42: 245 –292.

[156] TSAY R S. Testing and modeling threshold autoregressive processes [J]. Journal of the American Statistical Association, 1989, 84: 231 –240.

[157] TSAY R S. Testing and modeling multivariate threshold models [J]. Journal of the American Statistical Association, 1998, 93: 1188 – 1202.

[158] VAN DIJK D, TERÄSVIRTA T, FRANSES P. Smooth transition autoregressive models – A survey of recent developments [J]. Econometric Reviews, 2002, 21 (1): 1 –47.

[159] WELCH I, GOYAL A. A comprehensive look at the empirical performance of equity premium prediction [J]. Review of Financial Studies, 2008, 21 (4): 1455 –1508.

[160] WESCHE K. Monetary policy in Europe: Evidence from time – varying Taylor rules [R]. Bonn Econ Discussion Paper. 2003.

[161] WEST M, HARRISON P J. Bayesian forecasting and dynamic models [M]. Springer – Verlag, New York, 1997.

[162] WHITE H. A reality check for data snooping [J]. Econometrica, 2000, 68: 1097 –1126.

[163] WU S L, CHEN R. Threshold variable determination and threshold variable driven switching autoregressive models [J]. Statistica Sinica, 2007, 17: 241 –264.

[164] YU P. Likelihood estimation and inference in threshold regres-

sion [J]. Journal of Econometrics, 2012, 167: 274 – 294.

[165] YULE G U. On a method of investigating periodicities in disturbed series, with special reference to Wolfer's sunspot numbers [J]. Philosophical Transactions of the Royal Society of London, 1927, A (226): 267 – 298.

[166] ZAKOIAN J M. Threshold heteroskedastic models [J]. Journal of Economic Dynamics and Control, 1994, 18: 931 – 955.

[167] ZHANG M Y J, RUSSELL J R, TSAY R S. A nonlinear autoregressive conditional duration model with applications to financial transaction data [J]. Journal of Econometrics, 2001, 104 (1): 179 – 207.

[168] ZHENG T G, WANG X, GUO H M. Estimating forward – looking rules for China's monetary policy: A regime – switching perspective [J]. China Economic Review, 2012, 23: 47 – 59.